잊지 않고 항상 깨어 있음으로 완벽하게 하라.
Appamādena Sampādetha

여래가 오신 길
아신 빤딧짜 스님의 십바라밀 강의

2018년 9월 1일 초판 1쇄 인쇄
2018년 9월 2일 초판 1쇄 발행

법문	아신 빤딧짜 스님
녹취기록	정효진, 김병수
정리교정	아마라, 한혜숙, 유미경, 황보금옥, 유은경, 오향해
펴낸곳	붇다담마연구소(Buddhadhamma Sutesana Ṭhāna)

신고번호	제2018-000045호
신고일	2018년 7월 12일
주소	서울 특별시 강동구 성안로 35
전화	02) 470-3969(서울), 051) 622-3969, 070-4139-3969(부산)
web	http://dhammayana.com
카페	http://cafe.daum.net/middleway 담마야나 선원
E-mail	ashinpandicca@hanmail.net

디자인	나라연

ⓒ 아신 빤딧짜, 2018. Printed in Seoul, Korea

ISBN 979-11-964357-2-1   03220

이 도서의 국립중앙도서관 출판예정도서목록(CIP)은 서지정보유통지원시스템 홈페이지
(http://seoji.nl.go.kr)와 국가자료종합목록시스템(http://www.nl.go.kr/kolisnet)에서 이용하
실 수 있습니다. (CIP제어번호 : CIP2018026202)

• 이 책 내용의 전부 또는 일부를 재사용하려면 반드시 저자의 동의를 받아야 합니다.

여래가 오신 길

아신 빤딧짜 스님의 십바라밀 강의

㈜붇다담마연구소

Namo tassa bhagavato arahato sammāsambuddhassa.(3번)
나모 땃사 바가와또 아라하또 삼마삼붓닷사.

아라하또 모든 번뇌를 완전히 여의시어 온갖 공양과 예경 받으실 만하며
삼마삼붓닷사 사성제 진리를 비롯한 모든 법을 올바르게 스스로 깨달으신
땃사 바가와또 그 존귀하신 부처님께
나모 절합니다.

모든 번뇌를 완전히 여의시어 온갖 공양과 예경 받으실 만하며
사성제 진리를 비롯한 모든 법을 올바르게 스스로 깨달으신
그 존귀하신 부처님께 절합니다.

● ● ●

고통 받는 중생들 모든 고통에서 벗어나기를
위험 처한 중생들 모든 위험에서 벗어나기를
걱정 있는 중생들 모든 걱정 근심에서 벗어나기를 (3번)

Dukkhappattā ca niddukkhā

Bhayappattā ca nibbhayā

Sokappattā ca nissokā

Hontu sabbepi pāṇino (3번)

둑캅빳따 짜 닛둑카

바얍빳따 짜 닙바야

소깝빳따 짜 닛소까

혼뚜 삽베삐 빠니노

sādhu, sādhu, sādhu!

사두, 사두, 사두!

책을 내며

붓다(Buddha, 불)·담마(Dhamma, 법)·상가(saṃgha, 승)라는 소리를 들을 수 있는 기회를 갖기 어렵다는 말씀이 있습니다. 붓다·담마·상가라는 삼보가 이 세상에 항상 계시는 것이 아닙니다. 사실 부처님의 출현이 없었던 세상이 부처님이 계셨던 세상보다 더 많습니다. 부처님이 한 번도 출현하지 않았던 세상도 있었습니다. 우리가 살고 있는 이 세상(현겁)에는 석가모니 부처님까지 모두 네 분의 부처님이 오셨다 가셨습니다. 앞으로 아리멧떼이야(Arimetteyya, 미륵 부처님)까지 오시면 이 세상에는 다섯 분의 부처님이 오시는 세상이 될 것입니다.

소리조차 듣기 힘든 붓다·담마·상가라는 삼보, 설령 그 소리를 들었다 해도 붓다(부처님)가 어떤 분인지, 담마(부처님의 가르침)가 무엇인지, 상가(부처님의 가르침을 올바르게 실천 수행하며 깨달은 제자들)의 의미가 무엇인지 우리는 잘 모르고 있습니다. 이런 가운데 우리가 삼보에 대해서 무엇을 알고 있는지 많은 생각을 하게 됩니다.

붓다의 정의가 정확하지 않으면 담마의 정의가 흔들리고, 담마의 정의가 흔들리면 승가의 정의가 흔들립니다. 그러면 그들을 롤

모델로 삼아 따라가는 우리도 잘못된 길을 가게 될 것입니다. 그래서 이번 기회를 통해 붓다·담마·상가의 정의를 정확하게 정리하자고 노력해 보았습니다.

부처님을 이해하려면 빠라미(pāramī, 보살행)를 이해해야 합니다. 부처님께서는 십바라밀이라는 보살행을 통해서 이 세상에 오셨습니다. 십바라밀은 석가모니 부처님뿐만 아니라 이전의 모든 부처님들께서 이 세상 모든 중생들의 행복과 이익을 위해 행하며 오신 아름다운 길입니다. 모든 부처님들이 이 길을 통해 닙바나로 가셨습니다.

이와 같이 예전 부처님처럼 똑같이 오셨다 가신다는 의미로 붓다를 따타가따(Tathāgata, 여래)라고 말합니다. 따타가따는 예전 부처님과 똑같이 이 세상 모든 중생들의 행복과 이익을 위해 팔정도를 수행하며 아름다이 오셨다가 완전한 행복인 닙바나로 잘 가셨다는 뜻입니다. 과거의 모든 부처님들과 석가모니 부처님, 앞으로 오실 미륵 부처님께서 걸었고, 걸으신, 걸어오실 길인 십바라밀을 통해서 부처님의 의미를 숙고할 수 있기를 바랍니다. 이런 의미를 담아 십바라밀 법문을 『따타가따, 여래가 오신 길』이라는 제목으로 법보시하게 되었습니다.

삼보를 보석(ratana)에 비유하여 띠라따나(tiratana)라고 합니다. 삼보는 일반 보석들과는 가치를 비교할 수 없을 정도로 귀하디귀한 세상의 보물, 세기의 보물, 만개 우주까지 그 빛이 퍼져나가는 귀한 보물입니다. 소리조차 듣기 힘든 붓다·담마·상가, 들을 수 있다 해도 바르게 알기 힘든 붓다·담마·상가의 공덕을 모든 수행자들이 바른 견해로 이해하고, 배우고 실천할 수 있게끔 삼보의 공덕을 법문하였습니다. 보석들이 많이 나오는 아름다운 보물산 둘레길을 돌듯이, 삼보의 공덕을 붓다눗사띠, 담마눗사띠, 상가눗사띠로 한 번 돌고 두 번 돌고, 돌고 돌면서, 그 공덕들을 마음에 깊이 새기면서 더 큰 신심과 지혜의 공덕을 모을 수 있기를 바랍니다. 이런 뜻으로 삼보의 공덕을 『보물산 둘레길』이라는 제목으로 법보시하게 되었습니다.

오는 5월 10일(음력 보름날)은 옛날 인도 달력, 요즘 불교 달력으로 웨삭데이입니다. 웨삭 보름날에 싯다르타 태자께서 태어나셨고, 붓다로 깨달으셨고, 열반하셨습니다. 웨삭데이는 붓다데이(Buddhaday)입니다. 미얀마·스리랑카·인도·캄보디아·태국, 요즘에는 유엔에서도 웨삭데이를 붓다데이로 정하여 세계적인 행사를 하고 있습니다.

우리도 담마야나 선원 건립 7주년과 부산 용당동 담마야나 선원 개원 3주년 기념행사를 5월 10일 웨삭데이에 맞추어 같이 거행하기로 하고 그 기념행사 하나로 십바라밀과 삼보의 공덕에 대한 법문을 정리하여 법보시하기로 하였습니다. 진정한 마음으로 공부하고 실천하는 대구와 함양의 담마야나 수행자들의 신심과 노력 끝에 서울과 대구, 부산 법승 담마야나 선원의 많은 수행자들의 선업공덕으로 이 책이 출간되었습니다.

모든 보시를 법보시가 이긴다는 부처님 말씀대로 최고의 보시는 법보시입니다. 이 훌륭한 법보시 공덕으로 법승 담마야나 선원 수행자 모두가 모든 고통에서 벗어나 닙바나 성취하기를 기원합니다.

사-두, 사-두, 사-두!

2017년 5월 10일

법승 담마야나 선원에서
아신 빤딧짜 Ashin Pandicca

책머리에

밍글라바
여러분 안녕하십니까?

Sabbītiyo vivajjhantu
Sokorogo vinassatu
Māte bhavantumtarayā
Sukhi dīghāyuko bhava
여러분들이 모든 위험에서 벗어나기를
걱정근심 병든 아픔이 다 사라지기를
여러분들이 적과 위험 없이 몸과 마음 편안하고 행복하고 오래 오래 살아가기를 기원합니다.

불기 2553년(2010년) 2월 3일, 부산시 남천동에 발을 디디면서 시작한 근본불교 테라와다 法乘 담마야나 선원이 올해(불기 2562년)로 만 8년, 햇수로 9년이 되었습니다.
그동안 수많은 한국의 불자들과 한국에 거주하고 있는 미얀마인들이 모아 주신 지혜와 신심과 노력 덕분으로 부처님의 가르침을 교리와 실천면에서 균형 있게 펼칠 수 있었고, 오늘날 여기까지 올 수 있었음에 대단히 감사함을 표하며 여기에 기록하고 싶습니다.

대망의 8주년 기념법회를 2018년 5월 27일, 부산 담마야나 선원에서 갖게 됩니다. 2014년 5월, 용담동 담마야나 개원식 때부터 법보시를 매년 해 왔습니다. 올해도 전국 각지 담마야나 수행자들의 책 보시금으로 『Tathāgata 여래가 오신 길(십바라밀 법문집)』과 담마빠라 회장님의 보시로 『달빛처럼 꽃향처럼(자애경 법문집)』을 담마다나(법보시)하게 되어 매우 기쁩니다.

법의 수레 1권인 『11일간의 특별한 수업(2014년)』을 시작으로 해서 지금 법의 수레 5권인 『보물산 둘레길(삼보의 공덕 법문집)』까지 최고의 보시공덕인 법보시를 매년 해올 수 있었던 것은 부처님의 가르침을 끊임없이 연구하는 담마야나 수행자 일동의 공이며 그분들의 은혜에 감사하고 그분들의 인격에 존경의 마음을 보냅니다.

더 나아가 부처님의 가르침을 끊임없이 연구해 온 그 수행자들을 근본불교 테라와다 '붇다담마연구소(Buddhadhamma Sutesana Ṭhāna)'의 연구원(Dhammasutesī qualified research assistant)으로 위촉하며 축하드립니다.

이번 출판은 법승 담마야나 선원 8주년 기념뿐만 아니라 근본불교 테라와다 Buddhadhamma Sutesana Ṭhāna(붇다담마연구소) 설립의 기념이 되기도 합니다.

'담마수떼시' 부처님의 법을 끊임없이 연구하는 연구원들이 지금까지는 마땅한 장소가 없어 이곳저곳에서 나름대로 연구해 왔지만 이제 서울 담마야나에서 붇다담마연구소를 마련했습니다.

앞으로 근본불교 테라와다 Buddhadhamma Sutesana Ṭhāna(붇다담마연구소)에 담마수떼시 법 연구원들이 모여서 부처님의 가르침을 끊임없이 공부하고 실천하고 연구하고 좋은 도서의 출판으로 포교하면서 부처님 가르침이 이 땅에 오래오래 머물기 위해 최선을 다해 나가도록 하겠습니다.

부처님의 모든 제자들이 법의 수레인 담마야나에 기쁘게 같이 올라타서 팔정도 수행으로 생로병사 삼세윤회 모든 고통에서 벗어나 닙바나에 도달할 때까지 빠라미 여행을 함께 가기를 청합니다.

2018년 5월 11일
서울 法乘 담마야나 선원에서
아신 빤딧짜

차례

예경 • 4

책을 내며 • 7

책머리에 • 11

열 가지 바라밀

1. 개요 • 19
2. 조건 • 29
   1) 딴하(갈애)·마나(자만)·딧티(사견)에 당하지 않는 선업 • 29
   2) 빠히땃따찟따(열반을 향하는 마음) • 31
   3) 마하까루나(대연민) • 34
   4) 우빠야꼬살라(지혜, 방편) • 35
3. 정의 • 37
   1) 빠라마낭 깜망 빠라미(고귀한 분들의 일) • 37
   2) 빠라마 멧따(자애로 끌어당김) • 38
   3) 빠라(가르침) • 39
   4) 빠라(다른 곳) • 39
   5) 빠라(적) • 40

4. 특성 분석 • 41

    1) 십바라밀의 공통적 특성 • 43

    2) 십바라밀의 개별적 특성 • 45

        (1) 다나빠라미(dānapāramī, 보시바라밀) • 45

        (2) 실라빠라미(sīlapāramī, 지계바라밀) • 47

        (3) 닉캄마빠라미(nekkhammapāramī, 출리바라밀) • 49

        (4) 빤냐빠라미(paññāpāramī, 지혜바라밀) • 51

        (5) 위리야빠라미(viriyapāramī, 정진바라밀) • 61

        (6) 칸띠빠라미(khantipāramī, 인내바라밀) • 68

        (7) 삿짜빠라미(saccapāramī, 진실바라밀) • 73

        (8) 아딧타나빠라미(adhiṭṭhānapāramī, 결정바라밀) • 78

        (9) 멧따빠라미(mettāpāramī, 자애바라밀) • 82

        (10) 우뻭카빠라미(upekkhāpāramī, 평정바라밀) • 85

5. 상호 관계 • 88

    1) 다나(보시)·실라(계율)빠라미 • 90

    2) 닉캄마(출리)빠라미 • 99

    3) 빤냐(지혜)빠라미 • 105

    4) 위리야(정진)빠라미 • 109

    5) 칸띠(인내)빠라미 • 116

    6) 삿짜(진실)빠라미 • 119

    7) 아딧타나(결정)빠라미 • 124

    8) 멧따(자애)빠라미 • 125

    9) 우뻭카(평정)빠라미 • 127

6. 네 가지 실천 수행 • 131

7. 보살의 다섯 가지 원력 • 135
   1) 붓도 • 136
   2) 단또 • 138
   3) 산또 • 140
   4) 띤노 • 141
   5) 빠리닙붓도 • 142
8. 십바라밀과 부처님의 공덕 • 144
9. 사무량심 • 160
10. 열 가지 복 짓는 법 • 165
11. 부처님 상시교훈 • 174
12. 수행의 향상을 위하여 • 184
13. 사성제 • 209
    1) 고성제 • 212
       (1) 정의 • 212
       (2) 고성제의 네 가지 의미 • 221
    2) 집성제 • 232
       (1) 정의 • 232
       (2) 집성제의 네 가지 의미 • 241
    3) 멸성제 • 251
       (1) 정의 • 251
       (2) 멸성제의 네 가지 의미 • 255
    4) 도성제 • 265
       (1) 정의 • 265
       (2) 도성제의 네 가지 의미 • 280

여래가 오신 길
Tathāgata 따타가따

아신 빤딧짜 스님의 십바라밀 강의

열 가지 바라밀

1. 개요

선업 복을 짓는 날, 선업 복을 짓는 때, 선업 복을 짓는 장소가 가장 좋은 날, 가장 좋은 때, 가장 좋은 장소입니다. 우리 모두가 좋은 날, 좋은 때, 좋은 장소에 와 있습니다. 팔정도로 하루 종일 마음을 닦고 또 닦으며 사는 날이 날마다 좋은 날이지요. 위빳사나 수행으로 지혜를 계발하고 지혜가 계발되는 만큼 심리 변화가 오고 심리가 변화되는 만큼 성숙한 인간으로 성장해 갈 수 있습니다. 인간이 어디까지 성장할 수 있는가 하면 아리야(성인聖人)가 될 때까지 성장할 수 있습니다.

십바라밀은 빨리어로 다사빠라미요(dasapāramiyo)입니다. 다사(dasa, 십), 빠라미(pāramī, 고귀한 일들). 십바라밀은 부처님과 벽지불, 아라한 등 위대한 성인들이 깨달음을 위해 실천하셨던 열 가지 고귀한 일입니다. 십바라밀을 완성함으로써 번뇌를 버리고 청정하게 깨달은 성인이 되어 완전한 행복인 닙바나(nibbāna, 열반)를 성취할 수 있습니다. 한국에서는 빠라미를 바라밀 또는 보살행이라고 하지요? 우리는 십바라밀을 오직 부처가 되려는 사람만이 해야 하는 일이라고 생각하는데 그것은 아닙니다. 완전한 행복을 얻고자 하는 사람이라면 누구나 반드시 해야 하는 일입니다. 부처님은 부처가 되는 십바라밀을 해야 하고, 아라한은 아라한이 되는 십바라밀을 해야 하고, 우리는 우리가 할 수 있는 십바라밀을 해야 합니다.

십바라밀의 내용은 다음과 같습니다.

첫째, 다나(dāna, 보시)는 내가 가진 것을 남에게 주는 것인데 제일 쉬운 일입니다.

둘째, 실라(sīla, 지계)는 도덕성이 좋은 것입니다. 계율은 몸으로 하는 모든 행동과, 입으로 하는 모든 말을 잘 챙기는 것입니다. 나쁜 행동과 나쁜 말을 하지 않고, 좋은 행동과 좋은 말을 하도록 하는 것입니다. 이렇게 지계로 몸과 입을 깨끗하게 해야 마음이 고요해집니다. 지계는 보시보다 하기가 조금 어렵습니다.

셋째, 닉캄마(nekkhamma, 출리出離)는 '나감'이나 '놓아 버림'입니다. 다섯 가지 닉캄마가 있습니다. ① 초선정으로, 이것은 오장애[1]로부터 나가는 것입니다. ② 출가자가 재가 사회로부터 나가는 것입니다. ③ 위뭇띠(vimutti, 해방)인데 이것은 31천이라는 세

---

1 오장애 pañcasu nīvaraṇesu ① kāmacchandaṃ 욕계 감각적 욕망(오욕락)
② byāpādaṃ 악의나 분노 ③ thinamiddhaṃ 해태와 혼침
④ uddhaccakukkuccaṃ 들뜸과 후회 ⑤ vicikicchaṃ 회의적 의심

상으로부터 벗어나는 것입니다. 다시 말하면 이것은 닙바나(열반)를 대상으로 하는 출세간과(phala, 팔라) 선정에 든 것을 말합니다. ④ 위빳사나 지혜입니다. 위빳사나 지혜는 무상·고·무아를 통찰하는 것인데, '영원하다, 행복하다, 자아가 있다'는 사견으로부터 나가는 것입니다. ⑤ 선업을 함으로써 불선업을 하지 않게 되는 것입니다.

넷째, 빤냐(paññā, 지혜)는 빠(확실하게, 완벽하게, 정확하게, 사실대로, 제대로)와 냐(아는 것)의 합성어입니다. 제대로 안다는 것의 의미는 원인과 결과, 옳고 그름, 선과 악, 좋은 것과 나쁜 것을 뚜렷하게 구별하여 아는 것입니다.

다섯째, 위리야(vīriya, 정진)는 노력하는 것입니다. 네 가지 노력이 있는데 ① 했던 나쁜 일을 또 다시 하지 않는 것이고 ② 하지 않았던 나쁜 일을 아예 하지 않는 것이고 ③ 못했던 좋은 일을 찾아서 하는 것이고 ④ 했던 좋은 일을 계속해서 더 많이 하는 것입니다.

여섯째, 칸띠(khantī, 인내)는 참을성입니다. 부처님께서 칸띠의 도움 없이 이루어지는 선업은 하나도 없다고 하셨을 정도로 칸띠는 모든 선업과 연결되어 있습니다.

일곱째, 삿짜(sacca, 진실)는 바른 말입니다. 삿짜는 상황이나 시대나 국가나 인종에 따라 바뀌면 절대로 안 됩니다. 그리고 진실하고 정직해야 진리를 만날 수 있습니다.

여덟째, 아딧타나(adhiṭṭhāna, 결정)는 반드시 실천하겠다고 스스로 단호하게 결정하고는 더 이상 그 마음이 변하지 않는 것을 의미합니다. 아디(단호하게), 타나(놓다). 지킬 수 없는 결정은 하면 안 됩니다. 1초를 무시하지 않는 마음으로 1%의 결과에 만족하면서 처음부터 본인이 지킬 수 있는 결정을 하고 차근차근 이루어가야 합니다. 그래야 무슨 일을 하든지 자신감이 생깁니다. 그러면 끝으로는 부처님처럼 보리수나무 아래에서 보시 받은 풀을 펴 깔고 앉으면서 깨닫지 못하면 절대로 일어나지 않겠다는 위대한 결정을 할 수 있게 됩니다.

아홉째, 멧따(mettā, 자애)는 자애입니다. 자애의 대상은 차별 없는 모든 중생들이 되어야 합니다. 세상을 자애로 대해야 위험과 어려움이 없고 주위에 돕는 사람들이 많아집니다. 자애가 없으면 주위가 너무 메마르게 됩니다. 촉촉하게 물기가 있어야 식물이 잘 자라듯 주위에 사랑하는 사람들이 많아야 삶이 윤택해집니다. 그리고 자애가 있으면 화낼 일이 없으니 자신이 해야 하는 일을 편안하게 효율적으로 잘할 수 있습니다.

열 번째, 우뻭카(upekkhā, 평정平靜)는 업의 주인이 자신임을 알고 좋거나 싫은 대상에 따라 마음이 이리저리 변하지 않고 언제나 중립을 지키는 것입니다. 평정은 무관심이 아닙니다. 마음이 지혜롭고 단단하여 흔들리지 않는 것입니다. 우뻭카(평정)는 성숙하고 익어가는 마음입니다. 우뻭카빠라미가 나머지 아홉 가지 빠라미를 조화롭게 잘 지탱해 주고 마지막에는 나머지 아홉 가지 빠라미가 모두 모여서 우뻭카빠라미를 향해서 가게 됩니다.

십바라밀에 대한 부처님의 가르침을 잘 이해하려면, 먼저 세간과 출세간에 대한 기본적인 개념을 알아야 합니다. 세간은 로까(loka)이고 출세간은 로꿋따라(lokuttara)입니다. 로까(세간), 웃따라

(초월한), 로꿋따라(출세간). 세간은 중생들이 태어남과 죽음을 반복하는 고통스러운 윤회의 세상이고, 그것을 벗어나는 것이 출세간입니다. 세간은 물질과 정신의 과정으로 이루어집니다. 즉 태어남도 물질과 정신이 태어나는 것이고 죽음도 물질과 정신이 죽는 것입니다.

세간은 중생계, 공간계, 인과계, 이 세 가지로 나누어지는데 그중 공간계를 31천이라고 하고 31천에 사는 중생들을 중생계라고 합니다. 31천에 사는 중생들은 인과의 법칙으로 생멸하는 오온으로 이루어지는데 그것을 인과계라고 합니다. 인과계가 범위가 제일 넓습니다. 중생계와 공간계는 인과계 안에 포함됩니다. 세간을 이루는 오온 중 색온은 물질이고 수온, 상온, 행온, 식온은 정신입니다. 오온을 초월하는 것이 출세간입니다. 출세간은 인과가 완전히 끊어진, 즉 정신과 물질의 과정이 완전히 멈춘 상태입니다. 그래서 오온이 있으면 고통뿐인 세간이고, 오온의 흐름이 완전히 멈추면 고통이 없는 출세간이 됩니다. 출세간은 네 가지 도, 네 가지 과, 그리고 닙바나(열반)입니다.

세간과 출세간, 이 두 가지 단어를 잘 이해하고 있어야 우리가 수행할 때 세간을 위해서 하고 있는가, 아니면 출세간을 위해서 하고 있는가를 알 수 있습니다. 수행자는 출세간을 위해서 수행해야 합니다. 세간은 인과의 법칙에 따라 수행하지 않아도 저절로 잘 돌아갑니다. 만약 불선업을 했다면 사악처를 윤회하면서 매우 고통스러울 것이고, 선업을 했다면 사람이나 천신이나 범천으로 태어나 다소 편하게 윤회할 것입니다. 그러나 31천 어디에서 태어나든 고통의 정도만 조금씩 차이 날 뿐, 생사를 반복하면서 끊임없이 윤회하는 고통을 받는 것으로는 똑같습니다. 지옥에서 태어나도 고통이고 범천으로 태어나도 고통입니다. 이런 고통을 벗어나는 것이 출세간입니다.

세간에서 중생들이 계속 윤회하는 원인은 자신이 지은 선업이나 불선업 때문입니다. 불선업은 피해야 하고, 하면 안 되는 일임을 대부분 다 잘 알고 있습니다. 그런데 선업에 대해서는 깊이 이해해야 할 것이 있습니다. 선업에는 일반 선업과 빠라미 선업이 있습니다. 일반 선업은 중생들을 욕계로 색계로 무색계로 그냥 빙빙 돌게만 할 뿐, 윤회의 고통에서 벗어나지 못하게 합니다. 그러면 완전한 행복이란 꿈도 꾸지 못하겠지요? 완전한 행복이란 고통이 조금도 섞여 있지 않은 것입니다. 이런 사실을 확실하게 알아야 빠라미에 대해서 잘 이해할 수 있습니다. 그렇지 않으면 선업을 열심히 하면 되지, 왜 빠라미를 꼭 해야 하는가 하고 의심할 수 있습니다.

일반 선업을 빨리어로 왓따닛시따(vaṭṭanissita, 세간 선업)라고 하고, 빠라미가 되는 선업을 위왓따닛시따(vivaṭṭanissita, 출세간 선업)라고 합니다. 위(벗어남), 왓따(굴레), 닛시따(의존하는). 십이연기에서 세 가지 굴레가 나오지요? 중생들은 번뇌의 굴레, 업의 굴레, 과보의 굴레로 윤회의 굴레를 끝없이 돌고 있습니다. 이렇게 윤회의 굴레 속으로 들어가 계속 빙빙 돌게 만드는 세간 선업이 왓따닛시따입니다. 반면에 위왓따닛시따는 윤회의 굴레에서 벗어나는 출세간 선업입니다. 왓따닛시따는 더 좋은 것을 욕심내고, 어떻게 되고 싶은 욕망으로 하는 선업입니다. 그런 왓따닛시따로는 절대로 깨달을 수 없습니다. 그것은 나쁜 것은 아니지만 우리를 최종 목적지인 닙바나(열반)로 보낼 수 있는 힘이 없습니다. 물론 왓따닛시따의 결과로 인간으로 태어나면 예쁘게 태어나고, 훌륭한 부모를 만나고, 부자가 되고, 공부도 잘하고, 높은 위치에서 살 수 있지만, 결국에는 윤회를 벗어나지 못한다는 점에서는 일반 선업일 뿐입니다.

우리는 선업을 하더라도 윤회의 굴레를 벗어날 수 있는 위왓따닛시따를 해야 합니다. 대가를 바라지 않고 깨끗한 마음으로 하는 선업이 위왓따닛시따입니다. 위왓따닛시따의 기본이 십바라밀입니다. 우리가 흔히 말하는 원하거나 바라는 것 없이 하는 무주상보시가 바로 위왓따닛시따입니다. 보시뿐만 아니라 계율도 원하는 것 없이 정직하게 지켜야 하고, 수행도 바라는 바가 없는 꾸준한 수행이 되어야 합니다.

우리가 수행이 안 되는 이유는 바라고 원하는 것이 너무 많기 때문입니다. 물론 바라지 않는다는 것이 결코 쉬운 일은 아닙니다. 바라지 않는다고 말하지만 벌써 내 마음속에는 바라는 것으로 꽉 차 있습니다. 그래서 바라지 않고 하는 것이 어떤 것인지 일단 이론적으로 확실하게 이해를 해야 합니다.

왜 바라는 것 없이 해야 할까요? 선업을 하는 것은 좋은 것을 원해서 하는 것이지 그게 아니면 왜 하겠느냐고 생각할 수 있습니다. 그러나 무엇인가를 바라고 하는 것 자체가 질이 낮은 마음입니다. 그것은 사업을 시작할 때 투자 금액이 적어서 남는 이익이 적은 것과 같습니다. 이 원리를 이해하고 결과부터 바라지 말고 1초도 무시하지 않는 마음으로 수행을 하는 것이 중요합니다.

지금 수행하고 있는 그 자체가 아주 소중한 기회를 얻은 것이라고 알아야 합니다. 빠라미 공덕과 일반 선업 공덕은 시작부터 서로 다릅니다.

우리는 보시할 때, 계율을 지킬 때, 수행할 때 빠라미가 되는 마음으로 시작해야 합니다. 수행할 때 겉모습은 수행일지 몰라도 마음속으로는 신비롭고 좋은 결과를 바라고 있다면 올바른 수행자라고 할 수 없습니다. 그래서 빠라미가 고귀한 분들이 하는 일이라고 할 때, 고귀함의 기준은 세간을 위해서 하는가 아니면 출세간을 위해서 하는가에 달려 있다고 하는 것입니다.

세간에서는 한없이 바라고 가지려고 하지만, 출세간은 놓아 버리려고 합니다. 놓아 버리려면 놓아야 하는 이유를 알아야 하겠지요? 이것이 잡고 쥐고 가질 만한 것이 아니라고 아는 지혜가 생겨야 놓을 수 있습니다.

사성제로 말하면 고성제를 알아야 집성제를 버릴 수 있다는 것입니다. 바라면서 하는 왓따닛시따는 윤회의 고통 속에서 헤어나지 못하기 때문에 깨달음의 길에서는 큰 의미가 없습니다. 그 점을 확실하게 알아야 우리는 바라지 않고 선업을 할 수 있게 됩니다.

우리는 출세간으로 향하는 마음이 무엇인지를 뚜렷이 알고 수행하는 태도를 올바르게 갖추어야 완전한 행복인 닙바나에 도달할 수 있습니다. 서울로 간다고 하면서 부산으로 방향을 잡고 있으면 서울로 갈 수 없겠지요? 마찬가지로 수행자가 "나는 깨닫고 싶다!"라고 하면서 방향을 세간으로 잡고 있으면 아무리 열심히 수행해도 깨달을 수 없습니다. 왜냐하면 방향 자체가 틀리기 때문입니다. 그래서 출세간을 향하는 빠라미에 대한 올바른 교육과 제대로 된 훈련이 필요한 것입니다.

빠라미의 종류는 심도에 따라 세 단계가 있습니다. 첫째 단계는 우리가 일반적으로 하는 보통의 선업입니다. 내가 가지고 있는 재산이나 재능을 사람들에게 나누어 주는 것입니다. 그것을 그냥 빠라미라고 합니다.

둘째 단계는 우빠라미입니다. 이것은 자기 신체의 일부를 주면서 하는 선업인데 예를 들면 헌혈을 한다거나 신체 일부를 기증하여 남을 살려주는 것입니다. 첫 번째 단계보다는 조금 어렵지요?

셋째 단계는 빠라맛타빠라미입니다. 이것은 자기 목숨을 버리면서 남을 살려주는 것인데 가장 하기 어려운 빠라미입니다. 이렇게 빠라미를 열심히 하다 보면 점점 단계를 높여갈 수 있게 됩니다.

십바라밀을 이 세 단계로 확장하면 삼십바라밀이 됩니다. 부처님의 전생담을 보면 부처님께서는 삼십바라밀을 아주 많이 완벽하게 행하셨음을 알 수 있습니다.

십바라밀을 함께 독송해 보겠습니다.

dānaṃ sīlaṃ ca nekkhammaṃ paññā vīriya pañcamaṃ
다낭 실랑 짜 넥캄망 빤냐 위리야 빤짜망[2]

---

[2] 게송에는 운율이 있다. 그래서 '빤짜망(다섯 번째로 하고)'과 '띠마다사(이 열 가지이다)'라는 단어를 추가하여 운율을 맞춘 것이다.

보시, 지계, 출리, 지혜, 정진이 다섯 번째이고

khantī saccamadhiṭṭhāna mettuppekkhā timadasa
칸띠 삿짜마딧타나 멧뚭뻭카 띠마다사
인내, 진실, 결정, 자애, 평정, 이렇게 열 가지이다

2. 조건

십바라밀은 앞으로 부처가 될 사람인 보디삿타(붓다가 되기 전 빠라미를 실천 수행하는 보살)가 꼭 해야 하는 일이라고 할 때 빠라미가 되기 위한 조건은 무엇일까요? 그것을 크게 네 가지로 나누어 살펴보겠습니다.

1) 딴하(갈애)·마나(자만)·딧티(사견)에 당하지 않는 선업

빠라미가 되는 첫째 조건은 딴하(taṇhā, 갈애)·마나(māna, 자만)·딧티(diṭṭhi, 사견)에 당하지 않는 선업을 하는 것입니다. 보시할 때 갈애가 들어가면 보시하면서 뭔가를 바라고 있습니다. 다음 생의 과보는 아니더라도, 이번 생에서 내가 주었다고 나에게 잘해 주길 바랍니다. 말과 행동으로는 아니라고 하지만 마음속으로는 무엇인가를 바라고 있습니다. 그러면 그것은 갈애에 당한 보시이기 때문에 선업은 선업이지만 빠라미가 되는 선업은 아닙니다.

보시할 때 내가 바라지 않는다고 뚜렷하게 아는 힘도 필요합니다. 그 힘은 수행에서 나옵니다. 사념처 수행에서 마음을 확실하게 볼 수 있어야 자신이 하는 선업이 진짜 원하는 것 없이 깨끗한 마음으로 하는지 아니면 원함 없이 한다고 착각하는지 알 수 있습니다.

그래서 수행할 때 교학도 확실하게 알아야 자신이 하는 보시가 갈애에 당하고 있는지, 자만에 당하고 있는지를 체크할 수 있습니다. 보시에도 주면서 뻐기는 자만이 있습니다. '나는 이렇게 줄 수 있다.' 또는 '다른 사람은 이 정도만 주지만 나는 이만큼 더 많이 줄 수 있다.'라고 비교하는 마음들이 있는데, 이것이 자만에 당하는 보시입니다. 또 '내가 준다.'라고 하면 사견(아견我見)에 당하는 보시입니다.

이렇게 여러 가지 묘한 마음들이 있는데 그것은 주는 순간에 있을 수도 있고, 주려는 마음이 생기기 전에도 있을 수 있고, 주고 나서도 있을 수 있습니다. 보시하고 나서 '내가 주었다'는 마음이 생기거나 주는 것을 자랑하거나 보시의 대가를 바라고 있으면, 그 자체로 공덕의 질이 많이 떨어져 빠라미가 될 수 없습니다. 그래서 갈애·자만·사견에 당하지 않고 보시할 수 있게끔 항상 마음을 잘 관찰하고 있어야 합니다. 마음을 관찰하면서 깨끗한 마음이 되었을 때 보시를 해야 그것이 빠라미가 됩니다. 그러면 그 결과로 더 잘 살게 되고, 잘 사는 것 자체가 우리를 열반으로 가게끔 계속 밀어 줍니다.

어떤 사람은 수행하고 싶지만 가난해서 수행을 못하는 경우가 있는데 그것은 보시바라밀이 약해서 그렇습니다. 어떤 사람은 잘 살아도 수행하지 않는데 그것은 그가 가진 것으로 즐기면서 놀기 바빠서 수행의 필요성을 느끼지 못하기 때문입니다. 이런 일들이 생기는 이유가 과거에 욕심으로 보시하고 자만으로 보시하고 사견으로 보시했기 때문입니다. 세상을 벗어나는 빠라미가 되는 보시를 하지 않고 세상을 빙빙 돌기만 하는 일반 선업만 했다는 말입니다. 빠라미 공덕이 있는 사람은 자기가 가지고 있는 재산으로 본인도 수행하고 남도 수행할 수 있도록 도와주며 빠라미 공덕을 더 많이 쌓아 갑니다.

계율을 지킬 때 자신의 지계가 남보다 더 깨끗하다고 하면서 다른 사람을 무시하면 자만에 당하는 지계가 됩니다. '내가 계율을 잘 지킨다.'라고 하면 아견(我見)에 당하는 지계입니다. 계율을 지키면서 이번 생에 뭔가 잘 되기를 바라면 그것은 욕심에 당하는 지계입니다. 다른 사람이 나를 존경하기를 바라고, 죽으면서도 이 지계 공덕으로 내생의 행복을 바라고 있습니다. 이렇게 딴하(갈애)·마나(자만)·딧티(사견)로 계율을 지킨다면 그 공덕은 빠라미가 되지 않습니다.

수행할 때도 갈애·자만·사견에 당하고 있으면 노력과 집중이 아무리 좋아도 한계가 있습니다. 질이 떨어지는 마음으로 수행하기 때문에 아무리 열심히 해도 절대로 닙비니(열반)에 도착할 수 없습니다. 이렇게 갈애·자만·사견을 가진다면 그는 고귀한 사람이 아니고, 고귀한 사람이 아니기 때문에 보시해도 고귀한 보시가 안 되고, 계율을 지켜도 고귀한 지계가 안 되고, 수행해도 고귀한 수행이 안 됩니다. 이렇게 심리가 매우 중요합니다. 우리의 마음을 고귀하게 만들어야 우리가 하는 일이 빠라미가 되는 것입니다.

2) 빠히땃따찟따(열반을 향하는 마음)

빠라미가 되는 둘째 조건은 선업을 할 때 마음이 항상 열반을 향하고 있어야 합니다. 그것을 부처님께서 '빠히땃따찟따'라고 하셨습니다. 이 마음을 가져야 출세간 공덕이 되는 빠라미를 할 수 있습니다.

빠히땃따찟따(pahitattacitta, 열반을 향한 마음)는 '닙바낫사빳짜요 호뚜!(nibbānassa paccayo hotu!, 열반의 밑거름이 되기를!)'와 같은 의미입니다. 어떤 좋은 일을 하든지 간에 우리의 마음은 다른 것을 바라지 말고 오직 열반만을 향해 있어야 합니다. 열반 자체가 '욕심 없음'이기 때문에 사실 열반은 욕심의 대상이 될 수가 없습니다. 그래서 '모든 욕심을 놓아 버릴 수 있는 원인이 되기를!'이라는 마음을 가지고 보시하고 계율을 지키고 수행해야 그것이 빠라미가 될 수 있습니다.

부처님께서도 부처가 되기 전에 빠라미를 하면서 마음은 항상 열반으로 향해 있었기 때문에, 중간에 문제가 생겨도 거기서 헤매지 않았습니다. 어려움이 있어도 잠깐이었고 조금이었고 그리고 결국에는 제자리로 다시 돌아올 수 있었습니다. 여러분들도 빠라미에 대해서 깊이 이해하면서 자신의 마음이 딴하(갈애)·마나(자만)·딧티(사견)에 당하지 않도록 주의하고 늘 빠히땃따찟따를 가지기 바랍니다.

우리는 바라는 것 없이 오직 열반만을 향하는 마음으로 수행해야 합니다. 그래야 수행하는 마음가짐이 올바르게 되고 수행하는 태도도 정직해집니다. 마냥 노력한다고, 집중이 잘 된다고 깨닫는 것이 아닙니다. 우리의 마음 자세가 바르게 되어야 합니다. 마음가짐이 틀리면 아무리 집중하고 노력해도 고귀한 출세간 선업이 안 됩니다. 출세간 선업이 되지 않으면 완전한 행복이란 절대로 없다고 알아야 합니다. 그래서 똑같은 노력과 똑같은 집중이라도 빠히땃따찟따가 없으면 결국에는 31천만 빙빙 돌게 됩니다. 수행 중에 욕심이 생기기도 하고 수행이 잘 되면 자만이 생기기도 합니다.

수행도 사견으로 할 수 있습니다. 그래서 여러분들의 수행이 빠라미가 되기를 바라기 때문에 제가 수행을 지도할 때 항상 욕심이나 자만이나 아상으로 끌어가는 수행을 하지 말라고 당부하는 것입니다.

수행을 기술적으로 쉽게 배울 수 있지만 수행을 완성하려면 반드시 충분한 빠라미가 있어야 합니다. 체질이 좋은 수행자는 위빳사나 지혜의 정점인 '상카루뻭카(saṅkhārupekkhā, 형성에 대한 평정)'까지 갈 수 있습니다. 그러나 상카루뻭카에서 깨닫고 싶은데 깨닫지 못하고 마음의 힘이 자꾸 떨어진다면 그것은 본인의 빠라미가 완벽하지 않기 때문입니다. 자신의 수행이 깨달음까지 못 가는 이유가 지도자의 문제도 아니고 수행법의 문제도 아니고 다만 자신의 약한 빠라미가 문제입니다. 전생의 빠라미가 약하지 않더라도 현생의 빠라미가 약하다고 봐야 합니다. 즉 빠히땃따찟따를 가지지 못해 빠라미가 되는 선업을 하지 못한 탓이지요.

수행자의 마음이 빠히땃따찟따로 바뀌려면 빠라미에 대한 지혜로운 앎이 있어야 합니다. 빠라미 공덕에 대한 확신이 있어야 생각과 말과 행동이 갈애·자만·사견에 당하지 않게 되고, 수행자의 마음이 출세간인 닙바나(열반)로 향하게 될 것입니다. 마음이 세간이 아니고 출세간으로 향해야 깨달을 수 있습니다. 수행한 지 오래된 사람들은 이 마음이 얼마나 중요한지 잘 기억해 두고, 겉모습만 그럴 듯하게 수행하지 말고 진정한 마음으로 빠히땃따찟따를 가지고 수행하시기 바랍니다.

3) 마하까루나(대연민)

빠라미가 되는 셋째 조건은 마하까루나(mahākaruṇā, 대연민大憐愍)입니다. 부처님께서 빠라미를 할 수 있었던 기본적인 마음 바탕이 바로 마하까루나입니다. 까루나(연민), 마하(큰). 석가모니 부처님이 될 보살이 부처가 되어야겠다고 공식적으로 발표한 때가 네 아승지와 십만 겁 전인데, 그 오랜 기간 동안 빠라미를 할 수 있었던 것은 마하까루나 때문입니다. 윤회에서 고생하고 있는 중생들을 보고 불쌍하다는 마음을 가지게 되었고, 그들을 고통에서 구해 주고 싶다는 대연민으로 빠라미를 시작하는 것입니다. 이렇게 부처님께서는 네 아승지와 십만 겁 동안 대연민의 마음으로 꾸준히 빠라미를 해 오시면서 마침내 부처로 깨달아 모든 중생들에게 고통에서 벗어나 행복을 찾을 수 있는 길을 알려 주셨습니다. 우리도 빠라미를 잘 실천하려면 부처님처럼 대연민은 아니더라도 나름의 연민을 가져야 합니다.

연민으로 생각하면 무엇이든지 주는 쪽으로 가게 되고, 이기적으로 생각하면 무엇이든지 욕심을 부리고 움켜쥐는 쪽으로 갑니다. 연민으로 생각하면 무엇이든지 놓아 버리는 닉캄마(욕심을 버림) 쪽으로 갑니다. 이기적이면 어떤 경우에도 자신이 이겨야 되고 손해보면 안 된다고 생각합니다. 그래서 연민으로 생각하고 말하고 행동하면서 자신이 하는 보시, 지계, 수행이 빠라미가 되도록 해야 할 것입니다.

4) 우빠야꼬살라(지혜, 방편)

빠라미가 되는 네 번째 기준은 우빠야꼬살라(upāyakosalla, 방편에 대한 밝은 지혜)입니다. 우빠야(방법, 방편), 꼬살라(잘함). 사람들 중에는 지혜는 뛰어난데 연민이 없는 사람이 있습니다. 그런 사람은 자기의 이익을 위해서 다른 사람을 이용하는 무서운 사람입니다. 그런 사람이 권력을 가지게 되면 밑에 있는 사람들이 엄청 힘들어지고 사회도 위험해집니다. 그것이 계략은 많지만 연민심이 없는 것입니다.

반면에 연민은 많지만 지혜가 없는 사람도 있습니다. 그것도 문제입니다. 불쌍해서 구해 주고 싶은데 구해 주는 방법을 몰라 잘못된 길을 선택하게 됩니다. 그런 스승을 만나면 제자들이 고통스럽겠지요? 과거에 미국에서 어떤 종교인이 신도들과 함께 독약을 먹고 자살한 사건이 있었습니다. 지금 이 세상이 너무 고통스러우니 천국에 가서 같이 행복하게 살자고 함께 자살하였지요. 그런 사이비 교주가 무서운 사람입니다. 이처럼 어떤 사람은 연민은 있는데 지혜가 없고, 또 어떤 사람은 지혜는 있는데 연민이 없습니다.

그러나 부처님께서는 연민과 지혜를 모두 겸비하신 분입니다. 연민으로 모든 중생들을 불쌍하게 여기시고, 지혜로 그들을 고통에서 벗어나게 해주는 방법을 알고 실천하셨습니다. 우리도 부처님을 본받아 빠라미를 잘 하고 싶으면 연민을 가지고 지혜롭게 실천해야 합니다. '고통스러운 중생들을 어떻게 행복하게 해 줄까?' '어떻게 보시하고 계율을 지키고 수행해야 빠라미 공덕이 될까?' 그런 것들을 아는 것이 바로 우빠야꼬살라입니다. 이런 방법과 방편에 대한 지혜가 있어야 빠라미를 성공시킬 수 있습니다.

    이와 같은 빠라미가 되는 네 가지 요소를 갖출 때, 그때는 보시를 해도, 계율을 지켜도, 수행을 하여도, 그것이 진정한 빠라미가 된다고 여러분들에게 강조하고 싶습니다.

3. 정의

빠라미의 정의를 문법적으로 다섯 가지로 나누어 살펴볼 수 있습니다.

1) 빠라마낭 깜망 빠라미(고귀한 분들의 일)

빠라미는 '빠라마낭 깜망 빠라미(paramānaṃ kammaṃ pāramī, 고귀한 분들이 하는 일이 고귀한 일)'에서 나온 말입니다. 빠라마낭(고귀한 분들의), 깜망(하는 일이), 빠라미(바라밀).

빠라마는 아비담마 논장에 나오는 빠라밋타(paramattha, 최고의 의미)와 같은 말로 아주 높고 귀한 최고의 사람이라는 뜻인데, 그분들이 하는 일이 빠리미라는 말입니다. '빠라마'는 귀하고 위대한 최고의 사람입니다. 그러면 빠라마는 누구를 말하는가요? 최고의 빠라마는 부처님입니다. 왜냐하면 부처님께서는 '실라(sīla, 계)·사마디(samādhi, 정)·빤냐(paññā, 지혜)'에서 최고이기 때문입니다.

부처님께서는 당신 혼자만을 위해서는 무수한 겁 이전에 깨달을 수 있었지만, 끝도 없이 윤회하는 중생들에 대한 연민으로 부처가 되어야겠다고 결심하고, 오랫동안 빠라미를 해오셨습니다. 부처님이 최고라면 그 다음 빠라마는 누구일까요? 벽지불, 아라한, 아나함, 사다함, 수다원의 성인(聖人)들입니다. 그분들은 자기 이익을 위해서 이기적으로 하는 일이 하나도 없습니다. 그래서 '빠라마'에서 '빠라미'라는 말이 나오는 것입니다.

2) 빠라마 멧따(자애로 끌어당김)

훌륭한 사람은 보시를 잘 하고 계율도 잘 지키고 수행도 잘 합니다. 그때 다른 사람들이 그를 보고 좋아합니다. 이와 같이 부처님을 비롯한 빠라마들을 보고 사람들이 기뻐하고 존경하는 것은 빠라마들이 다른 사람들을 자애로 끌어당기고 또 그들로 하여금 자애를 일으키게 하기 때문입니다.

이렇게 빠라마들이 중생들을 자애로 묶어 놓기 때문에 '빠라마멧따(parama mettā)'에서 '빠라미'라는 말이 나오게 됩니다. 빠라마(최고의 사람), 멧따(자애). 빠라미는 고귀한 분들의 좋은 습관입니다. '~이(~ī)'가 붙어서 습관이 되고 있는 것을 뜻하는데 계율도 마찬가지입니다. 습관은 한두 번 하는 것이 아니고, 매우 많이 해서 심신에 푹 배어 있다는 뜻입니다. 이처럼 좋은 습관들이 몸에 밴 사람(빠라마)의 일을 빠라미라고 해석하는 것이 첫째 설명이고, 두 번째는 빠라마들이 자애로 다른 사람들을 끌어당기기 때문에 빠라마멧따에서 빠라미가 된다는 것입니다.

부처님과 아라한들의 일을 보면 다 빠라미입니다. 그분들에게는 더 이상의 이익이 필요 없고 또 본인의 이익을 원하지도 않습니다. 남의 행복과 이익을 위해서 당신들이 열심히 사는 것이지요. 부처님께서는 당신 이익을 위해서 해야 하는 일을 예전에 벌써 끝내셨습니다. 즉 부처가 될 때 이미 당신 일을 다 완성하셨습니다. 그러나 45년(부처님께서 깨달은 후 법을 펴시는 기간) 내내 하루에 두세 시간만 주무시면서 설법하고 가르치셨습니다. 그것은 본인을 위해서 하는 것이 아닙니다. 그렇게 부처님과 아라한들이 세상에 살고 있는 것은 자신들보다는 이 세상을 위해서라고 알아야 합니다. 그렇게 볼 때도 위대한 빠라마들의 일이 빠라미이고, 또 그런 빠라마들을 사람들이 많이 좋아하기 때문에 빠라마멧따에서 빠라미가 되는 것입니다.

3) 빠라(가르침)

'빠라(para)'는 가르친다는 뜻이 있습니다. 번뇌를 열심히 닦을 수 있게끔 사람들을 가르치기 때문에 빠라미가 됩니다. 중생들로 하여금 마음을 닦아 청정해지도록 하기에 빠라미가 되는 것입니다. 빠라마라는 성인들은 다른 사람들을 잘 기르칩니다. 그러면 사람들이 배우고 따라 실천하면서 번뇌가 많이 엷어지고 마음이 깨끗해집니다. 그렇게 남이 번뇌를 닦을 수 있도록 열심히 가르치고 지도하며 잘 도와줄 수 있기 때문에 그분들이 하는 일이 빠라미가 됩니다.

4) 빠라(다른 곳)

'빠라(para)'는 또 '다른 곳'을 뜻합니다. 우리의 삶과 다른 것이 열반이기 때문에 빠라가 열반을 말한다고 할 수 있습니다. 우리는 모든 중생들의 삶이 서로 다르다고 생각하지만 궁극적으로는 다르지 않습니다. 범천이건 천신이건 인간이건, 축생이건 지옥생이건 아수라 아귀이건, 31천 안에서 윤회하고 있는 중생들의 삶은 인과의 법칙으로 돌아가는 물질과 정신의 과정뿐인 것으로 다 똑같습니다. 이처럼 31천과 다른 곳이 열반입니다. 그 열반으로 갈 수 있는 길이 빠라미입니다.

5) 빠라(적)

'빠라(para)'는 적군이라는 뜻도 있습니다. 우리의 입장에서 볼 때 적군은 번뇌입니다. 아군은 나에게 행복과 이익을 주고, 나를 사랑하고 또 내가 사랑하는 사람들입니다. 번뇌는 나를 사랑하지 않는 적입니다. 번뇌는 나에게 고통을 주지 행복을 주지 않습니다. 그래서 번뇌가 빠라(적)입니다. 번뇌라는 적을 없앨 수 있는 사람이 빠라마이고 그분들이 하는 일이 빠라미가 되는 것입니다.

그래서 종합해 보면 열반으로 갈 수 있는 길이 빠라미라는 말입니다. 위대한 부처님과 아라한들의 일, 그 대단한(parama) 분들의 자애(mettā)의 일, 그 거대한 분들의 가르침, 번뇌와 윤회라는 이쪽 언덕에서 열반이라는 저쪽 언덕(다른 곳)으로 가는 길, 번뇌라는 적을 없애는 길 모두 다 열반으로 가는 길입니다.

4. 특성 분석

이제 십바라밀 각각을 네 가지로 나누어 특성을 분석해 보겠습니다. 수행할 때 물질과 정신을 뚜렷하게 구분하여 아는 것을 '딧티위숫디(diṭṭhivisuddhi, 견해의 청정)'라고 합니다. 견해의 청정은 정신과 물질을 네 가지로 나누어 정확하게 아는 것을 말하는데 그 네 가지는 락카나(lakkhaṇā, 특징/특성), 라사(rasa, 역할), 빳쭈빳타나(paccupaṭṭhāna, 나타남), 빠닷타나(padaṭṭhāna, 가까운 원인)입니다.

락카나는 우리가 어떤 사람을 보고 키가 크다, 피부가 하얗다, 눈이 크다, 코가 길다고 말하듯이, 수행자가 궁극적 실재를 대상으로 관찰할 때 알게 되는 특징들입니다. 라사는 하는 일, 역할입니다. 씻짜(kicca)도 같은 말인데 키가 크고 피부가 하얀, 눈이 큰 그 사람은 의사이다, 혹은 변호사라고 말하는 것처럼 직업을 말하고, 또한 궁극적 실재가 갖고 있는 역할이나 기능을 말합니다. 빳쭈빳타나는 수행자의 마음속에 뜨는 이미지 혹은 나타남입니다. 어떤 사람을 보면서 '그는 사자 같다.'라고 말하면 그 말의 의미는 그 사람이 용감하다는 뜻입니다. 빠닷타나는 제일 가까운 원인입니다. 원인은 한 가지일 수도 있고 여러 가지일 수도 있는데 그때 제일 가까운 원인을 빠닷타나라고 합니다.

이렇게 락카나, 라사, 빳쭈빳타나, 빠닷타나, 이 네 가지로 나누어서 분명하게 아는 것을 견해의 청정이라고 합니다. 빠라맛타담마(궁극적 실재)라는 물질·정신을 이 네 가지로 분석해서 알면 확실하게 안다고 말할 수 있습니다.

'락카나(특징/특성)'에는 사바와락카나(sabhāvalakkhaṇa, 개별적 특성)와 사만냐락카나(sāmaññalakkhaṇa, 보편적 특성) 두 가지가 있습니다. 사바와락카나는 각각의 고유한 특성입니다. '사'는 '본인, 개인'이고 '바와'는 '됨'이라는 뜻입니다. 서로서로를 구별되게 하는 개개의 특징이 있습니다.

예를 들면 물질이 28가지 있는데 28가지 각각이 가지고 있는 특성이 다 다릅니다. 지대에는 딱딱함과 부드러움, 무거움과 가벼움, 거칠고 매끄러움이, 화대에는 따뜻함과 차가움이, 수대에는 흐름과 응집이, 풍대에는 지탱함, 움직임, 밀어냄, 잡아당김과 누름의 특성이 있는데 이런 것이 사바와락카나(개별적 특성)입니다. 지대의 딱딱함은 풍대나 화대나 수대에는 없습니다. 딱딱함은 오직 지대에만 있다는 말입니다.

사만냐락카나는 한 집단의 구성원 모두가 공통적으로 갖고 있는 보편적인 특성입니다. 예를 들면 사람이라고 말할 때 사람들이 기본적으로 다 갖추고 있는 특성이 있습니다. 사람은 직립 보행을 하고 머리, 몸통, 사지가 어떻게 생겼다는 등등의 모든 인간이 가지는 공통성이 있습니다. 사람과 동물은 특성이 다르지요? 이렇게 한 집단이 공통적으로 가지는 특성을 사만냐락카나(보편적 특성)라고 합니다.

그리고 28가지 모든 물질의 사만냐락카나는 무엇일까요? 그것은 변형, 변질된다는 것입니다. 어떤 물질이건 확실하게 알면 아는 순간 변질됩니다. 뭔가 이상하게 변해 버립니다. 마음의 사만냐락카나는 '앎'입니다. 마음의 종류가 89가지/121가지이지만 '아는 것'으로는 하나입니다. 그리고 오온의 사만냐락카나는 '무상

(아니짜), 고(둑카), 무아(아나따)'입니다. 여기에 '부정(不淨, 아수바)'을 더하여 네 가지로 말하기도 합니다.

십바라밀에도 공통되는 사만냐락카나가 있고, 십바라밀 각각이 가지는 사바와락카나가 있습니다. 먼저 십바라밀의 사만냐락카나를 살펴보겠습니다.

1) 십바라밀의 공통적 특성

십바라밀의 락카나는 남에게 잘해주는 것, 남이 잘되게끔 하는 것입니다. 빠라미는 나를 위해서 하는 것이 아니고 남을 위해서 하는 일입니다. 일부러 거짓으로 할 수는 없습니다. 일부러 서짓으로 하면 고귀한 마음이 아니고, 고귀한 마음이 아니면 빠라미가 될 수 없습니다. 그래서 내가 아닌 남의 행복과 이익을 챙겨주려고 하는 것이 모든 빠라미의 특징입니다. 예를 들면 여러 사람들이 쓰는 화장실이 더러울 때 그것을 청소하고 있으면 빠라미가 되는 착한 일을 하고 있다고 알게 됩니다. 선원을 청소할 때도 진짜 깨끗한 마음으로 하고 있으면 그 행동이 빠라미가 될 수 있습니다. 선원은 개인 집이 아니고 여러 수행자들이 수행하는 장소이기 때문에 그들을 위해서 깨끗하게 청소한다면 그것은 빠라미가 됩니다. 이렇게 여러 사람들의 행복과 이익을 위하는 것이 빠라미의 락카나입니다.

십바라밀의 라사는 다른 사람에게 이익을 주는 것입니다. 락카나와 조금 비슷한 것 같지만, 라사는 직접 일을 해내는 것을 말합니다. 상대방이 진짜로 고마워하는 일을 해서 은혜를 만들어 내는 것입니다. 그것이 모든 빠라미의 역할입니다. 예를 들면 법당이 깨끗하면 모두가 고마워합니다. 화장실이나 식당도 마찬가지로 더러우면 싫어하고 깨끗하면 다 좋아합니다. 모든 공공시설이 깨끗하도록 청소하면서 많은 사람들에게 깨끗함의 이익을 주는 것이지요. 그런 일을 할 때 월급 받고 하는 것이 아니고 봉사로 합니다. 빠라미는 사람을 말하는 것이 아니고 행위를 말합니다. 빠라미는 누가 봐도 고마운 일을 하는 것입니다. 그렇게 고마운 일을 해내는 것이 빠라미의 라사입니다.

십바라밀의 빳쭈빳타나는 어떤 행동이 모든 중생들의 이익을 위하는 것으로 나타납니다. 자기가 사랑하는 사람, 자기를 편드는 사람, 자기 가족만의 이익을 위해서 하는 일이 아니고, 모두를 위하는 일이라고 알게 되는 것입니다. 빠라미라고 하면 무량한 마음으로 여러 사람들의 행복을 챙기고 있다는 이미지가 떠오릅니다. 예를 들면 마더 테레사 수녀가 하는 일을 보면서 다 그렇게 느끼지요? 이기적이 아닌 이타적인 마음들이 나타나는 것입니다.

십바라밀의 빠닷타나는 마하까루나(대연민)와 우빠야꼬살라(지혜)입니다. 연민과 지혜가 있어야 빠라미를 할 수 있습니다. 연민과 지혜가 생기면 생각과 말과 행동이 다 빠라미가 됩니다. 부처가 되기 위해서는 대연민과 지혜가, 우리는 우리가 할 수 있는 만큼의 연민과 지혜가 빠라미의 가까운 원인입니다. 이상 네 가지는 모든 십바라밀에서 공통되는 특성입니다.

2) 십바라밀의 개별적 특성

(1) 다나빠라미(dānapāramī, 보시바라밀)

보시바라밀의 기본은 마하까루나(대연민)와 우빠야꼬살라(지혜)입니다. 연민과 지혜가 생길 때부터 내가 아닌 상대방을 위하게 됩니다. 만약에 '내가 너에게 이것을 주면 넌 나에게 고마워하면서 내 말을 잘 듣겠지? 또 앞으로 나에게 더 크게 돌려주겠지? 그리고 이 공덕으로 내가 다음 생에 태어나면 더 잘 살기를 바란다.'라고 한다면 그것은 빠라미가 아닙니다. 그러나 연민과 지혜로 상대방의 입장에서 '저 사람이 이것을 필요로 하고 있네.'라고 알게 되면 주고 싶어 합니다. 그때 있으면 비로 주거나, 없으면 줄 수 있는 방법을 찾습니다. 그렇게 하는 것이 바로 빠라미입니다. 여기서 상대방이 필요로 하는 것을 해 주고 싶어 하는 것이 연민이고, 해 주는 방법을 찾는 것은 지혜의 표현입니다. 그래서 보시를 비롯한 모든 빠라미의 기본이 마하까루나와 우빠야꼬살라라고 알아야 합니다.

다나빠라미의 락카나는 아로바쩨따나(alobhacetanā, 욕심 없는 의도)입니다. 자기가 갖고 있는 것을 주려고 하는 의도입니다. 다나는 주는 것입니다. 손을 펴고 잡고 쥐고 갖고 있는 것을 놓아 버리는 것입니다.

어떤 강사스님이 선원에서 법회가 있는 날 석가모니 부처님의 빠라미에 대한 이야기를 하고 있었습니다.

"우리 보디삿따(보살)는 항상 손바닥이 펼쳐져 있다. 잡고 쥐는 것이 없다. 항상 펴고 있다."

그때 어떤 개구쟁이 스님이,

"스님, 저도 항상 손을 펴고 있습니다. 스님께서 가지고 계시는 것을 저에게 주세요. 주고 싶은 것 다 주세요."

그러자 강사스님이 말했습니다.

"그래. 보살이 펴는 손은 부처님 되는 길! 네가 펴는 손은 거지 되는 길!"

보살이 손을 펴는 것은 잡지 않도록 펴는 것이고, 동자스님은 가지려고 손을 펴는 것이지요? 이렇게 다나(보시)의 락카나(특징)는 욕심 없이 펼쳐져 있는 손이고 가지고 있던 것을 다 내어 주는 것입니다.

다나빠라미의 라사는 보시물에 대한 욕심을 부숴 버리는 것입니다. 보시물에 대해 갖고 있는 욕심을 부숴 버려야 줄 수 있습니다. 그래서 보시바라밀의 역할은 로바(lobha, 탐욕)를 부숴 버리고 없애 버리는 것입니다. 보시는 내가 가진 것을 주는 것이니까 내 것이 없어지는 것은 맞는데 그때 진짜로 없어지는 것은 무엇입니까? 바로 욕심입니다. 욕심이 없어지고 공덕이 생기는 것입니다.

다나빠라미의 빳쭈빳타나는 보시물에 대한 애착·집착이 없는 모습입니다. 남에게 뭔가를 주는 것을 보면서, '저 사람은 주는 것에 대한 걸림이 없고 취착이나 집착이 없구나, 잡고 쥐고 가지려고 하는 마음이 없구나.'라는 이미지가 나타나는 것이 다나빠라미의 빳쭈빳타나입니다. '뭇따짜가(muttacāga, 걸림없는 베풂)'라는 말이 있는데 이것은 걸림이 없고 묶어 놓는 줄이 없다는, 그래서 완전히 벗어난 자유라는 말입니다. 아무 조건 없이 주는 무주상보시와 같은 의미입니다. 대가를 바라지 않고 그냥 주는 것이 뭇따짜가인데, 이것이 다나빠라미의 빳쭈빳타나입니다.

다나빠라미의 빠닷타나는 보시물이 있는 것입니다. 보시한다면 보시 받는 사람과 보시물과 보시하는 사람이 있어야 합니다. 그 중에 보시물이 제일 중요합니다. 보시물이 있어야 보시할 수 있지요? 재능이나 돈이나 사물이나 옷이나 음식 등 뭔가를 가지고 있어야 줄 수 있습니다. 그래서 보시물이 있는 것이 다나빠라미의 빠닷타나입니다.

이렇게 다나빠라미의 락카나는 놓아 버리면서 주는 것이고, 하는 일은 보시물에 대한 로바(탐욕)를 부숴 버리는 것이고, 나타남은 뭇따짜가, 즉 애착이나 집착 없이 걸림 없이 선뜻 내어 주는 모습이고, 가까운 원인은 보시할 수 있는 보시물이 있다는 것입니다. 우리는 본인의 보시를 이렇게 분석할 줄 알고 남의 보시도 이렇게 분석하면서 빠라미가 되는 보시를 해야 합니다. 그래야 출세간으로 갈 수 있습니다. 빠라미가 안 되는 보시는 세간에서 끝없이 윤회할 뿐입니다.

(2) 실라빠라미(sīlapāramī, 지계바라밀)

실라빠라미의 락카나는 위라띠쩨따나(viratīcetanā, 절제 있는 의도)입니다. 위라띠(피하여 하지 않음, 절제). 절제는 팔정도의 바른 말, 바른 행동, 바른 생계입니다. 절제에서 바른 말은 나쁜 말을 할 상황에서 나쁜 말을 피하여 하지 않는다는 의미입니다. 바른 행동은 나쁜 행동을 피하여 하지 않는 것입니다. 예를 들면 살생할 수 있는 상황을 피하여 살생을 하지 않습니다. 바른 생계는 나쁜 행동과 나쁜 말을 하면 뭔가 이익이 생겨서 생계에 도움이 될 수 있어도 그것을 피하여 하지 않는 것입니다. 이런 지계바라밀이 바로 위라띠쩨따나입니다.

까야두짜리따(kāyaduccarita)와 와찌두짜리따(vaciduccarita)라는 말이 있습니다. 까야두짜리따(나쁜 행위)는 몸으로 하는 세 가지 나쁜 일입니다. 즉 살생, 도둑질, 삿된 음행입니다. 와찌두짜리따(나쁜 말)는 입으로 하는 나쁜 말 네 가지입니다. 즉 거짓말, 이간질, 욕설, 잡담입니다. 이런 것을 피하는 것이 위라띠쩨따나의 모습입니다. 생계를 위해서도 몸으로 입으로 나쁜 짓을 하지 않습니다. 동시에 이 몸과 입으로 좋은 말과 행동을 합니다. 살생과 도둑질과 삿된 음행을 피하는 행동으로 몸을 잘 챙기고, 거짓말과 욕설과 이간질과 잡담을 피하고, 서로서로 화합이 되고 잘되게끔 하는 쓸모 있는 말과 자비로운 말을 함으로써 입을 잘 챙깁니다. 이번 생에도 이익이 되고 다음 생에도 이익이 되는, 그리고 출세간에도 이익이 되는 말을 합니다. 이렇게 몸과 입을 위라띠쩨따나로 챙기고 있는 모습이 실라빠라미의 락카나입니다.

실라빠라미의 라사는 둣실라쩨따나(dussīlacetanā, 파계破戒 의도)를 부숴 버리는 것입니다. 계율을 깨고 망가뜨리는 몸의 나쁜 습관 세 가지와 말의 나쁜 습관 네 가지를 하려는 의도를 완전히 부숴 버립니다.

실라빠라미의 빳쭈빳타나는 말과 행동의 청정함입니다. 계율을 잘 지키는 사람의 몸과 입이 아주 깨끗하게 나타납니다. 그 사람의 도덕성이 좋다고 느껴지고 그 사람의 말과 행동에서 청정함이 나타납니다. 이 청정함은 사람에 대해서가 아니고 그 사람의 행동을 보는 것입니다.

실라빠라미의 빠닷타나는 히리(hirī)와 옷땁빠(ottappa)입니다. 히리(부끄러움)는 나쁜 일 하는 것을 부끄러워하고 좋은 일 못 하는 것을 부끄러워하는 것입니다. 옷땁빠(두려움)는 나쁜 일 하는 것을 두려워하고 좋은 일 못 하는 것을 두려워하는 것입니다. 히리와 옷땁빠가 있어야 우리가 몸으로 나쁜 짓을 하지 않고 좋은 일을 하게 되고, 입으로 나쁜 말을 하지 않고 좋은 말을 하게 되는 것입니다. 부처님께서는 히리와 옷땁빠를 세상을 지키는 보호자라고 하셨습니다.

이렇게 네 가지로 분석해서 우리가 실라빠라미에 대한 개념을 확실히 잡고 있으면 내가 하는 일이나 남이 하는 일이 실라빠라미가 되는지 안 되는지를 확실하게 알게 됩니다. 그런 앎이 생기는 것이 견해의 청정함(딧티위숫디)입니다.

(3) 닉캄마빠라미(nekkhammapāramī, 출리바라밀)

닉캄마빠라미의 기본적인 마음은 생의 고통을 아는 것입니다. 우리는 언제 어디서 어떤 존재로 태어나든지 간에 생로병사를 벗어나지 못합니다. 왕으로 학자로 부자로 미인으로 신으로 범천으로 태어나도 생로병사를 겪어야 합니다. 그러면 생로병사의 고통에서 벗어나려면 어떻게 해야 합니까? 다시 태어나지 말아야 합니다. 그래서 윤회에서 벗어나려는 의도로 수행하게 되는데 그것이 닉캄마빠라미가 됩니다. 스님들이 계를 받을 때마다, "반떼, 삼사라 왓따 둑카또 모짜나타야 빱바자 야짜미!"라고 이렇게 청합니다. 반떼(존경하는 스승님이시여), 삼사라왓따둑카또(윤회의 고통의 굴레에서), 모짜나타야(벗어나기 위해서), 빱바자(출가자의 삶을), 야짜미(청합니다). 이 말이 닉캄마빠라미의 기본적인 마음가짐입니다.

닉캄마빠라미의 락카나는 벗어나려고 하는 것입니다. 대부분의 범부들은 오욕락을 즐기려고 하는데 출가자는 오욕락을 즐기지 않고 거기서 빠져 나오려고 합니다. 누가 하든, 하고 있는 행위 속에서 오욕락을 피하고 오욕락에 빠지지 않고 벗어나는 모습이 보이면 그것이 닉캄마빠라미의 락카나입니다.

닉캄마빠라미의 라사는 욕계 오욕락에 대한 부정(더러움)을 잘 보는 것입니다. 닉캄마빠라미가 되면 오욕락이 지루하게 보입니다. 돈을 많이 가지는 것도, 인생을 즐겁게 사는 것도 지루하게 느낍니다. 그렇다고 자살하려거나 무기력한, 우울한 마음은 아닙니다. 지혜롭게 무의미함을 느끼는 것입니다. 오욕락이 별로 재미가 없고 오욕락에서 벗어나 보다 더 소중한 것을 찾고 싶어 하는 것이 닉캄마빠라미의 라사입니다. 내 몸과 마음이 무상하다고 느껴지니까 다른 사람의 몸과 마음에도 욕심이 생기지 않습니다. 사물에 대한 욕심도 없어집니다. 욕심이 없다고 용기와 능력이 없다는 말은 아닙니다. 닉캄마는 다른 사람과 경쟁하기 어려워서, 세상이 무서워서 출가하는 것이 아닙니다. 만일 그렇다면 그것은 가출이고 도망치는 것입니다. 핑계 대면서 출가하면 수행이 제대로 되지 않습니다. 닉캄마는 진짜 윤회의 고통을 느끼고 생사 문제를 해결하기 위해서 출가하는 것입니다.

닉캄마빠라미의 빳쭈빳타나는 외면하거나 혹은 눈길을 돌리는 모습입니다. 다른 사람은 오욕락을 매우 즐기지만 본인은 재미가 없어 눈길을 돌리고 외면합니다. 닉캄마빠라미가 일어나면 축제, 음악회, 영화 감상, 미술 감상, 이런 것들이 하나도 재미가 없습니다. 그런 것에 별로 관심이 없고 눈길도 가지 않습니다. 보게 되더라도 즉시 얼굴을 다른 데로 돌립니다. 이렇게 그 사람이 재미없어 하는 것을 내가 느끼는 것이 빳쭈빳타나입니다. 빠라미를 하고 있는 사람은 다른 곳으로, 즉 열반을 향해 간다는 의미입니다. 그것이 닉캄마빠라미의 나타남입니다.

닉캄마빠라미의 빠닷타나는 상웨가냐나(saṃvegañāṇa, 지혜로운 무서움)입니다. 용기가 없고 능력이 떨어져서 또는 경쟁을 못 해서 무서워하는 것이 아니고 지혜롭게 무서워하는 것입니다. 그는 과거에 좋은 것은 다 해 보았고 또 뭔가를 한다면 하기도 잘합니다. 그럼에도 불구하고 오온의 고통, 생로병사에 대한 무상함, 오욕락의 무의미함을 느끼고 있는 것이 상웨가냐나입니다. 상웨가냐나가 있어야 닉캄마빠라미가 잘 됩니다. 그래서 법사(dhammakathika담마까티까)들은 수행자들로 하여금 윤회와 물질과 정신에 대한 상웨가냐나가 많이 생기게끔 법문을 해 주어야 하는 의무가 있습니다. 상웨가냐나가 되면 닉캄마로 쉽게 넘어갑니다. 닉캄마가 되면 다른 모든 빠라미들을 모아서 더 잘하게 됩니다.

(4) 빤냐빠라미(paññāpāramī, 지혜바라밀)

빤냐빠라미의 락카나는 있는 그대로의 사실을 꿰뚫어 보는 것입니다. 지혜가 있을 때 우리는 개념과 어리석음에 미혹되지 않고 사실을 있는 그대로 꿰뚫어 보게 됩니다. 유능한 궁수가 화살로 과녁을 적중해서 맞히듯이, 물질을 관찰할 때 물질의 특징을 정확하게 볼 수 있는 것이 빤냐(지혜)입니다. 지·수·화·풍의 특징을 명확하게 보고, 욕심 등 마음부수들의 특징을 정확하게 보는 것이 빤냐입니다. 이처럼 대상의 본성을 걸림 없이, 찔러서, 꿰뚫어서, 정확하게 볼 수 있는 힘 있는 모습이 빤냐빠라미의 락카나입니다. 희미하게 흐릿하게 보는 것이 아니고 확실하게 보는 삼빠자나(sampajāna, 확실한 앎)가 지혜의 락카나입니다.

빤냐빠라미의 라사는 어리석음을 부숴 버리고 사실을 있는 그대로 보게 하는 것입니다. 빤냐는 등불과 같습니다. 불을 켜면 어둠이 없어지고 밝아지듯이 사실을 있는 그대로 꿰뚫어 알게 하는 것이 빤냐의 라사입니다. 처음에 불이 꺼져 있을 때는 방 안에 뭐가 있는지 모르지요? 그런데 불을 켜면 다 보입니다. 지혜가 하는 일이 그런 것입니다. 우리는 어리석음이라는 어둠에 덮여 있기 때문에 사실을 못 봅니다. 그런데 어리석음이 사라지면 사실을 있는 그대로 다 보게 됩니다. 사실을 사실대로 보게 하는 것이 빤냐가 하는 일입니다.

빤냐빠라미의 빳쭈빳타나는 길을 잘 안내해 주는 안내자 같습니다. 깊은 숲속에서 어디가 어딘지 모르고 동서남북을 헤매고 있을 때 길 안내자를 만나면 매우 반갑지요? 안내자는 아주 정확하게 길을 안내합니다. "이쪽으로 가세요." "저쪽으로 가세요." 이런 식으로 하나도 헷갈림 없이 길을 안내하듯이 빤냐의 모습이 그렇습니다.

빤냐빠라미의 빠닷타나는 집중입니다. 집중이 되면 우리의 앎이 선명해집니다. 마음이 집중되지 않으면 대상이 제대로 보이지 않습니다. 우리가 머리를 흔들며 사물을 보면 사물이 제대로 잘 안 보이듯이, 들뜬 마음은 대상을 제대로 보지 못하게 합니다. 집중이 되어 마음이 가만히 있을 때 대상을 잘 볼 수 있습니다. 그것을 '사마히또 야타부땅 빠자나띠(samāhito yathābhūtaṃ pajānāti)'라고 합니다. 사마히또(삼매가 있는 자가), 야타부땅(있는 그대로의 사실을), 빠자나띠(안다). 이와 같이 집중이 지혜의 가까운 원인입니다. 그리고 깨달음이란 측면에서 빤냐빠라미의 가까운 원인을 말하면 사성제를 아는 것입니다. 사성제에 대한 앎이 지혜를 일으킵니다. 우리가 고성제를 알고 집성제를 알면 지혜가 생깁니다. 그래서 사성제를 아는 것도 빤냐의 가까운 원인이라 할 수 있습니다.

빤냐(paññā, 지혜)에는 세 가지 단계가 있습니다.

첫 번째 단계인 수따마야빤냐(sutamayapaññā, 문혜聞慧)는 법문을 듣거나 책을 읽고 배워서 아는 지혜인데 제일 낮은 단계의 지혜입니다. 지혜로운 사람이 되기 위해 일단은 많은 지식이 있어야 합니다. 이때 지식이란 정보를 말합니다. 교육을 받든지 책을 보든지 매체를 통하든지 올바른 지식이 많이 있어야 지혜를 계발할 수 있습니다. 아주 먼 옛날에는 책이 없었습니다. 그래서 선생님께서 하시는 말씀만 듣고 나름대로 기억하여 공부하였습니다. 그것을 수따(들음으로) 마야(되는) 빤냐(지혜)라고 합니다.

두 번째 단계는 찐따마야빤냐(cintāmayapaññā, 사혜思慧)입니다. 이것은 지성적으로 추론하고 마음으로 이해하고 체험으로 얻은 지혜입니다. 문혜를 기반으로 한 보다 발전된 지혜이지요. 이것은 어떤 상황에서 한참 생각하거나 고민하지 않고 바로바로 상황 파악이 되고 해결 방법이 나오는 지혜입니다. 철학자나 발명가들이 가지는 지혜라고 이해하면 되겠습니다.

세 번째 단계인 바와나마야빤냐(bhāvanāmayapaññā, 수혜修慧)는 수행을 해서 진리를 꿰뚫어 보는 지혜입니다. 내 몸과 마음의 생멸을 끊임없이 관찰하면서 오온이 무상하고 고통이고 무아인 사실을 꿰뚫어 아는 지혜입니다. 이것은 윤회의 모든 고통을 종식시키고 깨달음으로 이끄는 지혜입니다. 이것이 출세간으로 가는 지혜이고, 최상의 의미로 성인(聖人)들이 가지는 제일 높은 단계의 지혜입니다.

지혜는 지식을 바탕으로 합니다. 그래서 보고 듣고 아는 수따마야빤냐에서 체험하고 지성으로 추론하는 찐따마야빤냐가 생기고 이런 지혜들을 바탕으로 직접 실천 수행하여 바와나마야빤냐까지 계발할 수 있습니다.

다음은 수행할 때 단계별로 계발되는 지혜 세 가지를 이야기하겠습니다. 냐나는 빤냐와 같은 뜻입니다.

첫째, 감비라냐나(gambhīrañāṇa)는 남다른 깊은 숙고의 지혜를 말합니다. 같은 대상을 보더라도 다른 사람보다 뭔가를 더 깊이 볼 수 있는 지혜, 같은 소리를 들어도 그것에 대한 깊은 생각이 일어나는 지혜를 말합니다. 감비라냐나에 대한 몇 가지 예를 들어 보겠습니다.

사리불이 출가할 때의 이야기입니다. 사리불과 목련 존자는 부유한 집안에 태어나 함께 자란 친구 사이였습니다. 어느 날 둘은 축제를 구경하게 되었습니다. 사람들이 축제를 보며 따라 울고 웃으며 즐기고 있을 때 문득 사리불이 그 모습들을 보면서 '100년 뒤면 이 사람들이 다 죽을 텐데 그것도 모르고 이들은 지금 어리석게 광대를 따라 마냥 즐거워하고 있구나.'라는 깊은 생각을 하게 됩니다. 감비라냐나가 생긴 것이지요. 이런 생각이 드니 축제가 하나도 즐겁지가 않았습니다. 표정이 어두워지자 목련이 보고 왜 그런가 물었습니다. 사리불이 느낀 점을 말하니 목련도 똑같은 생각이라고 하였습니다. 그리하여 둘은 세속의 부귀영화를 다 버리고 마침내 같이 출가를 하게 됩니다. 처음에는 외도에 출가하였지만 앗사지 스님을 만난 후 수다원이 되고 나중에 부처님을 만나 아라한이 되어 부처님의 최고 제자 두 분이 되었습니다.

톨스토이는 불자가 아니지만 삶에 대한 깊은 지혜가 있었습니다. 여러분들이 다 아는 이야기인데 불자가 아닌 사람의 감비라냐나의 좋은 예가 있습니다. 사막을 어렵게, 어렵게 여행히는 사람이 있었습니다. 그가 힘들게 사막을 걷고 있는데 갑자기 무서운 육식 동물이 나타나 그를 잡아먹으려고 하였습니다. 여행자는 죽기 살기로 도망치다가 물이 마른 오래된 우물에 빠졌습니다. 우물 속으로 떨어지다가 간신히 우물 벽으로 삐져 나온 작은 나뭇가지를 잡았습니다. 한 숨을 돌리고 밑을 보니 밑에는 독사가 우글우글 거렸습니다. 올라가지도 못하고 내려가지도 못하고 힘들게 나뭇가지를 붙들고 매달려 있는데 그때 흰 쥐와 검은 쥐 두 마리가 나타나 그 나뭇가지를 갉아 먹고 있었습니다. 참으로 난처한 상황에서 힘들어 하는데, 나무 위에 있는 벌집에서 꿀 한 방울이 떨어지는 것을 보고는 그것을 혀로 받아서 먹고는 '달다, 맛있다.'라고 하면서 꿀에 대한 탐욕에 빠져 있었습니다.

무슨 말입니까? 우리는 윤회에서 무지하게 태어나 생로병사 고통을 당하면서 인생을 쫓기듯 힘들게 살아갑니다. 힘들어서 부모에게 의지하고 남편에게, 부인에게, 자식들에게 의지하며 행복한 척하며 살아가지만 별로 믿음직하지 않습니다. 그러다가 죽음이 오면 속수무책으로 당합니다. 사막은 윤회의 고통스런 삶입니다. 무서운 육식 동물은 생로병사를 비롯한 모든 고통입니다. 우물 속의 독사는 죽음이고 흰 쥐와 검은 쥐는 밤과 낮의 세월입니다. 세월이 우리를 계속 늙게 만들고 죽게 합니다. 나무는 우리가 의지하는 것들입니다. 남편, 부인, 아들딸, 재산, 권력 등에 우리가 의지하고 살지만 그것들은 든든하지 않습니다.

이와 같이 우리의 인생이 이 여행자의 여정과 비슷하다는 감비라냐나가 톨스토이에게 생긴 것입니다. 톨스토이는 우리가 인생이 재미있다고, 살 만하다고 하는 것은 꿀 한 방울의 맛에 취한 것뿐이라고 말하고 있습니다. 이 이야기는 삶에 대해서 많은 것을 생각하게 합니다. 뭔가 알맹이가 없이 공허하게 다람쥐 쳇바퀴 돌듯 돌아가며 똑같이 살아가는 인생을 돌아보게 합니다. 그것이 감비라냐나입니다. 톨스토이는 지혜로운 사람입니다. 이런 사람이 부처님을 만나면 빨리 깨달을 수 있습니다.

어떤 사람은 흐르는 강물을 보고 깨닫기도 하고 어떤 사람은 떨어지는 낙엽을 보고 깨닫기도 합니다. 어떤 사람은 부엌에서 일하는 아낙의 팔에서 팔찌가 딸랑거리는 소리를 듣고 출가합니다. 그 이유는 '팔찌가 한 가닥이면 소리가 나지 않을 것인데 두 가닥이니까 소리가 나는구나.'라고 아는 감비라냐나가 생겼기 때문입니다. 사람들이 모여 각자의 번뇌를 드러내니 이 세상이 엄청 시끄러운 것이라고 아는 깊은 지혜입니다. 그런 시끄러운 세상을 떠나 출가하는 것입니다.

윤회하면서 욕심과 사견을 가지게 되는 것은 어쩔 수 없지만 감비라냐나가 있어야 욕심과 사견을 줄일 수 있습니다. 똑같이 보고 듣지만 감비라냐나가 있는 사람이 아는 것은 보통 사람과 다릅니다. 짤랑거리는 팔찌 소리를 듣고 우리는 어떻게 생각했습니까? '아, 소리가 듣기 좋다. 내가 사랑하는 사람에게도 저것을 사 주어야지.' 또는 '소리가 참 맑구나. 나도 사야지.' 그렇게 생각하였지요? 깊은 지혜를 기르기 위해서 우리는 부처님의 가르침을 공부해야 합니다. 부처님의 가르침 속에 깊은 지혜를 키울 수 있는 법들이 많이 있습니다. 세상을 볼 때 감비라냐나로 볼 수 있게끔 우리를 훈련시켜야 합니다.

둘째, 상웨가냐나(samveganāna)는 생로병사와 윤회의 고동을 알고 지혜롭게 무서워하는 것입니다. 일반적으로 무섭다고 하면 성냄입니다. 그러나 상웨가는 성냄이 아닙니다. 오온과 업과 연기와 윤회에 대해서 바르게 알고 지혜롭게 무서워하는 것입니다. 이런 상웨가냐나가 생기면 닉캄마(출리)에 대한 생각이 바로 일어납니다. 고통뿐인 인생에서 무엇을 해야 하는지 깨닫게 되는 것이지요. 여러분들은 수행하다가 힘들면 상웨가냐나를 많이 일으켜야 합니다. 상웨가냐나가 일어나면 인내심이 생깁니다. 우리가 처음 태어날 때를 단순하게 생각하면 아무렇지도 않겠지만 태어남을 깊이 생각해 보면 느낌이 다릅니다. '아! 어머니 뱃속에서 10개월 있을 때 정말 많이 고통스러웠다. 앉아 있을 때 다리를 펴지 못하였고 제대로 바로 앉아 있지도 못하였고 어느 때는 거꾸로 앉아 있었다. 또 옆에는 냄새나는 어머니의 내장들이 있었지. 어머니가 화를 내면 나는 또 얼마나 겁이 났던가. 어머니가 뜨거운 국물을 마시면 나는 너무나도 더웠고 얼음물을 마시면 추위에 떨었다. 그런데 지금 내가 힘들다고 수행을 포기하면 죽어 다시 태어나 이런 고통을 고스란히 또 받을 것이다.' 힘들었던 태중 생활을 생각해 보면 다시 어머니 뱃속에 들어가고 싶지가 않습니다. 그래서 지금 수행하다가 생기는 고통쯤은 아무것도 아니라고 생각하고 수행 중에 생기는 고통을 바른 마음으로 잘 견뎌낼 수 있게 됩니다.

셋째, 위빳사나냐나(vipassanañāṇa)는 오온에 대해서 무상·고·무아를 꿰뚫어 보는 지혜입니다. 위빳사나냐나가 생기려면 두 가지 지혜, 즉 감비라냐나와 상웨가냐나가 필요합니다. 감비라냐나와 상웨가냐나가 되면 노력이 좋아지고 집중이 좋아집니다. 그 다음에 위빳사나 지혜가 생겨 윤회의 고통을 알고 오온에 대한 욕심을 버릴 수 있습니다. 마침내 고통에서 벗어나 완전한 자유, 닙바나(열반)를 성취할 수 있습니다.

이렇게 감비라냐나라는 깊은 생각이 있어야 상웨가냐나가 되고, 상웨가냐나가 되어야 위빳사나냐나가 됩니다. 감비라냐나는 세상에서 보고 듣고 경험하는 것을 그냥 가볍게 지나치지 않고 깊은 생각으로 아는 것이고, 상웨가냐나는 감비라냐나를 통해서 윤회의 고통에 대해서 지혜롭게 무서워하는 것이고, 위빳사나냐나는 무상·고·무아를 통찰하여 도와 과를 이룰 수 있게 하는 것입니다.

어떤 왕이 코끼리를 타고 장관과 장군 등 수천 명의 수행원들을 데리고 국립공원으로 놀러 갔습니다. 공원 입구에 두 그루의 망고 나무가 있었는데 하나는 나무둥치도 좋고 가지도 좋고 잎도 무성하고 열매도 잘 익어 아주 아름다웠습니다. 그런데 다른 망고 나무는 잎만 달리고 열매가 없었습니다. 왕은 두 나무를 비교하면서 과일이 달린 나무를 다 갖춘 아름다운 나무라고 칭찬하며 망고 열매를 하나 따서 맛있게 먹고 공원 안으로 들어갔습니다. 그러자 뒤따라오던 사람들도 망고를 하나씩 따 먹었습니다.

하루 종일 공원에서 놀다가 오후에 왕궁으로 돌아오면서 그 나무를 다시 보게 되는데 그때 왕은 깜짝 놀랐습니다. 아침에 그렇게 좋아 보이던 나무가 지금은 형편없이 망가져 있는 것이었습니다. 열매도 없고 가지는 부러지고 잎은 다 떨어져 있었습니다. 그런데 과일이 없던 나무는 아침 그대로 멀쩡하게 있었습니다. 왕은 그 모습을 보고 충격을 받아 코끼리 등 위에서 꼼짝도 않고 깊은 생각에 빠졌습니다. 감비라냐가 생기면서 열매가 달렸던 망고 나무를 자신의 삶에 견주어 보는 것입니다. 왕좌가 겉으로 보면 다 갖추어 있는 것같이 좋아 보이지만 진짜는 위험천만한 자리라는 생각이 들었습니다. 선왕을 죽이고 왕이 되는 시대에 왕은 밤에 잠도 제대로 못 자고 경계하였습니다. 어린 아이들을 곁에 두고 경호원을 둘 때도 가까이에는 여자 경호원을 두고 먼 곳에는 남자 경호원을 두었습니다. 아들조차 믿지 못하였습니다. 왜냐하면 그때는 아버지를 죽이고 왕이 되는 왕자들이 많았기 때문입니다. 왕이 가지는 것은 모두가 가지고 싶어 하는 것이기 때문에 주위에 위험이 많이 도사리고 있는 것입니다.

이렇게 망가진 망고 나무를 보고 왕에게 감비라냐가 생겼습니다. 여러 사람들이 망고 나무를 보았지만 왕에게만 그런 깊은 지혜가 생겼습니다. 똑같은 것을 보고 듣는데 어떤 사람은 깨닫고 어떤 사람은 깨닫지 못하지요? 그것은 감비라냐나가 다르기 때문입니다. 보는 것은 똑같지만 보이는 것이 다릅니다. 사람들은 자기 수준에 맞추어서 봅니다. 똑같은 형상을 보아도 누구에게는 많이 보이고 누구에게는 조금만 보이게 되는데, 많이 보는 사람에게 감비라냐나가 생깁니다. '내가 저 망고 나무와 같구나. 언제 왕의 자리에서 쫓겨나 죽을지 모른다. 왕의 삶은 너무 위험스럽다. 칼에 맞아 죽을지 독약으로 살해당할지 언제 죽게 될 모른다. 모두가 탐내는 왕좌이구나. 저 망고나무도 열매를 갖고 있는 것 자체가 위험이었다. 가지는 것이 문제이다. 망고 열매가 욕심의 대상이듯이 왕좌도 마찬가지이로다.'

이와 같이 생각하면서 그 다음에 왕으로서의 자신의 삶이 얼마나 위험한지를 아는 상웨가냐나가 생겼습니다. 죽으면 다 놓고 가야 하는데, 별것도 아닌데, 서로 죽이면서 강탈하는 욕심에 당할 수 있는 위험을 보는 상웨가냐나입니다. 모든 사람들이 가지고 싶어 하는 것을 자신이 가진 것이 문제라고 생각하게 되었으며, 윤회와 인생, 서로 빼앗으려고 싸우는 세상에 대한 지혜로운 무서움인 상웨가냐나가 생겼습니다. 상웨가냐나가 생기면서 자신의 몸과 마음에서도 무상을 관찰하게 됩니다. '나는 아침보다 지금이 더 많이 망가졌다. 태어나서 지금까지 10대, 20대, 30대를 지나면서 많이도 늙었구나. 이 몸과 마음은 한 순간도 가만히 있지를 않고 계속 사라지고 있구나.' 이렇게 자신의 몸과 마음이 순간순간 생멸하는 무상을 보고, 고를 보고, 무아를 통찰하는 위빳사냐냐나가 생겼습니다. 망가진 망고 나무를 보고 생긴 깊은 지혜가 감비라냐나이고, 왕으로서 삶에 대한 위험을 보는 지혜가 상웨가냐나이고, 수행하며 물질과 정신의 무상·고·무아를 꿰뚫어 보는 지혜가 위빳사나냐나입니다.

드디어 왕은 코끼리 등 위에서 벽지불이 되었습니다. 왕이 가만히 있으니까 수행원들이 돌아가자고 아뢰었습니다. "폐하, 이제 돌아가야 할 시간입니다." 왕은 그때 깨어서 현실로 돌아오지만 더 이상 왕의 자리가 자기 것이 아님을 알고 코끼리 등 위에서 신통지로 앉은 자세로 그대로 하늘로 날아올라 바로 스님이 됩니다. 삭발과 가사와 발우가 저절로 갖추어져서 그대로 출가해 버리는데 그것은 다 전생에 보시한 공덕이 있었기 때문에 가능한 일입니다. 이렇게 감비라냐나에서 상웨가냐나로, 상웨가냐나에서 위빳사나냐나로 발전되어 갑니다.

(5) 위리야빠라미(viriyapāramī, 정진精進바라밀)

위리야빠라미의 락카나는 계속해서 새로운 힘을 주는 모습입니다. 즉 힘이 빠지지 않게 꾸준하게 애를 쓰며 노력하는 것인데 애를 쓰며 노력한다는 것은 힘든 모습이 아니고 용감무쌍함입니다. 아주 태평하게 있을 때는 힘을 쓰지 않기 때문에 노력을 하지 않는 것이고 게으른 것입니다.

위리야빠라미의 라사는 같이 있는 마음부수들의 군기를 잡는 일을 합니다. 마음부수들은 한 가지가 아니라 여러 가지가 동시에 일을 합니다. 위리야는 같이 있는 마음부수들이 각자 맡은 자기 일을 잘하게끔 힘을 줍니다. 힘없이 무기력하게 있는 것이 아니고, 혼자만 노력하는 것도 아니고, 주변 사람들이 다 노력하게끔 만듭니다. 위리야가 있다고 하면 함께 있는 다른 마음부수들의 눈을 부리부리하게 뜨게 만들고 분발하게 합니다.

위리야빠라미의 빳쭈빳타나는 무능하거나 나태하지 않고 용감하고 힘찬 모습이 느껴지는 것입니다. 선업을 하면서 어느 날 게을러지고 신심이 떨어지는 경우가 있습니다. 그런 마음에는 항상 해태(thina티나)·혼침(middha밋다)이 같이 있습니다. 해태·혼침의 마음은 무능하고 또 함께 있는 마음부수들도 다 무능해지게 합니다. 그러면 무기력하고 게을러집니다. 수행하는 것이 선업인지는 아는데 별로 하고 싶지가 않습니다. 보시도 하기 싫고 계율도 지키고 싶지 않습니다. 이런 식으로 마음이 무기력해지는 것이 해태·혼침이 들어가서 그렇습니다. 이런 해태·혼침이 일어나지 못하게 하는 힘이 위리야입니다. 정부의 군대가 힘이 있으면 반군은 꼼짝 못하지요? 그런 식으로 위리야는 해태·혼침 등 마음의 무기력함이 일어나지 못하게 완벽하게 억누릅니다. 힘 있는 사람이 나쁜 사람을 꼼짝 못하게 억누르고 있는 것과 같이 위리야의 모습이 그런 식으로 느껴집니다. 수행 중에 위리야가 있을 때는 무기력하고 신심 떨어지는 마음들이 전혀 보이지 않습니다.

위리야빠라미의 빠닷타나는 '상웨가왓투'와 '위리야람바왓투'입니다. '상웨가왓투'는 상웨가냐나를 일으키는 토대를 말합니다. 상웨가냐나는 생로병사와 윤회를 무서워하는 지혜인데, 그것이 위리야빠라미의 가까운 원인입니다. 수행처에서 오래 앉아 수행하다 보면 다리가 아프고 저려서 펴고 싶을 때가 있지요? 그때 "내가 지금 이것을 참지 못하고 수행을 제대로 하지 않는다면 죽어서 다시 모태로 들어가 10개월간 꼼짝 못할 것이다. 그렇다면 한 시간 앉아 좌선하는 것이 뭐가 고생인가?" 이렇게 생각하면 고통이 싹 사라집니다. 마음이란 이렇게 신기합니다. 태중의 고통을 지혜롭게 무서워하면 상웨가냐나가 좋아지고 위리야가 좋아집니다. 너무 더워서 힘들 때도, '어머니 뱃속은 얼마나 더 울까? 그때 어머니가 뜨거운 물을 마시면 또 얼마나 더 더울까? 태중에서는 뜨겁다고 말도 하지 못한다. 윤회하면 그곳으로 다시 들어가야 한다.'라고 생각하면 지금 더위는 아무것도 아니라는 생각이 들고 화내지 않고 견디면서 지켜볼 수 있게 됩니다.

윤회를 두려워하는 생각들이 상웨가냐나입니다. 윤회의 고통을 생각해 보면 상웨가냐나가 저절로 좋아집니다. 태어나 언제든지 죽을 수 있는 위험 속에서, 아침에 깨어 밤에 잘 때까지, 먹고 살기 위해서 중생들이 바쁘게 사는 모습을 생각하면 상웨가냐나가 좋아집니다. 개는 개대로, 새는 새대로, 개미는 개미대로, 쥐는 쥐대로, 다 아침부터 계속 바쁘게 움직입니다. 사람들도 마찬가지로 먹고 살기 위해서 열심히 일을 합니다. 스님들도 몸을 유지하기 위해 탁발 가야 되지요? 모두가 다 바쁜 이유가 생계 때문입니다. 이렇게 생계를 무시하지 못하여 모두가 헐레벌떡 쫓기듯 살아가는 모습을 보면 상웨가냐나가 좋아지고, 상웨가냐나가 좋아지면 위리야도 따라서 같이 좋아집니다. 무섭기 때문에 노력하지 않을 수 없는 것이지요. 과거의 고통과 앞으로 있을 미래의 고통을 생각하면 상웨가냐나가 좋아집니다. 그런 상웨기냐나를 일으킬 수 있는 내용들을 상웨가왓투라고 합니다.

'위리야람바왓투(viriyarambhavatthu)'는 위리야(viriya), 아람바(ārambha), 왓투(vatthu)의 합성어인데 위리야를 생기게 하는 토대를 말합니다. 위리야람바왓투에는 여덟 가지가 있습니다. 첫째는 어디로 가는 것에 대한 두 가지가 있습니다. 내가 사는 곳을 잠시 떠나는 경우가 있지요? 그러면 '내가 어디로 가야 되는데, 거기로 가면 선업을 짓지 못하고 수행도 하지 못할 것이다. 그러니 지금 열심히 하자.' 그러면서 지금 할 수 있을 때 열심히 수행을 합니다. 그리고 갔다 오면 '아! 내가 어디 갔을 때 수행을 하지 못했다. 이제 돌아왔으니까 열심히 해야지.'라고 하면서 수행을 더 열심히 합니다. 그런데 우리는 어떻게 생각합니까? '내일 가니까 오늘 쉬어야지.' 그리고 갔다 오면 '갔다 오니까 피곤하다. 쉬어야지.' 합니다. 그러니까 노력이 안 되는 것입니다. 거꾸로 생각해야 합니다. 가기 전에도 열심히 하고 갔다 와서도 열심히 해야 합니다.

둘째는 바쁜 일에 대한 두 가지입니다. 수행 외의 다른 일로 바빠질 때 그 일이 생기기 전에 열심히 수행하고 그 일이 끝나면 쉬려고 하지 말고 또 수행합니다. '내가 내일 볼일이 있는데, 일을 하다 보면 바쁘고 일에 정신이 팔려서 수행을 못 할 텐데, 가기 전에 지금이라도 열심히 하자.' 하고 수행합니다. 일을 끝낸 후에도 방일하지 말고 수행합니다.

셋째는 병에 대한 두 가지입니다. 내가 조금 불편하고 아플 때, '쉬어야지'라고 생각하는데, 사실은 많이 아프기 전에 열심히 수행해야 합니다. '많이 아프면 수행을 하지 못하고, 다음에 내가 병원에 누워 있을 때도 수행을 하지 못할 것이다. 그러니 지금 조금 아플 때 열심히 하자.' 이렇게 생각하면서 수행해야 됩니다. 병에서 다시 회복될 때도, '아! 그 동안 병으로 고생했으니 이제 충분히 쉬어야지' 이렇게 생각하지 말고, '아파서 수행을 하지 못했구나. 이제 내가 회복이 되었으니까 지금부터라도 열심히 수행하자.'라고 생각해야 합니다. 그래서 아프기 전에 열심히 수행하는 쪽으로 가야 하고, 아프고 나서도 다시 아프기 전에 열심히 수행해야겠다고 마음먹어야 합니다. 그렇게 하면 '아람바위리야'라는 시작하는 노력이 저절로 나오게 됩니다.

넷째는 먹는 것에 대한 이야기입니다. 먹을 것이 없을 때도, '아! 많이 못 먹었구나. 많이 안 먹으니까 해태·혼침이 덜하겠다. 많이 먹었다면 배가 부르고 해태·혼침이 많이 왔겠지? 덜 먹으니까 졸지 않아 차라리 잘됐다. 조금 배가 고프긴 하지만 몸의 에너지를 절약하면서 편안하게 힘 많이 쓰지 말고 지혜롭게 열심히 수행해야지!' 그래서 덜 먹을 때도 열심히 수행하는 쪽으로 생각을 합니다. 충분히 먹을 때도, '아! 이제 충분히 먹었다. 그래서 몸이 튼튼하고 힘이 생기니까 열심히 수행할 수 있겠다.'라고 생각합니다.

수행할 때 두 가지 방법이 있는데, 아주 적극적으로 하는 방법이 있고, 몸의 힘을 빼면서 하는 방법이 있습니다. 오후가 되어 배가 고플 때 힘을 주고 있으면 지치게 됩니다. 그럴 때는 힘을 다 빼고 편안하게 있으면서 온몸을 느껴보는 식으로만 수행해 가면 배고픔이 없어집니다. 또 배고프기 전에 물을 한 잔 먹어도 되지요. 여섯 시에 배고픈 사람은 다섯 시 반에 물 한 잔 먹고 여섯 시 반에 또 한 잔 먹고 이렇게 하면 별로 배고프지 않습니다. 그럴 때 너무 힘주는 쪽으로 가면 안 됩니다. 자세도 마찬가지입니다. 힘을 많이 주지 말고 노력하라는 것은 몸의 노력을 말하는 것이 아니고, 사띠를 놓치지 않을 정도의 노력을 하라는 것입니다. 우리는 몸에 힘주고 있는 것을 노력하는 것으로 알고 있는데, 그것은 아닙니다. 불선업이 안 되게끔, 사띠가 유지되게끔, 깨어 있게끔 노력하는 것이 제일 중요합니다. 몸에 힘을 주지 않고 누워 있으면서도 사띠를 계속 유지할 수 있으면, 그것이 몸으로 에너지를 절약하면서 수행하는 방법이 됩니다. 배고플 때 억지로 용을 쓰면서 하다가 지쳐서 완전히 포기하는 것보다 억지로 하지 않고 편안하게 몸의 힘을 빼고 사띠만 유지하면서 수행하는 것이 좋습니다. 많이 걷는 것보다는 서서 하든가, 아니면 앉아서 하든가, 아니면 누워서 하는 것이지요. 이런 식으로 몸의 에너지를 절약하면서 심리적인 노력을 잘 하는 것이 효율적입니다. 그래서 몸에 힘이 없을 때는 지혜롭게 몸을 덜 쓰면서 에너지를 절약하고, 몸에 힘이 있을 때는 더 열심히 노력하면서 수행해야 합니다.

노력할 때 잘못하면 치우치는 노력이 될 수 있습니다. 그러면 들뜸으로 가게 됩니다. 들뜸으로 가면 몸에 열이 나면서 힘들어집니다. 들뜸이 없으면 몸의 열기가 떨어지고 온몸에 고요한 평온이 오는데 그러면 집중이 잘 됩니다. 그런데 우리는 그것도 모르고 억지로 노력합니다. 억지로 노력을 하게 되면 몸에 열기가 계속 올라가고 들뜸이 옵니다. 들뜸은 집중의 반대로 수행에 도움이 전혀 안됩니다.

여러분들은 일이 생겨 바쁘기 전에도 열심히 수행하고, 바쁜 일이 끝났을 때도 열심히 수행해야 합니다. 그런데 일이 바쁘기 전에 쉬고, 일이 바쁜 다음에 또 쉬면 위리야람바왓투는 없습니다. 항상 위리야람바왓투를 통해서 노력을 일으켜야 합니다.

위리야(정진, 노력)에는 세 가지 종류가 있습니다.

첫째는 아람바위리야(ārambhaviriya)로 처음 시작하는 노력입니다. 아람바(시작). 시작하는 노력은 누구나 잘할 수 있습니다. 번개탄처럼 불이 금방 붙고 금방 꺼지는 것같이 위리야도 시작은 쉽게 할 수 있습니다. 그러나 갈수록 힘든 일이 생길 수 있지요?

둘째는 닉캄마위리야(nikkhammaviriya)로 중간에 생기는 어려움을 떨쳐내는 노력입니다. 닉캄마(떨쳐냄, 벗어남). 용기가 없는 마음, 무서운 마음, 게으른 마음, 무기력한 마음들을 극복하면서 자신이 가야 하는 길을 잃어버리지 않는 노력입니다. 이 노력이 없으면 쉽게 포기합니다. 그리고 닉캄마위리야로 중간의 어려움을 떨쳐내었다고 방심하면 안 됩니다. 끝까지 가야 합니다.

셋째는 빠락까마위리야(parakkamaviriya)로 끝끼지 일정한 상도로 계속하는 노력입니다. 한꺼번에 쏟아 붓는 노력이 아니고 일정한 힘으로 성공할 때까지 꾸준히 연속적으로 나오는 노력입니다. 빠락까마(줄줄이 순서대로 계속 나옴). 시작은 잘 했지만, 하다가 조금 어려움이 있을 때 쉽게 포기하는 사람들이 많지요? 신심이 떨어질 때도 포기하는 사람들이 많습니다. 그럴 때마다 포기하지 말고 더 분발하여 노력해야 합니다. 연구에 의하면 아람바위리야는 동양인에게 잘 나타나고 빠락까마위리야는 서양인들에게 많다고 합니다. 그래서 과거에 영국이 세계의 반을 지배할 수 있었던 이유가 이 노력이 있었기 때문이라고 합니다. 중간에 어렵고 힘든 일이 있을 때마다 용기를 내어 견뎌내고 그 어려움을 다 떨쳐낼 수 있어야 합니다. 그리고 끝까지 계속하여 일을 완성해야 합니다.

부처님께서는 37조도품에서 깨달음의 조건들을 말씀하시면서 위리야(노력)를 아홉 번이나 언급하셨습니다. 그만큼 위리야가 중요합니다. 수행을 처음 시작하는 것도 위리야에서 시작하고 수행의 목적지인 닙바나(열반)에 도착하게 하는 것도 위리야입니다.

(6) 칸띠빠라미(khantīpāramī, 인내바라밀)

칸띠빠라미의 락카나는 참고 견디는 모습입니다. 칸띠에 대한 바른 이해가 매우 중요합니다. 대부분 우리 수행자들은 화가 나고 싫어하는 것을 억지로 견디는 것을 참는 것으로 착각합니다. 좌선에서 앉은 자세를 바꾸지 않으면 우리가 잘 참고 있다고 생각하지만 자세를 바꾸든 안 바꾸든 마음이 싫어하고 짜증내고 상하면 벌써 참는 것이 아닙니다. 마음이 상하지 않아야 칸띠가 되는 것입니다. 누가 뭐라고 말할 때 그냥 받아들이고 그에게 대꾸하지 않으면 참는 줄 아는데, 마음속에서 이미 화가 나고 있다면 그것은 참는 것이 아닙니다. 대꾸를 하든 안 하든 마음속에 화가 없어야 진짜 참는 것이 됩니다. 화내지 않고 받아들이는 것이 칸띠입니다.

그래서 칸띠의 궁극적인 실재는 아도사(adosa, 성냄 없음)입니다. 참을 때 마음에 화가 없어야 진짜 참는 것이 됩니다. 예를 들면 꼬마들이 짜증내면서 엄마 뺨을 때리기도 하고 머리카락을 잡아당기기도 하는데, 그때 어머니는 아이를 매우 사랑하기 때문에 화가 나지 않습니다. 아이가 어려서 잘 모르기 때문에 그러려니 하면서 사랑스럽게 보고 있습니다. 칸띠는 이 사람이 잘못한 것은 사실이지만 몰라서 그렇게 한다는 것을 알고 오히려 불쌍하게 생각하면서 화를 내지 않는 것입니다.

통증도 마찬가지입니다. 수행자 대부분은 통증이 있을 때 자세를 바꾸지 않으면 참는 줄 아는데 자세를 바꾸든 안 바꾸든, 통증을 싫어하면서 화를 내지 않아야 참는 것입니다. 마음속으로는 화를 내면서 억지로 견디고 있으면 그것은 참는 것이 아닙니다. 수행 중에 통증을 화로 참았다가 수행이 망가지는 경우가 많이 있습니다. 참는 것이 아닌 것을 참는다고 착각하기 때문이지요. 올바른 마음으로 통증을 보고 있을 때 통증은 있지만 화는 나지 않습니다. 화 없는 마음으로 통증을 보면 다른 사람이 아픈 것을 옆에서 바라보고 있는 그런 느낌입니다. 그렇게 되어야 제대로 참는 것입니다. 칸띠빠라미의 핵심은 아도사입니다. 그것은 멧따(자애)와 똑같습니다. 칸띠와 멧따의 궁극적 실제 내용은 아도사로 같지만 표현이 다릅니다. 칸띠빠라미의 락카나는 성냄 없이 참는 모습입니다.

칸띠빠라미의 라사는 어려움을 이겨내도록 마음을 힘 있게 만드는 것입니다. 대부분의 사람들은 형상이 마음에 들면 욕심으로 취착하고, 마음에 들지 않으면 성냄으로 밀어냅니다. 소리도 마찬가지로 마음에 드는 소리라면 좋은 소리라고 계속 듣고 싶어하고, 마음에 들지 않는 소리라면 듣기 싫다고 성을 내며 귀를 틀어막습니다. 그렇게 욕심과 성냄으로 가지 않고 마음이 중립을 지키며 가만히 있는 것을 참는다고 합니다.

이와 같이 칸띠(인내)는 좋든 싫든 그 대상들을 이겨 내는 것입니다. 이 말은 대상이 욕심나게 해도 욕심을 내지 않고, 대상이 화나게 해도 화를 내지 않는다는 의미입니다. 다시 말하면 칸띠는 그 대상에 대해 번뇌를 일으키지 않는 것입니다. 본인이 싫어하는 것을 성내지 않고 견뎌내는 것도 참는 것이고, 좋아하는 것을 욕심내지 않는 것도 참는 것입니다. 즉 좋아하는 것에 욕심이 따르지 않게 하는 것도 칸띠빠라미이고, 싫어하는 것에 성냄이 따르지 않게 하는 것도 칸띠빠라미입니다. 이것이 칸띠가 하는 일입니다.

칸띠빠라미의 빳쭈빳타나는 받아들이는 것으로 나타납니다. 무게를 견디는 힘이 있다고 아는 것입니다. 예를 들면 이 책상 위에 500kg의 돌을 올려 놓았는데 책상이 아무렇지 않고 1000kg의 돌을 올려 놓았는데도 아무렇지 않았습니다. 그런데 2000kg의 돌을 올려 놓으니 책상이 견디지 못하고 부서졌습니다. 이렇게 본인 앞에 좋은 것이 있어도 나쁜 것이 있어도 아무렇지 않게 꿋꿋하게 버티는 것이 칸띠빠라미의 빳쭈빳타나(나타남)입니다. 수행자가 관찰하다가 칸띠가 느껴질 때 그런 이미지가 떠오른다는 말입니다. 칸띠는 무언가를 가만히 견디고 있는 모습입니다. 좋은 것과 좋지 않은 것을 구별하지 않고 받아들입니다. 받아들인다는 말은 그것들이 나를 건드리지 못한다는 의미입니다. 이것이 칸띠빠라미의 빳쭈빳타나입니다.

칸띠빠라미의 빠닷타나는 야타부따냐나(yathābhūtañāṇa, 사실을 있는 그대로 아는 지혜)입니다. 사실대로 알면 칸띠가 됩니다. 상대방이 뭐라고 말하건 상황을 이해하면 받아들이게 됩니다. 그리고 칸띠가 되면 그 사람이 틀린 줄 알면서도, 나도 그런 마음일 때 그런 말과 행동을 할 수 있다고 이해하고 특별히 화내지 않습니다. 모두가 물질과 정신의 흐름으로 마찬가지라고 알 때, 잇타(iṭṭha, 원하는)와 아닛타(aniṭṭha, 마음에 들지 않는, 불쾌한), 이런 것에 마음이 움직이지 않습니다. 잇타는 좋게 보는 대상이고 아닛타는 원치 않는 나쁜 대상입니다. 좋은 대상이건 나쁜 대상이건 사실을 사실대로 볼 때 그 관찰력으로 "모두 다 물질과 정신의 흐름일 뿐이다."라고 알면서 마음이 별로 요동치지 않습니다. 그래서 칸띠의 가까운 원인은 사실을 있는 그대로 아는 것이고, 사실을 알면 칸띠가 되는 것입니다.

통증 관찰도 마찬가지입니다. 우리가 통증을 사실대로 모를 때 어떻게 하는가요? "내 무릎이 아프다, 내 다리가 아프다."라고 합니다. 이것은 사실이 아니지요? 사실은 나도 없고 내 무릎도 없습니다. 지·수·화·풍, 이 네 가지 기본적인 물질들이 조화롭지 못하고 균형을 잃어버려 한 가지가 엄청나게 강해질 때, 이 몸에 통증이 있다고 느끼는 것입니다. 그런 통증의 사실을 관하면 '나'라는 생각이 없어지고 '나의 몸'이라는 생각이 없어집니다. '나의 다리, 나의 무릎, 나의 허리'라고 하는 이런 상(想, 기억)들이 사라지면서, 오로지 물질적인 사실과 정신적인 사실만 있음을 알게 됩니다. 통증이 있으므로 불쾌감이 있고 안 좋은 느낌이 있고 거기에 대한 싫어함이 있지만, 그런 물질과 정신의 사실을 알고 가만히 관찰하고 있으면 칸띠가 됩니다. 통증을 제대로 관찰하는 사람은 그런 모습입니다.

통증의 사실을 제대로 꿰뚫어보고 있을 때, 아픔이 있지만 아픈 사람은 따로 없습니다. 아파하는 '나' 그런 것은 없습니다. 통증은 있으나 그 통증을 나의 통증이라고 하지 않는다는 말이지요. 물질적으로 불편함이 하나 있고, 거기에 대한 괴로운 느낌이 하나 있고, 그것을 알고 있는 마음이 하나 있을 뿐입니다. 그렇게 알고 있는 마음에는 아무 문제가 없습니다. 변하는 물질 대상과 느낌과 그것을 아는 마음은 전혀 별개입니다. 거기에 나의 몸이라거나 나의 느낌이라거나 나의 앎이란 따로 없습니다. 그런 식으로 물질·정신의 사실을 꿰뚫어 볼 때는 참는 것이 아주 잘 됩니다. 꿰뚫어 보는 마음은 하나도 힘들지 않습니다. 몸이 아프지만 마음은 아프지 않다는 말이 그 말입니다.

부처님께서 병문안 갈 때 "몸은 아파도 마음은 아프지 않도록 노력하라."라고 말씀하셨습니다. 물질에 문제가 생긴 것이기 때문에 몸이 아픈 것은 어쩔 수 없습니다. 그러나 몸이 아픈데 마음도 같이 아프면 양쪽으로 손해를 보는 것입니다. 마음은 부풀리는 일을 잘합니다. 마음이 몸을 따라 같이 아프면 실제로는 몸이 50% 아픈데 마음이 부풀려서 100% 아프게 느끼게 됩니다. 계속 200%까지 아프게 되어 견딜 수가 없습니다. 그런데 마음이 같이 아프지 않을 때는 통증이 참을 만하여 관찰을 잘할 수 있습니다. 이렇게 물질의 사실을 보다 더 크게 확대시키는 것이 마음입니다. 까이까둑카(kāyikadukkha, 몸의 고통)와 쩨따시까둑카(cetasikadukkha, 마음의 괴로움)가 있습니다. 까이까둑카는 몸에 있는 고통이고 신식과 같이 있습니다.

까이까둑카가 있을 때 마음이 따라가서 싫어하면 도마낫사(domanassa)라는 괴로움이 생기는데 그것이 쩨따시까둑카가 됩니다. 괴로움은 마음에서 생기는 느낌이고, 고통은 몸에서 생기는 느낌입니다. 그것을 제대로 알고 통증을 볼 때는 자신의 통증을 다른 사람의 고통을 옆에서 지켜보는 것같이 관찰할 수 있습니다. 그런 느낌이 올 때가 제대로 참는 것입니다. 이렇게 칸띠빠라미의 빠닷타나는 야타부따냐나(사실을 있는 그대로 아는 것)입니다.

(7) 삿짜빠라미(saccapāramī, 진실바라밀)
삿짜빠라미의 락카나는 진실을 진실 그대로 되게끔 하는 것입니다. 옳으면 옳은 대로, 틀리면 틀린 대로, 있는 그대로 드러낼 뿐 움직이거나 다르게 조작하지 않는 것입니다. 그래서 진실을 진실 그대로 말하는 것도 삿짜(진실)이지만 잘못을 변명하거나 숨기지 않고 잘못한 그대로를 말하는 것도 삿짜입니다.

삿짜빠라미에 대한 예화가 있습니다. 출가한 두 친구가 있었는데 한 사람은 환속해서 결혼을 하고 다른 한 사람은 출가 생활을 계속하고 있었습니다. 환속한 친구는 결혼해서 아기를 낳았고 얼마 지난 후 친구인 출가자에게 아이를 데리고 인사를 하러 갔습니다. 그때 아이는 서너 살이 되었지요. 부모가 출가자와 이야기하는 중에 아이는 숲속을 돌아다니며 놀다가 뱀에게 물려 온몸에 독이 퍼져 다 죽게 되었습니다. 그때 의사도 없고 마땅한 약도 없어서 아이 아버지가 다급하게 옛날 친구 출가자 스님에게 부탁했습니다.

"스님, 오랫동안 수행했으니까 그 힘으로 우리 아들을 살려 주세요."

스님은 뱀에 물렸을 때 처치하는 방법을 전혀 몰라 자기가 할 수 있는 것이 아무것도 없다는 것을 알고 다음과 같이 말했습니다.

"진실밖에 없다. 내가 진실을 말함으로써 그 진실한 말의 힘으로 아이를 치료하도록 최선을 다해 보겠네."

그러면서 자기의 진실을 말했습니다.

"나는 출가하고 나서 처음 일주일은 행복했었는데, 그 이후에는 출가 생활이 하나도 재미없었다. 억지로 행복한 척하면서 살았다. 이것이 진실이다. 이 진실의 힘으로 아이에게 퍼진 뱀독이 사라지기를!"

그렇게 진실을 말하니까 아이가 처음엔 얼굴까지 까맣게 되어 완전히 정신을 잃었는데, 차츰 독이 목까지 내려오면서 얼굴에 생기가 돌고 정신이 돌아왔습니다. 진실한 말의 힘이 대단하지요? 진실을 진실대로 말하면 본인에게는 별로 좋을 것이 없습니다. 스님으로 출가한 지 사십 년이 넘었는데 진짜 행복했던 적은 처음 일주일뿐이었고, 그 다음에는 환속하고 싶었다는 겁니다. 매일 환속하고 싶은 마음이 생겼지만 참고 또 참고 살았다고 합니다. 출가자로서는 부끄러운 얘기지만 그런 사실을 사실대로 말하니까 독이 머리에서 목까지 내려가 얼굴에 혈색이 돌아온 것입니다. 아이가 눈을 뜨고 숨은 쉬는데 독이 목 아래로 더 내려가지 않았습니다. 그래서 출가자가 말했습니다.

"내 힘은 이 정도뿐이다. 죽지 않은 것이 다행이야. 나머지는 당신들에게 달려 있다. 당신들도 진실을 말하시오."

그러자 출가했다가 환속한 남편이 다음과 같이 고백합니다.

"나는 매달 보시물을 모아서 스님들에게 공양을 올렸는데, 그때마다 진심으로 주고 싶은 마음이 한 번도 없었다. 어쩔 수 없이 윗대부터 계속해 왔던 일이기 때문에, 나로 인해 집안 대대로 내려오는 좋은 일이 끊겼다고 욕 먹을까봐 억지로 보시했던 것이다. 신심이 하나도 없이 그렇게 보시를 해왔다. 지금도 아버지와 할아버지 때부터 해 왔던 일이라서 어쩔 수 없이 한다. 이것이 진실이다. 이 진실의 힘으로 내 아들이 살아나기를!"

그러니까 독이 목에서 배꼽까지 내려갔습니다. 독이 더 이상 내려갈 기미가 보이지 않자 두 사람은 부인을 쳐다보았습니다. 그런데 부인은 주저하며 말하기 어려워하였습니다. 두 사람이 말해도 괜찮다고 격려하자 부인은 자기 말을 듣고 절대로 탓하거나 잘못을 묻지 말라고 다짐을 받고는 다음과 같이 말합니다.

"여보, 용서해 주세요. 당신과 결혼하고 같이 산 지 몇 년이 지났지만 진짜로 하루도 당신을 사랑하는 마음이 없었습니다. 어쩔 수 없이 결혼하고 살지만 당신을 전혀 사랑하지 않습니다. 그렇지만 이 진실을 말함으로써 사랑하는 우리 아들이 살아나기를!"

그러자 드디어 독이 배꼽에서 완전히 빠져 나가 아이가 다시 살아났다는 이야기입니다.

여기서 하고 싶은 말은 진실을 그대로 말하는 것은 힘이 있다는 것입니다. 진실한 말에는 힘이 있습니다. 여러분도 어떤 어려움이 있을 때 진실을 그대로 정직하게 말해 보세요. "이 진실한 말의 힘으로 어려움에서 벗어나기를!" 그 말이 진실이라면 힘이 있을 것입니다.

부처님 전생 이야기에도 예가 있습니다. 부처님이 한때 메추라기라는 작은 새로 태어났는데, 그때 숲에 불이 났습니다. 불이 나자 부모는 그를 버리고 도망가 버렸습니다. 산불이 계속 가까이 타들어 오자 보살 메추라기는 진실을 말했습니다. "내가 비록 다리도 있고 날개도 있지만 너무 어리기 때문에 힘이 없어서 날아가지 못하고 걸어가지도 못한다. 부모는 나를 버리고 도망갔다.

이 말이 진실이다. 이 진실한 말의 힘으로 이 산불이 꺼지기를!" 그러자 진짜 산불이 꺼졌답니다.

삿짜빠라미는 어떤 약속을 했거나 아니면 어떤 일을 하겠다고 했으면, 내 이익을 위해서 그 말을 바꾸지 않는 것을 말합니다. 우리는 진실한 말을 했을 때 손해가 생긴다면 하지 않으려고 하고, 거짓말을 하여 이익이 생긴다면 거짓말을 하기도 합니다. 그러나 손해가 되든 이익이 되든 간에 삿짜(진실)는 움직이지 않아야 합니다. 사실 그대로 하는 모습이 삿짜빠라미의 락카나입니다. 진실 그대로의 모습으로 나아가는 것, 그 외의 다른 모습으로 가지 않는 것이 삿짜빠라미의 락카나입니다.

삿짜빠라미의 라사는 진실을 있는 그대로 드러내는 것입니다. 진실을 있는 그대로 보여 주고 알려 주는 그런 일을 합니다. 가리고 숨기는 것이 없습니다. 지금 있는 사실을 그대로 고백하거나 말해 주는 것이 삿짜빠라미가 하는 일입니다.

위의 예에서 스님은 사십 년 넘게 출가 생활을 하는 가운데 괴로웠지만 그런 사실을 말 안 해도 되는데 지금 자신의 부끄러운 진실을 그대로 드러내었습니다. 출가 생활에서 진짜 행복했던 것은 첫 일주일뿐이고 그 뒤에는 행복하지 않았다고 합니다. 남편도 마찬가지로 매달 보시하는 것이 다른 사람이 보면 매우 신심이 좋다고 생각하겠지만 사실 본인은 신심이 별로 없었다고 고백하고 있습니다. 장점이든 단점이든 있는 그대로의 진실을 드러내고 보여 주고 말하는 것이 삿짜빠라미가 하는 일입니다.

삿짜빠라미의 빳쭈빳타나는 아주 맛있는 음식의 단맛과 같습니다. 단맛은 대부분의 사람들이 좋아합니다. 단맛이 난다는 것은 좋다는 의미인데 진짜 설탕의 단맛을 말하는 것은 아닙니다. 예불문에 소개되어 있는 '알로와까숫따'에도 나오지요?

"제일 좋은 맛이 무엇인가?"

"진실이다."

진실대로 하는 것이 맛 중에 제일 좋은 맛이라고 말하고 있습니다. 진실을 제대로 알 때 그것은 쓴맛이 아니고 아주 맛있는 단맛입니다. 사실 그대로를 드러내는 사람을 볼 때 아무도 그를 무시하지 않습니다. 사실 그대로 드러나는 것 자체가 아주 멋있게 보입니다. 이것이 삿짜빠라미의 나타남입니다.

삿짜빠라미의 빠닷타나는 마음과 말과 행동의 청정함입니다. 청정한 사람들은 정직하고 용감하게 삿짜를 잘합니다. 삿짜(진실)를 드러내기 위해 엄청난 용기를 내야 할 때가 있는데 그 용기는 청정함에서 나옵니다. 몸으로 하는 행동도 청정하고 입으로 하는 말도 청정하고 마음의 생각도 청정한 분들이 정직하게 삿짜빠라미를 잘한다는 말입니다.

삿짜에는 삼무띠삿짜(sammutisacca)와 빠라맛타삿짜(paramatthasacca)가 있습니다. 삼무띠삿짜는 세간의 진리로서 사회적 규범이나 문화적 풍습입니다. 그 사회에서만 통용되는 약속이라고 할 수 있습니다. 예를 들면 한국에는 법당에 들어갈 때 양말을 신지 않으면 예의에 어긋난다고 생각하는데 미얀마에서는 오히려 양말을 신고 법당에 들어가면 예의에 크게 어긋나는 것입니다. 법문을 들을 때도 스리랑카에서는 신도들이 다리를 쭉 펴고 앉아서 법문을 듣는데 미얀마에서는 그렇게 앉아 있으면 예의에 어긋나기 때문에 스님이 법문을 하면 안 된다는 규칙이 있습니다.

빠라맛타삿짜는 온 세상 누구에게나 적용되는 절대적인 진리입니다. 바로 궁극적 실재이지요. 끝으로는 출세간 진리인 네 가지 도와 네 가지 과, 그리고 닙바나를 말합니다.

(8) 아딧타나빠라미(adhiṭṭhānapāramī, 결정바라밀)

아딧타나빠라미의 락카나는 해야 하는 선업을 꼭 하리라고 강하게 결정하는 것입니다. 나쁜 일을 하려고 결정하는 사람도 있겠지만, 빠라미로 말할 때는 좋은 일을 하려고 결정하는 것을 말합니다. 흔들리지 않고 확실한 마음으로 좋은 일을 하게 하는 것이 아딧타나빠라미의 특징입니다. 어려움이 많아도, 아무리 심한 반대가 있어도, 누가 나를 욕해도, 어떻게 됐든 이 좋은 일을 꼭 하겠다고 결정을 내리면 그 결정을 바꾸지 않고 지켜나가는 것이 아딧타나빠라미의 락카나입니다. 특히 아딧타나빠라미는 깨달을 수 있는 빠라미에 대한 결정력을 말합니다. 37보리분법을 확고한 신념으로 끝까지 수행하리라고 결정 내리는 것이 아딧타나빠라미의 락카나입니다. 그래서 아딧타나빠라미의 락카나는 흔들리지 않음과 단호함입니다. 못하게 하려고 방해해도 굽히지 않는 꿋꿋함이 아딧타나빠라미의 락카나입니다.

아딧타나빠라미의 라사는 반대 세력들의 힘을 완전히 없애 버리는 것입니다. 빠라미 선업을 하리라고 결정 내리면 불선업들의 맥이 빠집니다. 결정력은 불선업의 힘을 죽이는 일을 합니다. 위리야와 비슷합니다.

수행할 때 아딧타나빠라미를 자주 실천해 보세요. 그러면 번뇌를 잘 자를 수 있습니다. 한 시간 좌선한다면 그 한 시간 동안 만큼은 어지러운 생각을 하지 않으리라고 결정해 보세요. 어제도 생각해 봤지만 답이 나오지 않았고, 오늘도 생각해 보지만 답이 안 나오지요? 그렇게 생각 속에서 빙빙 돌고 있으면 아무런 소용이 없습니다. 그래서 한 시간 동안은 그 어떤 생각도 하지 않으리라고 결정을 내리고 집에 있어도 출가했다고 생각하고 수행해 보세요. 그러면 남편 생각, 부인 생각, 아들 생각, 딸 생각, 집 생각, 돈 생각, 회사 생각, 그런 잡다한 생각들이 없어집니다. 그런 식으로 틈나는 대로 할 수 있는 만큼 생각들을 자르고 결정 내리면서 수행하는 것을 아딧타나라고 말합니다. 그렇게 결정을 내리면 저변에 깔려 있는, 생각하려는 의도가 힘을 잃게 됩니다.

오후불식에 대해서도 마찬가지입니다. 수행처에 와서 팔계를 지키기 위해 저녁을 먹지 않겠다고 결심하고 실천하다 보면, 다음에는 그 결정력으로 낮 열두 시가 넘으면 먹는 생각조차 나지 않습니다. 저녁을 먹는다는 생각이 아예 없어집니다. 우리도 출가하고 처음에는 배가 고파서 먹는 생각을 많이 했습니다. 그렇지만 오후불식이라는 결정력을 자꾸 하다 보니까 어느 순간부터는 낮 열두 시가 넘으면 다음날 아침까지 먹는 생각이 아예 일어나지 않았습니다. 그래서 스님들과 같이 다니는 사람들이 고생한다는 말이 있습니다. 재가자들은 먹어야 되는데 스님들은 아무 말도 하지 않고 쉬지도 않으니 같이 가는 사람들이 많이 힘들겠지요?

부처님께서는 깨닫는 날 아침에 수자따가 주는 우유죽을 드시고, 부처가 되려면 어떻게 해야 하는지 여러 가지를 살펴보았습니다. 그리고는 어느 순간 '내가 깨달을 것이다.'라는 자심감이 생겼습니다. 그래서 붓다가야 보리수나무 밑에서 보시 받은 풀 여덟 묶음을 펴고 앉으면서 결정을 내립니다. "내가 부처로 깨닫지 못하면 이 가부좌를 풀지 않겠다." 그렇게 해서 저녁 무렵부터 앉아 수행하다가 새벽녘에 깨달아 부처가 되셨습니다.

이런 말을 듣고 아직 미숙한 여러분들이, '내가 깨닫지 않으면 가부좌를 풀지 않겠다.'라고 하면 어떻게 될까요? 깨닫기는커녕 몸이 상하겠지요? 왜냐하면 빠라미라는 것이 하루아침에 되는 것이 아니기 때문입니다. 석가모니 부처님이 될 싯닷타 출가자에게 그날 그런 자신감이 생긴 것은 꽤 오래 전부터 무수한 생을 지나면서 아딧타나빠라미를 해왔기 때문입니다. 계속해 왔던 아딧타나빠라미들의 힘이 가득 차니, 그때 "이제 해도 된다."라는 자신감이 생긴 것입니다. 자기의 힘을 알고 결정하는 것입니다. 그것도 모르고 막무가내로 결정하면 죽게 될 수도 있습니다. 그것이 바로 고행입니다.

여러분들은 자신감이 생기는 만큼만 하면 됩니다. 자신이 할 수 있는 만큼만 해야 합니다. 오 분 자신 있으면 오 분만 해봅니다. 그런데 그 오 분이 매우 중요합니다. 오 분의 결정이 잘 되면, 그 다음에 십 분의 결정력이 생기게 되고, 십 분의 결정이 생기면 십오 분의 결정력이 생기게 됩니다. 그런 식으로 작지만 계속 반복하고 꾸준히 하다 보면 부처님처럼 큰 결정력이 생기게 되는 것입니다. 작은 것이 차곡차곡 모이고 쌓여서 익어 가고 차차 힘과 탄력이 생기면서 마지막으로 붓다가 되는 것이 십바라밀 수행입니다. 석가모니 부처님께서는 부처가 되기 위해서 네 아승지와 십만 겁 동안 십바라밀을 쌓았습니다. 우리도 연습을 많이 하면 됩니다. 깨달음에 불가능은 없습니다.

아딧타나빠라미의 빳쭈빳타나는 결정을 내렸던 일에 대해서 흔들리지 않는 모습입니다. 일을 하다가 한마디 툭 던지면서 그 말이 그 사람을 흔들리게 하는지, 하지 않는지를 보면 그 사람의 결정력이 어느 정도인지를 알 수 있습니다. 마음을 어떻게 찔러 봐도 아무런 반응이 없으면 결정력이 아주 센 것입니다. 아딧타나는 엄청나게 힘이 세기 때문에 큰 바윗돌 같습니다. 바람이 거세게 불 때 나무는 계속 흔들리지만 바윗돌은 꿈쩍도 하지 않지요? 그렇게 엄청난 무게감이 있고 힘이 세기 때문에 흔들리지 않음과 든든함이 느껴지는 것입니다. 바위를 보는 느낌과 나무를 보는 느낌은 전혀 다르지요?

아딧타나빠라미의 빠닷타나는 깨달음의 요소들(보디삼바라)입니다. 깨달을 수 있는 방법들이 있음을 아는 것입니다. 예를 들면 십바라밀을 실천하는 것이 깨달음의 길이라고 아는 것이 아딧타나빠라미의 가까운 원인입니다.

"내가 갖고 있는 것을 다 보시하리라."

"내가 죽더라도 나는 살생을 하지 않으리라."

이런 결정은 보시나 계율에 대한 공덕과 과보를 알아야 내릴 수 있습니다. 보시나 지계가 보디삼바라임을 알고, 그 앎이 가까운 원인이 되어 하겠다고 결정을 내리게 됩니다.

"지혜가 최고이다. 나는 평생 이 지혜를 위해서 살리라." 그러면 가치관이 지혜로 되어 버립니다. 그때 다른 사람들이 내가 부자라고 좋아하거나 혹은 거지라고 얕보아도 상관하지 않고 지혜를 위해서 평생 살 수 있습니다. 그것이 바로 지혜라는 보디삼바라에 대한 결정력이 생기는 것입니다. 세상 사람들이 나를 어떻게 생각하든 다 무시하고 오로지 자신은 진리를 찾는 일을 하겠다는 것이지요.

보디삼바라(bodhisambhāra)는 깨달음을 얻기 위한 필수 조건들입니다. 보디(깨달음), 삼바라(재료). 예를 들면 건물을 지을 때 벽돌과 철근이 있어야 하지요? 지붕을 만들려면 기왓장이 있어야 됩니다. 이렇게 건물을 지으려면 재료가 필요하듯이 깨달음을 위해 해야 하는 일들이 있는데 그것이 보디삼바라입니다. 깨달음의 조건인 삼바라를 열심히 해야 깨달음이라는 건물이 서게 됩니다. '보디삼바라'가 가까운 원인이 되어 결정바라밀이 완성되는 것입니다.

(9) 멧따빠라미(mettāpāramī, 자애 바라밀)

멧따(mettā, 자애)의 본성은 아도사(adosa, 성냄 없음)와 아비야빠다(avyāpāda, 악의 없음)입니다. 멧따빠라미의 락카나는 여러 중생들의 이익과 행복을 원하는 것입니다.

멧따빠라미의 라사는 여러 사람들의 행복과 이익을 위해서 열심히 행동으로 실천하는 것입니다. 매일 "건강하기를! 행복하기를!"이라고 말만 하면 안 되고, 건강할 수 있는 일을 내가 직접 해줘야 합니다. 건강할 수 있는 방법을 말해 주고 고통에서 벗어날 수 있는 길을 알려 주고 또 몸으로 직접 도와주어야 합니다. 그래서 마노깜마멧따(마음의 자애)도 있지만 와찌깜마멧따(말의 자애)도 있어야 하고 까야깜마멧따(몸으로 행하는 자애)도 있어야 합니다.

멧따(자애)는 그냥 마음속으로만 가지는 것이 아니고 입으로도 말해야 하고 몸으로도 행해야 합니다. 모든 중생들의 행복과 이익을 원하는 것뿐만 아니라, 그 방법을 알고 실천해 나가는 것이 자애바라밀의 라사(일)입니다. 그리고 자애바라밀은 성냄을 부숴 버리는 일을 합니다. 자애가 생기면 화가 사라집니다.

멧따빠라미의 빳쭈빳타나는 평화로움입니다. 마음이 평온해지는 것이 자애바라밀의 나타남입니다. 자애가 있으면 평화롭고 평온합니다. 경안(passaddhi빳삿디)으로 오는 평화로움이 따로 있고, 자애로 오는 평화로움이 따로 있습니다.

멧따빠라미의 빠닷타나는 자애의 대상을 보는 것입니다. 중생들을 사랑하는 마음으로 보는 것입니다. 자애가 잘 안 된다는 사람들에게 "아기들을 보세요." 이렇게 말해 줍니다. 아기는 아주 사랑스러운 대상이기 때문에 자애가 쉽게 나옵니다. 모든 중생들을 그런 마음으로 봐야 합니다. 자애가 되려면 사랑하는 마음으로, 사랑하는 눈으로 대상을 직접 봐야 합니다. 내가 사랑하는 것을 볼 수 없다면 볼 수 있는 것을 찾아내야 합니다. 내가 아이들을 좋아하는가? 새를 좋아하는가? 개를 좋아하는가? 이렇게 자기가 좋아하는 것에서부터(piyāmanāpa삐야마나빠) 멧따빠라미를 시작하면 됩니다. 좋아하는 것에서 시작해야 자애가 잘 나옵니다. 그 다음 차차 확대해 나가면 됩니다. 삐야(사랑하는 사람), 마나빠(그 대상이 나의 마음을 기쁘고 즐겁게 해 준다).

자애는 욕심으로 사랑하는 것이 아닙니다. 자애는 깨끗한 사람의 일입니다. 그 사람을 보면 좋은 마음들이 퍼진다는 의미입니다. 좋은 마음을 가진 사람들에게 가서 법문을 듣고 그 분들의 모습을 보면, 나에게 착한 마음이 저절로 생기는 것 같지요? 이것이 삐야마나빠입니다. 우리가 스승을 찾을 때도 '삐야가루마노바와니야(piyāgarumanobhāvanīya)'가 되는 스승을 찾아야 합니다. 삐야(사랑하고 정이 가는), 가루(존경하는), 마노(마음이), 바와니야(많아진다, 퍼진다). 정이 없으면 스승의 가르침이 좋아도 별로 효과가 없습니다. 스승이 될 때도 정이 가는 스승이 되어야 합니다. 가루는 존경하는 것인데 정은 있지만 존경할 수 없는 스승이 있습니다. 그러면 가르침을 제대로 듣지 않게 됩니다. 그래서 정이 가고 또 존경할 수 있는 스승을 만나야 합니다. 스승을 보면 착한 마음이 생기고, 선업을 하고 싶고, 수행을 하고 싶고, 보시하고 싶고, 계율을 지키고 싶고, 말을 잘 듣고 싶어지는, 이런 착한 마음들이 많이 퍼지게 하는 스승을 모셔야 합니다. 이렇게 내가 존경할 수 있는 스승을 만나야 하고, 본인이 스승이 될 때는 존경 받는 스승이 되어야 합니다.

삐야마나빠가 되는 사람들에게 자애가 쉽게 생기기 때문에 멧따빠라미는 삐야마나빠를 대상으로 가지는 것이 중요합니다. 그러나 사랑한다고 해서 남자가 여자에서 시작하면 안 되고, 여자가 남자에서 시작하면 안 됩니다. 성이 다르면 성욕으로 갈 수 있기 때문입니다. 그리고 미워하는 사람으로 멧따빠라미를 시작할 수 없습니다. 대부분은 미운 사람이 있어서 자애 수행을 많이 한다고 하지만 미워하는 사람부터 자애 수행을 시작하기는 매우 어렵습니다. 자애는 사랑하는 대상부터 시작해야 합니다. 그것이 멧따빠라미의 빠닷타나입니다.

(10) 우뻭카빠라미(upekkhāpāramī, 평정平靜바라밀)

우뻭카빠라미의 락카나는 좋아하거나 싫어하는 모든 것들에 대해서 평정심을 가지고 중립을 지키는 것입니다. 중립을 지킨다고 좋은 사람을 좋은 줄 모르고, 나쁜 사람을 나쁜 줄 모르고 똑같이 평가한다는 그런 의미가 아닙니다. 좋고 나쁜 것은 확실하게 알지만 마주 대할 때는 편들지 않고 평정심으로 대한다는 말입니다. 사물도 마찬가지입니다. 좋은 것이나 나쁜 것이나, 원하는 것이나 싫어하는 것이나, 그 어떤 것에 대해서도 마음이 편향되지 않게 중립을 지키는 것이 우뻭카빠라미의 락카나입니다.

우뻭카(평정)는 칸띠(인내)와 비슷한 점이 있지만 여기서 중립이라는 것은 마냥 참고 있는 것이 아닙니다. 마음이 중립이 되는 것은 업과 과보를 아는 엄청난 지혜가 있기 때문에 가능합니다. 마음이 매우 지혜롭기 때문에 '모든 것이 원인과 결과이다.'라고 알고 반응을 하지 않는 것입니다. 지금이 아무리 나빠도 혹은 좋아도, 내년을 알 수 없고 10년 후를 알 수 없기 때문에 지금만 보고 판단할 수 없습니다. 지금 좋은 사람이 나중에 나쁜 사람이 될 수도 있고, 지금 나쁜 사람이 좋은 사람이 되기도 합니다.

죽기 전에는 그 사람을 판단하지 말라고 합니다. 어떤 사람을 죽기 전에 판단했지만 그 판단대로 되는지 죽을 때까지 우리가 기다려 보지 못합니다. 그 동안 그 사람은 언제든지 변할 수 있습니다. 지금 벌어지는 상황만 보고, '그 사람은 이런 사람이다.'라고 판단하면, 우리가 지켜볼 수 있는 시간이 너무 짧기 때문에 잘못 판단할 수 있습니다. 또 이번 생이 끝이 아니니 죽어도 판단하지 말라고 합니다. 왜냐하면 죽으면 다시 태어나 윤회를 돌면서 언제든지 바뀔 수 있기 때문입니다. 지금 좋은 것도 다음에 나쁠 수 있고, 지금 나쁜 것도 다음에 좋게 변할 수 있다고 알아야 합니다.

이렇게 여러 가지 지혜가 잘 작동할 때 마음이 중립을 지킬 수 있습니다. '모든 것이 무상하다, 모든 것이 업과 과보이다, 원인 따라 생기는 결과이다.'라고 알면, 좋은 일이 생겨도 나쁜 일이 생겨도 더 이상 내 마음이 흔들리지 않습니다. 세상은 인과의 법칙대로 돌아갑니다. 그래서 분노할 것도 없고 원망할 것도 없고 실망할 것도 없습니다. 그것을 우뻭카(중립, 평정平靜)라 말합니다.

사랑과 미움 사이에서 어느 한 쪽을 편들지 않고 항상 중립을 지키고 평정심을 갖는 것이 우뻭카입니다. 우뻭카는 좋은 것도 좋다고 자랑하고 흥분하지 않습니다. 나쁜 것도 싫다고 밀어 내고 거절하지 않습니다. 그냥 있는 그대로 받아들입니다. 우뻭카로 볼 때는 모든 것이 똑같다는 것이지요. 똑같이 본다고 해서 루비와 때 미는 돌을 똑같이 본다는 그런 의미가 아닙니다. 가치를 확실하게 알지만 욕심을 붙여서 보지 않고 성냄을 붙여서 보지 않는다는 의미입니다. 내 마음은 평정하지만 지혜로 알 것은 다 알고 있습니다. 똥과 밥이 다름을 잘 압니다. 똥이라서 싫다고 찡그리지는 않지만 더러운지는 압니다. 좋은 것이 아닌데 평정바라밀을 한다고 똥과 밥이 똑같다는 식으로 말하고 행동하면 안 됩니다.

우뻭카가 되면 마음이 대상에 대해서 반응할 때 중립을 잘 지킵니다. 나쁜 사람을 봐도 그대로, 좋은 사람을 봐도 그대로, 그러나 사실을 모르는 것은 아닙니다. 사실을 다 알면서도 나쁜 사람이라고 미워하거나 무시하지 않고 혹은 좋은 사람이라고 욕심 내거나 집착하지 않습니다. 그런 마음들이 일어나지 않는 것이 우뻭카빠라미의 락카나입니다.

　우뻭카빠라미의 라사는 좋은 것과 나쁜 것을 확실하게 알면서 마음은 분별하지 않고 그대로 균형을 잡고 중립이 되게 하는 것입니다.

　우뻭카빠라미의 빳쭈빳타나는 사랑하는 마음과 싫어하는 마음들이 조용해지는 것입니다. 사랑과 미움의 불이 다 꺼지는 모습입니다. 불이 꺼지면 불꽃이나 열기가 사라지듯이, 사랑의 표현도 없고 미움의 표현도 없이 평온한 것이 우뻭카에 대해 수행자가 느끼는 나타남입니다.

　우뻭카빠라미의 빠닷타나는 '삽베 삿따 깜맛사까(sabbe sattā kammassakā, 모든 중생들은 업의 주인, 업의 상속자)'를 아는 것입니다. 삽베(모든), 삿따(중생), 깜맛(업), 사까(자신의). 중생들은 자기가 지은 업대로 살아갑니다. 그래서 모든 것이 원인 따라 생기는 결과라고 확실하게 알고 믿는 것이 우뻭카빠라미의 빠닷타나입니다. 업에 대한 바른 견해가 정견(sammādiṭṭhi삼마딧티) 중 첫 번째이고 기본적인 지혜입니다. 업에 대한 바른 견해는 뭐가 나타나도 '좋은 것은 선업의 과보이고 나쁜 것은 불선업의 과보이다. 이것들은 언젠가는 다 사라질 것이다. 사라지면 또 생기고, 생기면 또 사라질 것이다.'라고 아는 지혜입니다. 이런 지혜가 생기면 우뻭카가 잘 됩니다. 그래서 삽베 삿따 깜맛사까가 우뻭카가 될 수 있는 제일 가까운 원인이 되는 것입니다.

5. 상호 관계

다음에는 십바라밀 순서의 의미와 상호 관계성에 대한 이야기입니다. 십바라밀을 살펴보면 다나빠라미 다음에 실라빠라미를 말하고 그 다음에 닉캄마빠라미를 말하는데, 십바라밀 열 가지를 왜 그런 순서로 말씀하시는가? 그것은 십바라밀을 순서대로 행할 때 의미가 있기 때문입니다.

부처님께서 순서를 정해서 말씀하시는 경우가 다섯 가지가 있습니다.

첫째는 생기는 순서(uppattikkama움빳띡까마, 발생의 순서)입니다. 예를 들면 임신이 되어 태아가 자라는 것을 보면서 임신 1주째 무엇이 생기고, 2주가 되면 뭐가 생기고⋯⋯ 5주가 되면 어떻게 된다, 이런 식으로 말할 때는 일어나거나 진행되는 과정을 순서대로 말하는 것입니다. 부처님께서도 그렇게 순서대로 설법하실 때가 있는데, 그것은 현실적으로 그런 순서로 이루어지기 때문입니다.

둘째는 버리는 순서(pahānakkama빠하낙까마, 버림의 순서)입니다. '무엇을 먼저 버리고, 그 다음에 무엇을 버린다.' 번뇌를 버릴 때도 이것을 먼저 버리고 저것을 그 다음에 버린다는 식으로 그렇게 버려야 하는 순서대로 설법하실 때가 있습니다.

셋째는 실천하는 순서(paṭipattikkama빠띠빳띡까마, 실천의 순서)입니다. 이것을 먼저 실천하고 그 다음에 저것을 한다는 식으로 실천해야 하는 일을 순서대로 말하는 것입니다.

넷째는 경지에 따라 드러나는 세상에 대한 순서(bhūmikkama부믹까마, 경지의 순서)가 있습니다. 세상 이야기를 할 때 욕계를 먼저 이야기하고, 다음에 색계를 이야기하고, 그 다음에 무색계를 이야기하십니다.

다섯째는 설법의 순서(desanakkama데사낙까마, 설법의 순서)가 있습니다. 지금 이 십바라밀은 실천하는 순서이고 설법의 순서입니다. 보시를 먼저 이야기하고 그 다음에 계율을, 그 다음에 출가를 이야기하고 계십니다. 즉 설법의 순서도 그 순서이고, 우리가 실천해야 하는 순서도 그 순서인 것입니다.

그러면 지금부터 십바라밀을 순서대로 실천해야 하는 이유로 그 상호 관계성을 설명하겠습니다. 부처님께서도 십바라밀을 순서대로 하셨습니다. 부처님께서 수메다 은자로서 디빵가라 부처님으로부터 부처가 되리라는 예언을 받고 빠라미를 처음 시작하려고 할 때에, 부처가 되려면 무엇을 먼저 해야 하는지를 앉아서 깊이 숙고하셨습니다. 신통지로 예전 부처님들이 빠라미를 어떻게 하셨는가를 살펴보는데, 그때 보살의 지혜 속에 이 십바라밀이 떠올랐고, 그렇게 떠오른 순서대로 실천하게 되는 것입니다. 그래서 우리도 지금 십바라밀의 순서를 보고, 빠라미 상호간에 어떤 관계가 있는가, 서로서로 어떻게 영향을 미치고 도와주고 있는가, 빠라미를 하면서 우리 마음이 어떻게 성숙해지고 더 고귀해지는가를 이해하려고 합니다. 그것을 이해하면 십바라밀을 보다 더 효율적으로 실천할 수 있게 됩니다. 이 빠라미의 상호관계는 아주 깊은 철학이 들어 있기 때문에 여러분들이 열심히 공부하시기 바랍니다.

1) 다나(보시)·실라(계율)빠라미

(1) 보시가 계율보다 하기가 쉽다

십바라밀의 첫 번째가 다나빠라미입니다. 그러면 왜 보시를 먼저 해야 하는가? 보시는 나이, 학벌, 종교와 상관없이 누구나 다 하는 일입니다. 보시는 모든 사람들과 관계되어 있고 또 하기도 쉽습니다. 즉 쉬운 것부터 시작하라는 그런 의미이지요. 사념처를 수행할 때 신(몸), 수(느낌), 심(마음), 법(법) 대상으로 순서대로 하는 이유가 몸을 느낌보다 알기 쉽기 때문입니다. 물질이 정신보다 알기 쉽기 때문에 물질을 먼저 관찰하게 하는 것입니다. 이와 마찬가지로 십바라밀 중에서도 보시바라밀이 가장 쉽기 때문에 먼저 말씀하시는 것입니다. 보시는 아기들도 할 수 있고 동물들도 할 수 있습니다. 자기들끼리 주고받는 것이 있지요. 이렇게 보시라는 것은 누구나 할 수 있고 또 하기도 쉽다는 의미입니다.

보시할 때 우리는 보시를 잘 하려면 가진 것이 많이 있어야 한다고 생각하는데 그렇지는 않습니다. 쉽게 할 수 있는 보시부터 하면 됩니다. 예를 들면 설거지할 때 나오는 밥 한 알이라도 개미들에게, 새들에게 나누어 주면 그것도 보시입니다. 보시라는 것이 지혜롭고 자애로우면 할 수 있는 것들이 아주 많습니다. 부자라고 보시를 잘하는 것이 아닙니다. 미얀마에도 스님들이 탁발하면 부자들은 잘 나오지 않습니다. 돈 벌러 나가고 집에 없습니다. 오히려 중산층이나 가난한 사람들이 나와서 많이 보시합니다.

진정한 보시는 하고 싶어서 하는 것이지, 많이 있어서 하는 것이 아닙니다. 우리는 많이 가져야 보시할 수 있다고 착각합니다.

그러나 대부분 많이 가진 사람들보다 적당히 여유가 있는 사람들이 보시를 잘하고, 또 가난한 사람들이 많이 합니다. 그래서 보시는 많이 있어서 하는 것이 아니고, 하고 싶어서 한다고 알아야 합니다. 많이 있어도 하고 싶지 않으면 보시를 하지 않습니다. 보시를 가진 것이 많아야 할 수 있다고 착각하지 말고, 내가 할 수 있는 보시가 무엇인지 생각해 보고 자신이 할 수 있는 보시만 하면 된다고 알아야 합니다.

보시를 지계와 비교해 보면 지계가 보시보다 어렵습니다. 왜냐하면 지계는 본인이 직접 해야 되기 때문입니다. 보시는 대신할 수 있지만 계율은 대신 지켜줄 수가 없습니다. 보시는 내가 가진 것을 주는 것이지, 내 몸과 내 입을 챙기는 것은 이닙니다. 그런데 계율은 내 몸과 입을 책임져야 합니다. 내 몸으로 나쁜 짓 하지 않고 내 입으로 나쁜 말 하지 않아야 합니다. 그 뿐만 아니라 내 몸으로 좋은 일을 하도록 해야 하고, 내 입으로 좋은 말을 하도록 해야 합니다. 이런 이유로 지계가 보시보다 어려워서 보시를 먼저 가르쳐 주는 것입니다.

(2) 계율 공덕이 보시 공덕을 지켜 준다

보시 다음에 지계를 가르치는 또 하나의 이유는 보시를 하긴 하는데 계율을 지키지 않으면 보시 공덕이 보장이 안 된다는 것입니다. 잘살다가 갑자기 가난해지는 사람은 지계 공덕이 없기 때문입니다. 지계 공덕이 없다면 보시 공덕을 받을 수 없고, 있던 보시 공덕도 언제든지 다 날아가 버릴 수 있습니다. 계율을 지켜야 보시 공덕이 보장이 되고 그것이 빠라미 공덕이 될 수 있습니다. 빠라미 공덕은 내 이익을 위해서 하는 것이 아니기 때문에 보시 공덕이 보장이 되든 안 되든 무슨 상관이냐고 할 수 있겠지만, 내가 가진 재산이 보장되어야 다른 사람의 이익을 챙겨줄 수 있습니다. 내 이익을 위해서가 아니라 내가 힘이 있어야 남을 도와줄 수 있기 때문에 보시 공덕이 보장이 되어야 한다는 것입니다.

그래서 보살은 어떤 생에 태어났건 열심히 살면서 빠라미 공덕을 쌓았습니다. 불교를 잘못 이해하면 사람들이 게을러집니다. 부처님의 전생담을 읽어 보면 부처님이 보살행을 할 때 돈도 열심히 벌었고, 권력을 차지할 때도 왕이 되거나 최고의 장군이 되었습니다. 그리고 최고의 학자가 되었습니다. 뭐든지 하면 열심히 하고 최고가 되었습니다. 그러나 다른 사람과의 차이점은, 돈을 많이 벌어도 여러 사람과 같이 나누었지, 혼자만 독차지하지 않았습니다. 그것으로 다른 사람을 억누르고 이기면서 나쁘게 이용하지 않았습니다. 자기가 가지는 것 자체가 여러 사람의 행복을 찾아주려고 하는 것이었습니다. 힘을 가질 때도 왕이 되어야 자기 나라 사람들을 지키고 보호할 수 있고 또 잘 살게 해 줄 수 있다는 것입니다. 모든 것을 최고로 하면서, 최고로 얻은 그 모든 것을 세상에 되돌려 주는 것이 빠라미입니다. 그런데 불교를 잘못 이해하는 사람들은 만족과 게으름을 구별하지 못하고 엉뚱한 말을 하는 경우가 있습니다.

많이 벌어 많이 가진다고 만족하는 것이 아닙니다. 돈을 벌 때는 올바른 방법으로 열심히 벌고, 돈을 쓸 때 욕심과 자만과 사견 없이 잘 쓰는 것이 중요합니다. 만족하는 사람은 돈이 필요한 사람에게 연민으로 다 나누어 줄 수 있습니다. 그런 것을 우리가 깊이 생각해 보아야 합니다.

계율이 있어야 보시 공덕이 보장된다는 말은 자기 이익을 챙기는 것이 아닐까 하고 생각할 수도 있겠지만, 빠라미를 하는 사람의 입장에서는 본인의 이익을 챙기려고 하는 마음은 하나도 없습니다. 보시를 하는 것 자체가 내가 잘 먹고 잘살기 위해서 하는 것이 아닙니다. 보시할 때도 아무것도 바라는 것 없이 줍니다. 보시 공덕으로 다음에 잘살게 되어도, 그 잘사는 것을 통해서 여러 사람을 더 많이 행복하게 해주고 싶어 합니다. 그런데 계율을 못 지켜 보시 공덕이 다 날아가 버리면 여러 사람의 행복을 찾아줄 수가 없겠지요? 이렇게 보시 공덕을 지계 공덕이 지켜 주기 때문에 빠라미를 가르칠 때 보시를 가르친 다음에 계율을 가르치는 것입니다. 우리는 보시할 때 빠라미가 되는 보시를 하고 보시할 때마다 계율을 지키려고 노력해야 합니다. 계율을 지키면 보시 받는 사람도 공덕이 커지고, 보시하는 사람도 공덕이 커집니다. 서로서로에게 빠라미(바라밀) 공덕이 되면서 서로에게 좋은 일이 되지요.

(3) 보가삼빳띠 · 바와삼빳띠

보시와 지계의 연관성을 '보가삼빳띠(bhogasampatti, 부의 성취/완벽함)'와 '바와삼빳띠(bhavasampatti, 생의 성취/완벽함)'로 설명하기도 합니다. 보가(재산), 바와(생生), 삼빠띠(성공, 성취, 완벽함).

보가삼빳띠는 부유함을 말합니다. 보가삼빳띠가 되면 사람으로 태어나도 부자로 태어나고, 신으로 태어나도 매우 아름답고 풍요로운 신으로 태어납니다. 바와삼빳띠는 태어나는 생의 완벽함을 말합니다. 이 두 가지를 볼 때 보가삼빳띠는 보시에서 오고 바와삼빳띠는 지계에서 오는 것입니다. 그래서 다나빠라미에서 보가삼빳띠가 오고 실라빠라미에서 바와삼빳띠가 온다고 알면 됩니다. 인간으로 혹은 신으로, 완벽한 생으로 태어나서 행복한 삶을 주는 것은 지계바라밀입니다. 보가삼빳띠가 있어도 바와삼빳띠가 없으면 보가삼빳띠는 의미가 없습니다.

사람들은 재산과 자기 몸과 생명을 중요시합니다. 한평생 그 세 가지를 위해서 열심히 살아갑니다. 어떤 사람은 돈을 벌기 위해 자기 몸을 돌보지 않고 일합니다. 그리고 부자가 되어 부를 누리며 즐겁게 살고자 합니다. 그런데 이제 좀 살 만해지자 중병에 걸렸습니다. 그 병을 고치기 위해 결국 그동안 벌어 놓았던 돈을 다 써버립니다. 어떤 사람은 자기 몸을 무척 아낍니다. 날마다 맛있는 음식으로 잘 먹이고 깨끗이 씻어 주고 예쁘고 감촉이 좋은 옷으로 입혀 주며 챙깁니다. 자기 몸을 너무 아끼다 보니 행여나 다칠까, 행여나 더러워질까봐 선뜻 나서서 선업을 잘 하지 못합니다. 그러나 그렇게 알뜰살뜰 자기 몸을 챙겨도 몸은 하루하루 추하게 늙어 가며 결국 자신을 배신합니다. 늙지 않으려고 애를 많이 쓰지만 세월 앞에서는 속수무책입니다.

어떤 사람은 생명을 아주 귀하게 여깁니다. 오래오래 살려고 합니다. 모든 존재들은 자기 삶에 대한 애착이 있습니다. 우리는 개가 똥 먹고 행복해 할 때 비웃지만 개는 똥을 먹고 사는 개의 생을 혐오하지 않고 더 오래 살면서 죽지 않으려고 합니다. 병이 들거나 늙어서 다 죽게 된 사람들의 임종을 보면 죽지 않으려고 발버둥칩니다. 어떻게든 살려고 생명줄을 부여잡고 애원을 합니다. 그러나 죽지 않는 생은 없습니다.

　부처님께서 이런 불쌍한 중생들의 삶을 보시고 "계속 부자로 사는 방법이 있다, 선업을 하면서 건강하고 행복하게 오래 사는 방법이 있다, 죽지 않는 방법이 있다."라고 하시면서, 자기가 가진 재산의 가치는 보시에 있고 자기 몸의 가치는 지계에 있고 자기 생명의 가치는 수행에 있다는 진리를 가르쳐 주셨습니다. 우리는 보시를 하면서 자기가 가진 재산이 없어진다고 여기는데 실제로 없어지는 것은 보시물에 대한 욕심입니다. 게다가 깨끗한 마음으로 한 보시는 그 공덕이 매우 크게 생기는데 그것이 바로 빠라미 공덕입니다.

　우리는 계율을 지키면서 힘들다고 하지만 계율을 잘 지키면 내 몸도 건강해지고 마음도 평화로워집니다. 계율을 지키면서 양심과 수치심이 증장하게 되고 뿌듯함으로 자신감이 생깁니다. 아무리 많은 재산도 건강이 무너지면 소용이 없습니다. 또 건강함으로써 재산을 많이 모을 수 있습니다. 보시 공덕은 계율 공덕으로, 계율 공덕은 보시 공덕으로 지킬 수 있습니다. 이렇게 서로서로가 연결이 되어 있습니다.

　부처님께서는 인간으로 태어나기가 매우 어렵기 때문에 살아있는 동안 1초도 무시하지 말고 부지런히 보시와 지계바라밀 공덕을 쌓으면서 수행하라고 하셨습니다. 그리하여 마침내 아리한이 되면 다시 태어나지 않습니다. 다시 태어남이 없으면 죽음도 없습니다.

(4) 보시의 뿌리는 욕심 없음, 계율의 뿌리는 성냄 없음

내가 가지고 있는 것을 남에게 주는 보시는 자애가 있기 때문에 가능합니다. 그리고 줄 때엔 욕심을 버리면서 주어야 합니다. 그때의 마음의 뿌리를 보면 아로바(alobha, 욕심 없음)입니다. 보시물에 대한 욕심을 부숴 버릴 수 있는 힘이 있어야 보시할 수 있습니다. 욕심을 버리고 하는 보시는 일단 보시하는 사람의 마음을 부드럽게 만들어 줍니다. 사실 마음이 부드러울 때 줄 수 있는 것이지요. 그래서 우리가 누구에게 뭔가를 주고 싶다는 마음이 생길 때부터 그 마음 자체가 착하고 욕심 없는 마음(아로바)입니다. 아비담마를 공부해 보면 아로바가 있으면 아도사(adosa, 성냄 없음)가 같이 있습니다. 아로바와 아도사는 서로 떼어낼 수 없습니다. 이들은 '아름다운 마음부수들'에서 '반드시들' 그룹에 들어 있습니다. 아로바는 보시의 뿌리이고 아도사는 계율의 뿌리인데 이 둘은 항상 같이 있습니다. 아도사는 자애와 똑같은 종류의 마음부수입니다. 내가 상대방에게 줄 때 자애 없이 주지는 않습니다. 어쩔 수 없이 주거나, 무엇인가를 바라면서 주는 것은 진정한 보시가 아닙니다.

진실로 줄 수 있다면 욕심을 버릴 수 있기 때문이고(아로바), 상대방에게 자애가 있기 때문입니다(아도사). 이렇게 아로바와 아도사의 마음이 보시에서 아주 중요합니다.

우리가 보시를 하기 어렵다고 생각하지만 빠라미 측면에서 볼 때 제일로 하기 쉬운 일이 보시입니다. 왜냐하면 보시는 아직까지 내 몸과 내 입과는 관련이 없기 때문입니다. 보시는 돈을 주거나 옷을 주거나 먹을 것을 주는 것이지, 나를 주는 것이 아닙니

다. 그런데 계율은 나를 주는 것입니다. '나의 말과 행동으로 당신을 다치게 하거나 아프게 하지 않고, 오히려 나의 말과 행동으로 당신을 행복하게 해주겠습니다.'라고 약속하는 것이 계율입니다. 예를 들면 '아빠짜야나(apacāyana, 존경, 경의, 숭배)'는 예의를 지키는 것입니다. 절을 하거나 존댓말을 쓰거나 상대방을 존중하면서 행동하고 말하는 것인데, 이것도 나의 자만을 버리고 몸으로 직접 하는 것이기 때문에 계율 안에 들어갑니다.

'웨이야왓짜(veyyāvacca, 봉사)'도 마찬가지입니다. 봉사한다는 것은 내 몸과 말을 주는 것입니다. 입으로 지혜롭고 자비로운 말을 해줄 수 있고, 몸으로 무료 급식이나 의료 봉사를 해줍니다. 그래서 봉사하는 것도 계율 공덕입니다.

이렇게 보시는 내가 가진 외물을 주는 것이고 지계는 '나'를 바로 주는 것이기 때문에 보시가 지계보다 하기 쉽습니다. 그리고 보시를 많이 하다 보면 사람의 마음이 부드러워지면서 계율을 지키기가 쉬워집니다. 보시를 먼저 함으로써 마음이 착해지고 부드러워지는 것이 아로바(욕심 없음)와 아도사(성냄 없음)가 서로 연결되고 있는 것입니다. 아도사가 자애이고 부드러운 마음입니다. 마음이 부드러워지면 몸의 행동과 하는 말도 부드러워집니다. 보시하면서 자애로운 말과 행동이 따라가지요. 이렇게 보시가 계율을 끌어당기고 있음을 이해해야 합니다. 우리는 계율이 따로 있고 말과 행동이 따로 있다고 생각하지만 나쁜 말과 나쁜 행동을 피하는 것도 지계이고, 좋은 말과 좋은 행동을 계속하는 것도 지계입니다. 계율을 잘 지키려면 그 뿌리가 자애(멧따)와 성냄 없음(아도사)이라고 알아야 합니다.

부처님께서 다음과 같이 말씀하셨습니다.

"아로보 다나헤뚜(alobho dānahetu, 욕심 없음이 보시의 뿌리이다),
아도소 실라헤뚜(adoso sīlahetu, 성냄 없음이 지계의 뿌리이다)."

이렇게 보시를 하면서 마음이 부드러워지고 말과 행동이 예의 바르게 되는 것이 바로 계율이 좋아지는 것입니다. 보시는 열심히 하면서 계율을 안 지키면 보시 공덕의 질이 계속 떨어집니다. 투자를 많이 하지만 이익을 제대로 못 보는 것과 같습니다. 그래서 보시 다음에 지계를 반드시 해야 합니다. 계율을 지키면서 하는 보시가 제대로 되는 보시입니다.

보시를 하면서 계율을 지키지 않으면 잘살지만 일찍 죽을 수 있고, 일찍 죽지 않아도 병이 들 수가 있습니다. 지계가 약해서 바와삼빳띠가 보장이 안 되는 것이지요. 잘사는 것은 보시 공덕이지만 부도가 나는 것은 지계 공덕이 약해서 그렇습니다. 이것은 지계 공덕이 약해서 보가삼빳띠가 보장이 안 되는 것입니다. 지계 공덕이 없으면 내가 가지고 있는 것을 지키지 못합니다. 지계가 좋은 사람은 뭔가를 잃어버려도 다시 찾게 되고, 지계가 약한 사람은 잃어버린 귀중품을 찾아줄 사람이 없습니다. 잃어버리지 않았는데도 누군가가 뺏어 갑니다. 귀중품을 잃어버리면 찾아서 돌려줄 사람이 없습니다. 계율을 잘 지키는 사람은 도둑질을 안 하기 때문에 내 것을 누가 가져가지 못합니다.

그리고 보시 받는 사람도 계율을 잘 지켜야 합니다. 보시 받는 사람이 계율을 안 지키면 보시 받는 사람의 공덕이 떨어지고, 보시하는 사람이 계율을 안 지키면 보시하는 사람 쪽에서 공덕이 떨어집니다. 보시 받는 사람도 계율을 잘 지키고 보시하는 사람도 계율을 잘 지킨다면, 그 보시 공덕이 엄청나게 커집니다. 그래서 보시바라밀을 성공적으로 하려면 지계바라밀이 받쳐 줘야 한다는 상관관계가 있는 것입니다.

2) 닉캄마(출리)빠라미

(1) 계율을 잘 지켜야 마음이 청정해진다

실라빠라미 다음에 닉캄마빠라미를 말하고 있습니다. 여러분들이 집에서 계율을 지키는 것과 사찰에 와서 계율을 지키는 것 중에 어느 것이 더 쉬운가요? 사찰에서 지키는 것이 더 쉽죠?

그것이 '닉캄마'의 의미입니다. 계율을 지켜도 깨끗하게 제대로 지키려면 세속의 생활보다는 출가의 생활이 더 도움이 됩니다. 그래서 실라빠라미 다음에 닉캄마빠라미가 있는 것입니다.

처음에는 집에서 오계를 지켜봅니다. 다음에는 한 달에 한두 번씩 팔계를 지켜봅니다. 그 다음에 더 깨끗하게 살고 싶으면 출가자의 삶이 필요하겠지요? 세속에 살면서 계율을 완벽하게 지키기가 힘들고 나아가 더 높은 수준의 계율을 지키기 위해서 출가를 합니다. 지계를 지키려면 지금 수행처에 계시는 여러분들은 출가사든 재가자든 모두 닉캄마빠라미를 하고 있는 것입니다. 닉캄마빠라미가 계율을 보장하고 있습니다.

십바라밀은 부처나 깨달은 자가 되는 길이기에 십바라밀을 순서대로 하는 것에는 아주 미묘한 심리와 의미들이 담겨 있습니다. 십바라밀을 순서대로 열심히 공부하고 실천해 보세요. 이것은 진리에서 나오는 순서입니다. 우리의 모든 심리를 알고 이렇게 해야 된다는 방법을 이야기하고 있는 것입니다.

계율을 깨끗하게 지키려면 출가심이 필요합니다. 계율을 지켜도 출가심이 없으면, 마음이 오욕락을 향하게 됩니다. 계율이 깨끗하지 못하여 깨지고 또 깨지는 것은 마음이 오욕락을 향해 있기 때문입니다. 그래서 닉캄마의 첫째 의미는 출리, 즉 오욕락에서 벗어나는 것입니다. 그 다음 닉캄마에는 선정이라는 뜻도 있습니다. 초선정이 되면 오장애에서 벗어납니다. 그렇게 말할 때에도 실라빠라미와 닉캄마빠라미의 순서에 의미가 있습니다. 즉 계율을 지켜야 마음이 깨끗해지고 마음이 깨끗해져야 집중력이 강해집니다. 계율을 깨끗하게 지킴으로써 나에게 잘못이 없다고 아는 마음에서 힘이 생깁니다. 이것을 실라위숫디(sīlavisuddhi, 계율의 청정함)라고 합니다.

이렇게 지계의 든든함으로 몸과 입이 깨끗해진 다음, 마음의 청정함인 선정에 들 수 있습니다. 선정을 찟따위숫디(cittavisuddhi, 마음의 청정함)라고 하고, 사마디(집중)는 청정함에서 오는 마음의 힘을 말합니다. 번뇌가 일어나 잘못을 저지르고 있으면 마음이 약해지고 불안해지면서 집중이 안 됩니다. 마음의 힘은 내가 잘못하는 것이 없을 때 생길 수 있습니다. 그래서 몸으로도 잘못이 없고 말로도 잘못이 없어야 내 마음이 자신감과 확신에 차서 힘이 생깁니다. 그 힘이 집중입니다.

이렇게 닉캄마를 선정으로 볼 때도 계·정·혜의 순서가 나옵니다. 계율이 깨끗해야(실라위숫디) 집중이 잘 되고(찟따위숫디), 집중이 되어야 지혜가 생깁니다. 지혜가 생기면 그때부터 정신과 물질을 구별해서 보게 되고 원인과 결과의 관계도 알게 되고 도의 길인지 도의 길이 아닌지도 알게 됩니다.[3] 이렇게 보시로 보가삼빳띠(부의 성취)를 이루고, 지계로 바와삼빳띠(생의 완벽함)를 이루고, 지혜로 완전한 행복인 닙바나(열반)를 이룹니다. 이렇게 서로서로 다 연결이 되고 있습니다.

(2) 빠요가숫디 · 아사야숫디

닉캄마가 출리와 선정의 뜻을 가진다고 했습니다. 선정의 뜻을 가질 때는 계율을 잘 지켜야 집중이 되고 그 집중력으로 선정에 든다는 말입니다. 집중이 잘 되면 마음이 청정해지고, 마음이 청정해지면 말과 행동이 청정해집니다. 말과 행동을 챙기는 것이 계율의 영역이고, 마음을 챙기는 것이 수행의 영역입니다. 우리가 하는 말은 마음에서 나오고 우리가 하는 행동은 생각에서 나오기 때문에 마음이 청정해지면 말과 행동이 저절로 청정해지는 것입니다. 이렇게 보면 서로서로 영향을 미치고 있음을 알 수 있습니다. 내가 몸과 입을 잘 챙기면서 수행하면 집중이 잘 됩니다. 집중이 잘 될수록 마음이 청정해지고, 마음이 청정하면 좋은 생

---

3 깨달음의 7청정
① 실라위숫디(sīlavisuddhi, 계청정): 비구 · 비구니계 등등 ② 찟따위숫디(cittavisuddhi, 심청정): 8선정 ③ 딧티위숫디(diṭṭhivisuddhi, 견청정): 정신과 물질을 구분하는 지혜 ④ 깡카위따라나위숫디(kaṅkhāvitaraṇavisuddhi, 의심을 극복함에 의한 청정): 조건 파악의 지혜 ⑤ 막가막가냐나닷사나위숫디(maggāmaggañāṇadassanavisuddhi, 도와 도 아님에 대한 지견 청정): 잘못된 길과 바른 길을 나누어서 청정하게 아는 것 ⑥ 빠띠빠다냐나닷사나위숫디(paṭipādañāṇadassanavisuddhi, 실천지견청정): 도 닦음에 대한 지견 청정 ⑦ 냐나닷사나위숫디(ñāṇadassanavisuddhi, 지견청정): 4가지 도에 대한 지혜

각만 합니다. 바르고 좋은 생각에서 좋은 말과 좋은 행동이 나옵니다.

실라(계율)로 몸과 입을 깨끗하게 하는 것을 빠요가 숫디(payoga suddhi, 수단의 탁월함, 가행청정加行清淨)라고 합니다. 숫디(청정함), 빠요가(애쓰면서 행하는 것). 그래서 말도 청정해지고 몸으로 하는 행동도 청정해짐이 빠요가숫디인데 그것이 바로 실라빠라미입니다. 그리고 닉캄마출리로 선정을 이루어 마음을 청정하게 하는 것을 아사야숫디(āsayasuddhi, 경향의 청정, 순수한 성격)라고 합니다. 아사야숫디는 마음속에 있는 번뇌들이 조용해지는 것입니다. 깨달음처럼 번뇌의 뿌리까지 뽑을 수는 없지만 선정이 있을 때, 선정에 들어 있는 동안에는 번뇌가 일어나지 않습니다. 그래서 선정의 힘으로 빠리윳타나낄레사(마음속에 일어나는 번뇌)를 제거할 수 있다는 의미로 아사야숫디라고 말합니다. 아사야숫디가 닉캄마빠라미입니다.

이렇게 실라빠라미(지계바라밀)가 빠요가숫디(행행청정)이고, 닉캄마빠라미(출리바라밀)가 아사야숫디(심心청정)입니다. 다른 말로 하면 지계로 몸과 입으로 넘어간 번뇌(위떡까마낄레사)를 제거하고, 선정으로 마음속에서 일어난 번뇌(빠리윳타나낄레사)를 제거한다는 것입니다.

여기서 낄레사(kilesa, 번뇌)의 세 가지 형태와 제거 방법을 살펴보겠습니다. 우리가 번뇌로 말하고 행동하는 것을 '위떡까마낄레사(vītikkamakilesa, 몸과 입으로 넘어간 번뇌, 파괴 번뇌)'라고 합니다. 넘어간 번뇌란 마음속의 번뇌가 넘쳐서 몸과 입으로 건너간 것을 말합니다. 화가 나서 욕하고, 음담패설을 하고, 이간질하고, 잔인한 행동을 하는 것을 '넘어간 번뇌(파괴 번뇌)'라고 말합니다. 마음에서 몸과 입으로 건너갔다는 의미입니다. 그런 번뇌를 잡기 위해서 계율을 가르칩니다. 계율로 몸과 입을 다스리는 것이지요. 계율로 몸과 입을 다스릴 때 두 가지로 합니다.

첫째는 좋은 일을 찾아서 해야 한다(cārita 짜리따, 실천, 행동). 둘째는 나쁜 일을 피하고 하지 않는다(vāritta 와릿따, 금지, 회피). 그런데 몸과 입만으로는 충분하지 않고 마음까지 잘 다스려야 합니다. 그래서 집중과 선정을 가르칩니다.

빠리읏타나낄레사(pariyuṭṭhānakilesa, 일어난 번뇌)는 마음속에서만 일어나는 번뇌로, 번뇌가 말과 몸으로 나타나기 전에 마음속에서 먼저 부글부글거리는 것입니다. 화가 나거나 욕심을 부릴 때도 몸으로 행동하기 전과 입으로 말하기 전에 마음속으로 먼저 화를 내고 욕심을 부립니다. 그래서 마음속에 일어나는 번뇌까지 잡기 위해서 닉캄마빠라미를 가르칩니다. 몸과 입으로 넘어간 위띡까마낄레사는 계율로 다스리고 계율로 몸과 입을 잡고 있어도 마음이 깨끗하지 못하면 계율이 또 깨질 수 있기 때문에 완벽한 실라빠라미를 위해서 닉캄마빠라미를 가르치는 것입니다. 닉캄마빠라미로 집중선정을 가져야 합니다. 선정으로 마음속에서도 번뇌가 일어나지 않으면 계율이 더욱 깨끗해집니다.

우리가 집에서 수행처로 오는 것이 닉캄마입니다. 그렇게 함으로써 계율이 보장되는 것이지요. 집에서 계율을 지키는 것과 수행처에서 계율을 지키는 것은 완전히 다르지요? 계율로 몸과 입을 챙기고 있지만 마음을 놓아 버리면 마음은 금방 나쁜 생각을 가지게 되고 그 나쁜 생각으로 몸과 입이 다시 더러워지게 됩니다. 오욕락을 즐기는 세상을 떠나서 이 수행처로 오는 것 자체가 닉캄마인데 그때는 '출리, 출가'라는 뜻을 가집니다. 수행처에 와서는 부처님 공덕이나 법문 내용을 집중해서 듣고 열심히 사마타 수행을 하여 선정을 가지게 되면 그것도 닉캄마인데 그때는 선정의 뜻을 가집니다. 한 대상에 집중하는 것이 사마타 선정수행입니다. 사마타 수행이 잘 되어 선정이 되면 이것이 마음속에 일어나는 번뇌를 잡게 됩니다. 그렇게 마음속에 일어나는 번뇌를 제거하는 것이 닉캄마빠라미입니다. 그래서 실라빠라미 다음에 닉캄마빠라미를 이야기하는 것입니다.

우리는 보시바라밀, 지계바라밀, 그리고 출리바라밀을 전부 다 해야 합니다. 그 바라밀들이 우리의 나쁜 점을 약하게 하고 좋은 점을 강화시켜 줍니다. 우리에겐 장점이 있고 단점이 있습니다. 100% 좋은 것은 없습니다. 좋지 않은 것은 찾아서 버리고 좋은 것은 더 강화시킴으로써 훌륭한 인간으로 성장하여 성인(聖人)까지 될 수 있습니다. 그러기 위해서 우리는 빠라미를 꼭 해야 합니다. 빠라미를 해야 깨달음의 길에서 부족한 점이 채워집니다. 그래서 보시 다음에 실라, 실라 다음에 닉캄마를 가르치는 것입니다.

세 가지 번뇌 중 마지막은 아누사야낄레사(anusayakilesa, 잠재 번뇌)인데 나온 김에 간단히 말씀드리겠습니다. 이것은 지금 번뇌가 없는 것 같지만 조건만 되면 빠리웃타나낄레사가 되고 위떡까마낄레사가 될 수 있는 번뇌입니다. 아라한이 아니면 누구나 가지고 있는 번뇌입니다. 잠재 번뇌는 도 지혜로만 제거할 수 있습니다. 도 지혜로 번뇌를 완전히 제거하지 못했다면 무조건 있다고 봐야 하는 번뇌가 아누사야낄레사입니다. 그래서 사념처(신·수·심·법)에서 팔정도를 실천 수행함으로써 '무상·고·무아'를 통찰하는 위빳사나 지혜를 계발하여 그 힘이 100% 찰 때 생기는 도 지혜만이 번뇌를 뿌리까지 잘라 버릴 수 있습니다.

아누사야낄레사를 두 가지로 나눌 수 있는데 첫째는 아람마나누사야낄레사(ārammanānusayakilesa, 대상에 대한 번뇌)이고, 둘째는 산따나누사야낄레사(santānānusayakilesa, 지속적으로 되고 있는 정신적인 과정에 잠재된 번뇌)입니다. 아람마나누사야낄레사는 위빳사나 지혜로, 산따나누사야낄레사는 도 지혜로 완전히 제거할 수 있습니다.

이렇게 잠재 번뇌는 도 지혜로 그 뿌리까지 완벽하게 자를 수 있습니다. 수다원 도 지혜는 사악처로 가는 번뇌의 뿌리를 자르고, 아나함의 도 지혜는 욕계를 윤회하는 번뇌의 뿌리를 자르고, 아라한의 도 지혜는 모든 번뇌의 뿌리를 잘라 31천 윤회를 종식시킵니다. 뿌리를 잘라야 나무가 더 이상 자라지 못하듯이 번뇌의 뿌리를 제거해야 윤회를 끝내고 닙바나(열반)를 성취할 수 있습니다.

3) 빤냐(지혜)빠라미

닉캄마빠라미 다음에 빤냐빠라미입니다. 출가는 지혜로 보장해 주어야 완벽해집니다. 머리 깎고 가사 입고 계율을 받아 출가를 했지만 교리 공부와 실천 수행으로 지혜를 계발하지 않으면 그 출가가 무슨 의미가 있겠습니까? 출가하여 사마타 수행으로 선정을 이루었다 해도 선정에서 멈추면 안 됩니다. 선정은 부처님이 이 세상에 나오시기 전에도 있었습니다. 석가모니 부처님도 깨닫기 전에 선정을 다른 사람에게서 배웠습니다. 그래서 선정만을 위해서 부처님을 만난다면 그것은 큰 의미가 없습니다. 반드시 위빳사나 수행으로 도 지혜까지 가야 합니다.

닉캄마빠라미가 제대로 되려면 지혜가 있어야 합니다. 출가를 지혜로 연결시켜야 합니다. 빤냐빠라미가 있어야 닉캄마빠라미가 완성된다는 것을 잘 이해하시기 바랍니다. 이번 생에 출가는 했지만 빤냐를 키우지 못했다면 다음 생을 보장할 수 없습니다. 빤냐를 키우기 위해서 출가하여 계속 노력하는 사람은 이번 생의 출가를 다음 생까지도 이어지게 할 수 있습니다. 이것이 닉캄마빠라미를 뒤에서 빤냐빠라미가 뒷받침하는 것입니다. 이렇게 빠라미가 서로서로 연결되면서 힘이 차오르고 탄력이 생기면서 마침내 깨달음인 닙바나(열반)로 가는 것입니다.

출가하여 공부 안 하는 것도 무의미하고, 선정을 가지고 지혜를 계발하지 못하는 것도 무의미합니다. 선정(집중)을 가지고 있는데 지혜가 계발되지 않는 사람이 많습니다. 지혜 없는 집중은 마약 중독과 비슷합니다. 집중에 빠져 있으면서 대단하다고 착각합니다. 집중이 되면 집중이 있을 때만 좋고, 집중이 없을 때는 아무 변화가 없습니다. 그래서 그런 폐단을 없애기 위해서 집중에서 멈추면 안 되고, 집중에서 지혜를 계발해야 합니다. 이것이 닉캄마빠라미 다음에 빤냐빠라미가 오는 이유입니다.

닉캄마빠라미로 사마타 수행을 하고 빤냐빠라미로 위빳사나 수행을 해야 합니다. 사마타 수행은 마음속에 일어나는 번뇌를 잡는 것이고, 위빳사나 수행은 입과 몸으로 넘어오는 번뇌와 마음속에 일어나는 번뇌뿐만 아니라 잠재 번뇌까지 제거합니다. 위빳사나 지혜의 힘이 100% 차면 도 지혜가 되어 잠재 번뇌까지 제거하고 닙바나(열반)를 성취하게 합니다.

그러면 도 지혜도 빤냐이고 위빳사나 지혜도 빤냐라면 그 차이가 무엇일까요? 위빳사나 지혜로는 번뇌가 순간순간만 소멸되고 영구적인 소멸은 안 됩니다. 위빳사나 지혜는 보면 보는 순간의 잠재 번뇌가 일어나지 못하게 만들고, 들으면 듣는 순간에 소리와 소리를 내는 사람이나 사물에 대한 취착을 가지지 못하게 합니다. 도 지혜만이 잠재 번뇌의 뿌리까지 완전히 제거하여 영구적인 소멸을 가져옵니다.

소멸이란 빨리어로 니로다(nirodha)라고 하며 세 가지 니로다가 있습니다. 잠시 정리하고 넘어가겠습니다. 니로다는 번뇌가 소멸되어 다시 일어나지 못하는 것을 뜻합니다. 먼저 따당가니로다(tadaṅganirodha, 찰나 소멸)는 위빳사나 지혜가 일어나는 순간, 그 순간의 소멸을 말합니다. 따당가(그 순간의, 그 부분의), 니로다(소멸). 위빳사나 지혜로 몸과 마음에서 무상·고·무아를 통찰하게 되면 그 순간 몸과 마음에 대한 취착이 떨어져 나가는 것을 의미합니다. 그 다음 윅캄바나니로다(vikkhambhananirodha, 일시 소멸)는 선정에 들어 있는 동안 번뇌가 일어나지 않는 소멸을 말합니다. 윅캄바나(선정에 의한 일시적인 억제), 니로다(소멸). 선정에 들어 있는 동안에는 오문(눈·귀·코·혀·몸)이 작동하지 않습니다. 오로지 선정의 대상에만 집중되어 있기 때문에 번뇌가 생기지 않습니다. 그러나 선정에서 나오면 다시 번뇌가 생깁니다. 그 다음 사뭇체다니로다(samucchedanirodha, 영구 소멸)는 도 지혜로 잠재 번뇌까지 완전히 제거하여 윤회를 종식시키는 소멸입니다. 사뭇체다(결박이나 번뇌나 윤회를 끊음), 니로다(소멸). 도 지혜로 사라진 번뇌는 다시 일어나지 못합니다.

닉캄마는 다른 사람들이 욕심내는 오욕락의 대상들을 다 버리고 출가하기 때문에, 마음은 항상 나의 이익보다 여러 사람들의 이익을 챙기는 마음으로 살게 합니다. 이런 닉캄마(출리, 출가)와 함께 아비야빠다(avyāpāda, 악의 없음)와 아힝사(ahiṃsā, 해치지 않음)가 있습니다. 이것은 팔정도에서 정사유의 내용 세 가지입니다. 닉캄마는 여러 사람들이 오욕락을 즐기면서 먹고 놀고 잘 때 그런 것을 다 놓아 버리고 가는 사람들의 마음입니다. 그런 닉캄마의 마음은 주로 자애와 연민입니다. 모든 중생들이 행복하기를 바라는 자애와 모든 중생들이 고통에서 벗어나길 바라는 연민입니다.

아비야빠다와 아힝사를 가지는 닉캄마빠라미가 여러 사람들의 행복을 찾아 주고 싶은 마음이라면, 빤냐빠라미는 그렇게 여러 사람들의 고통을 없애버리고 행복을 찾아 주는 일을 성공적으로 할 수 있는 방법의 이야기를 하고 있습니다. 여기서 까루나(연민)와 빤냐(지혜)의 이야기가 다시 나오는데, 닉캄마빠라미가 마하까루나(대연민)이고, 빤냐빠라미가 우빠야꼬살라(지혜)입니다. 빠라미를 하는 사람들의 기본적인 마음가짐이 바로 이것입니다. 보시·지계·출리바라밀 이 세 가지가 마하까루나(대연민)가 되고, 지혜바라밀이 우빠야꼬살라(방편, 지혜)가 됩니다.
  빤냐빠라미는 중생들의 고통을 없애고 행복을 가져오는 방법을 알고 그 방법대로 일을 성공적으로 해내는 것을 말합니다. 빠라미를 성공적으로 완성하려면 갈애·자만·사견에 당하지 않는 선업을 해야 하고, 또 부처님에게는 대연민과 지혜가 있어야 하고, 우리도 우리가 할 수 있는 만큼의 연민과 지혜가 있어야 한다고 했습니다. 자비로운 보시와 지계와 출리를 합하면 마하까루나가 됩니다. 마하까루나는 여러 중생들의 이익과 행복을 바라는 마음입니다. 그것을 성공적으로 실천할 수 있게끔 이끄는 것이 빤냐빠라미입니다. 그래서 우리는 닉캄마빠라미 다음에 빤냐빠라미를 실행하는 것입니다.

4) 위리야(정진)빠라미

  빤냐빠라미 다음에 위리야빠라미입니다. 빤냐 다음에 위리야를 해야 하는 이유가 무엇일까요? 지혜가 한두 번 일어나는 것은 쉽습니다. 지금 법문 들을 때도 금방은 알지만 일어서면서 잊어버리지요? 그래서 오랫동안 잊지 않으려고 항상 노력하는 것입니다. 까루나(연민)로 출가하여 빤냐(지혜)로 고통에서 벗어나는 방법을 알고 있습니다. 그러나 앎을 실천하지 않으면 모르는 것과 같습니다. 그래서 빤냐빠라미가 진짜로 완성되려면 뒤에서 위리야빠라미가 뒷받침되어야 합니다.
  빤냐는 교리적으로 아는 것이지만 교리적으로 아는 것을 실천하지 못하는 것은 위리야빠라미가 뒷받침해 주지 않기 때문입니다. 교리를 알고 실천하는데, 반복하지 못하고 끝까지 못하는 것도 위리야(노력)가 약하기 때문입니다.

세 가지 위리야가 있다고 했습니다. 처음 시작하는 노력을 아람바위리야(ārambhavīriya)라고 하는데, 처음에 시작은 잘 했지만, 하다가 어려움이 생기면 포기하는 사람들이 많지요? 신심이 떨어질 때도 포기하는 사람들이 많습니다. 그럴 때마다 포기하지 않고 더 노력해야 합니다. 이렇게 중간에 어렵고 힘든 일이 있을 때마다 견디고 용기를 내어 그 어려움을 다 떨쳐낼 수 있는 노력을 니까마위리야(nikkamavīriya)라고 합니다. 끝까지 계속하는 끈기 있는 노력을 빠락까마위리야(parakkamavīriya)라고 합니다. 끊임없이 계속 나오는 빠락까마위리야가 아주 중요합니다. 아람바위리야로 시작은 잘 했는데 어려움이 있어 중간에 반이 포기하고, 어려움이 더 길어지면 끝까지 가는 사람이 드물지요? 힘들어도 끝까지 해야 합니다. 이 세 가지 노력이 완벽해야 일을 성공시킵니다. 빤냐(지혜)가 안다 해도 일이 완성될 때까지 위리야(노력, 정진)가 뒷받침하고 있어야 합니다. 그래서 빤냐빠라미 다음 위리야빠라미를 한다고 말하는 것입니다.

여기서 주의할 것은, 수행하면서 위빳사나 지혜가 생기는 즈음에 무엇을 해도 무의미하고 허무한 느낌이 일어날 수 있습니다. 그러면 아무것도 하고 싶지 않아집니다. '나도 아니고 너도 아니고 무아라고 하는데, 불선업을 해도 무슨 상관인가?' '내가 없고 무아이니 선업을 해도 그 과보를 내가 받는 것도 아닌데, 선업을 할 필요가 있는가?' 그렇게 이상한 생각을 할 수 있습니다. '나'라는 존재 자체가 무너지니까 조금 삐딱한 생각들이 일어나는 것을 피할 수 없습니다. 이런 생각들은 처음에 위빳사나 지혜가 성숙되기 전에 오는 것들입니다. 그때는 '나도 없고 너도 없고 다만 물질과 정신의 과정뿐이라고 한다. 물질과 정신의 과정뿐이라면 우리가 무언가를 따로 할 것이 있겠는가? 그냥 살다가 죽으면 되지.'라고 하면서 노력을 하지 않으려고 합니다. 그러나 물질과 정신의 과정뿐이라는 말은 사실이지만, 이때는 출세간의 사실을 말한다고 알아야 합니다.

우리는 세간에 살면서 세간법을 완전히 무시하지 못합니다. 부처님도 어머니와 동생, 아들, 딸 이런 단어를 다 사용하셨습니다. 그러나 아상으로 '내 어머니'나 '내 아들'이라고 하지는 않습니다. 우리는 세간의 잣대와 이상한 궤변으로 출세간적 진리를 왜곡시키지 않도록 주의해야 합니다. 부처님의 가르침 하나하나의 의미와 정의를 정확하게 알고 세간 진리(삼무띠삿짜)는 세간 진리대로, 출세간 진리(빠라맛타삿짜)는 출세간 진리대로 바르게 적용시켜야 합니다.

아라한이 되면 본인을 위해서는 더 이상 할 일이 없지만 오온이 완전한 열반에 들기 전까지 아무것도 안 하며 그냥 살 수는 없습니다. 아라한은 중생들을 위해서 열심히 살게 되는데 그런 노력의 대단함을 보여 주고 싶어서 빤냐빠라미 뒤에 위리야빠라미를 말하고 있습니다. 노력의 힘으로 중생들을 도와주어야 합니다. 내가 아라한이 되었다고 설법도 하지 않고 가르치지 않으면 고통스런 중생들이 어떻게 고통에서 벗어나겠습니까? 그래서 성인(聖人)들은 아라한이 된 후에도 범부들을 깨우쳐 주기 위해 열심히 살아갑니다.

부처님도 깨달은 후 45년 내내 중생들에게 설법을 하고 제자들을 가르치며 사셨습니다. 그렇게 하셨기에 지금 우리가 이렇게 부처님의 지혜를 알 수 있는 것입니다. 그것이 다 노력의 힘입니다. 부처님께서는 45년 내내 마지막 날까지, 설사하고 혈변을 보시면서 힘들어도 설법을 하셨습니다. 그 정도로 노력하는 이유가 무엇인가 하면 모든 중생들의 이익을 위해서입니다. 노력의 공덕을 말하고 싶어서 빤냐빠라미 다음에 위리야빠라미를 이야기하는 것입니다.

빤냐를 완성하려면 노력이 있어야 합니다. 빤냐가 조금 헤맬 때는 노력으로 뒷받침해서 제대로 가게끔 해야 합니다. 위빳사나 수행을 하면서 돈 벌고 싶은 생각이 없어지고 열심히 살고 싶은 생각도 없어지는 경우가 있습니다. 처음에는 욕심이 없어지는 느낌인데 다음에는 게으름으로 변할 수 있습니다. 열심히 살려고 하지 않는 것이지요. 돈도 열심히 벌지 않고 수행도 열심히 하지 않으면 양쪽으로 손해 보는 것입니다.

어떤 사람이 위빳사나 수행을 하면 세속적으로 뒤처진다고 하는데, 위빳사나 수행으로 세속적으로 뒤처지는 것이 아니라 그 (수행자의 지혜의 단계 문제입니다) 사람의 마음이 안 좋아서 뒤처지는 것입니다. 항상 말하지만 부처님 전생담에서 부처님께서 하셨던 빠라미를 보면 돈 벌 때는 최고의 부자가 되었고, 공부할 때는 최고의 학자가 되었고, 권력을 잡을 때는 장군이나 왕이 되었습니다. 그런데 다른 사람과의 차이점은 권력을 잡고 내가 왕이라고 다른 사람을 마음대로 해치는 것이 아니고, 왕이 되어 국민들을 자신의 아들딸처럼 잘 살게 해 주었습니다. 장군이 되어도 부모처럼 백성들을 지켰습니다. 그런 식으로 여러 사람을 행복하게 해 주기 위해서 부처님께서는 엄청나게 노력을 많이 하셨습니다. 지금 우리도 그렇게 생각해야 합니다. 위빳사나 수행자라고 하면서 게을러지면 안 되고, 돈도 열심히 벌어 위빳사나 수행을 하지 못하는 사람들이 수행할 수 있게끔 도와주어야 합니다.

미얀마 어느 선원의 신도회장 아버지는 그때 당시에 매년 미얀마 돈으로 천만 원씩 쓰면서 청년들을 단기출가시켰습니다. 미얀마 모든 선원을 돌아다니면서 단기출가 삼 개월 하면 미얀마 성지순례를 보내주겠다고 하면서 가사를 사 주고 삼 개월 내내 먹을 것을 공급하면서 수행할 수 있게 도와주었습니다. 그렇게 십 년 동안 했습니다. 돌아가시기 직전까지도 산 개월 인거를 끝내는 수행자들에게 줄 보시물을 준비해 두고 돌아가셨습니다. 그렇게 하면서도 자기는 늘 허름하고 검소하게 살았습니다.

게으르면 안 됩니다. 위빳사나 수행을 하면서 마음이 약해지는 것은 제대로 된 태도가 아닙니다. 지혜가 좋은 만큼 노력이 좋아져야 합니다. '이 세상이 다 무상하다. 그래서 아무것도 할 것이 없다.'라고 생각하지 말고, 위빳사나 지혜가 있는 만큼 '내 몸과 마음이 무상하니 나는 욕심을 버려야지. 내 욕심을 버리고 여러 사람을 행복하게 하고 지혜롭게 만들어 주어야지.'라고 하면서 할 수 있는 일을 찾아서 더 열심히 하려고 해야 합니다. 여러 사람들을 위해서 열심히 돈 벌고 권력을 잡는 것은 욕심이 아닙니다. 불자들이 대통령, 장관, 장군같이 높은 사람이 되고 부자가 되어야 불교를 지킬 수 있습니다.

우리 수행자들은 죽을 때까지 열심히 살아야 합니다. 그렇게 열심히 살아야 진짜 부처님 가르침을 아는 사람이 됩니다. 출가해도 열심히 살아야 됩니다. 나를 위해서가 아니라 여러 사람들에게 이익을 주기 위해서, 그들을 지혜롭게 만들고 수행할 수 있게끔 도와주기 위해서 열심히 살아야 합니다. 빌게이츠, 워렌버핏 같은 사람들이 열심히 벌어서 재산의 반을 세상에 기부하는 것이 바로 이 세상에서 빠라미를 실천하는 것입니다.

완짜나(vañcanā, 속임수, 기만, 잔꾀, 간계)는 스스로 거짓말하고, 스스로를 착각하게 만든다는 뜻입니다. 두려움에는 상웨가(saṃvega)와 산땁빠(santappa) 두 가지가 있는데, 산땁바는 용기가 없고 능력이 없어 이 세상을 두려워하는 것이고, 상웨가는 끝도 없는 윤회를 지혜롭게 두려워하는 것입니다. 그런데 어떤 사람은 출가하는 이유가 상웨가가 아니고 산땁빠인 경우가 있습니다. 스스로를 속이면서, 다른 사람에 비해 공부도 못하고 용기도 없고 돈도 제대로 못 벌어 사회에서 약자로 경쟁하는 것이 무서워 출가하는 경우가 있다는 말입니다. 그렇게 세상에서 도망치는 것은 가출이지 출가가 아닙니다. 상웨가로 생로병사와 윤회가 무서워 출가하는 것이 마땅합니다. 우리는 출가하는 마음을 잘 따져 봐야 합니다. 산땁빠로 사회에서 도망치듯이 출가한다면 수행이 잘 되지 않습니다. 수행도 용기가 있어야 잘할 수 있습니다. 세상에서 뒤처지기 때문에 그 핑계로 출가하면 성공할 수 없습니다.

'용기'는 '위리야'와 같은 말입니다. 출가해도 열심히 살아야 되고 세속에서 살아도 열심히 살아야 합니다. 어떤 사람이 일하기 싫다고 하면, "일하기 싫으면 출가해."라고 하는데 참으로 말도 안 되는 소리입니다. 출가하면 새벽 세 시부터 밤늦게까지 수행해야 하는데, 게으른 사람이 출가하려고 하면 그것은 잘못하는 것입니다. 용감하고 대단한 사람이 출가해야 합니다. 게으른 사람이 출가하면 그 밑에서 가르침을 받는 사람들도 다 게을러지기 때문에 결국 종단이 망가집니다. 열심히 사는 부지런한 사람들이 출가해야 성공할 수 있습니다. 부처님께서는 45년 내내, 20시간 일하고 네 시간 자고 쉬면서 그렇게 사셨습니다.

부처님은 이 세상에서 해야 할 일을 다 끝내신 분입니다. 따로 더 할 일이 없지만 그래도 열심히 사셨습니다. 세속에서 살아도 그렇게 살아야 합니다. "응, 그래 됐어, 하루에 세 끼 먹으면 되고, 잘 때 쪽방 하나만 있으면 되지, 뭘 더 바래?"라고 하면서 게으르면 안 되고, 열심히 노력하여 여러 사람들이 수행할 수 있도록 좋은 기회를 만들어 주어야 합니다. 빤냐빠라미 다음에 위리야빠라미를 하는 이유가 이것입니다.

처음에는 돈 버는 이유가 내가 잘 먹고 재미나게 놀려고 벌었지만, 지금은 나는 아끼면서 세상의 어려운 사람들을 도와주려고 합니다. 도움을 줄 때도 부처님처럼 해야 합니다. 그가 지혜롭게 되어 깨달음의 길로 가서 진짜 행복할 수 있도록 도움을 줘야 합니다. 다른 도움에는 한계가 있습니다. 지금 배가 고파 밥을 먹었지만 돌아서면 또 배고프지요? 아침에 밥을 먹어도 오후에 또 배가 고파집니다. 그런데 수행해서 지혜가 생기면 모든 욕심으로 생기는 '고픔'(보고 싶음, 배고픔……)이 없어지고, 나중에는 완전히 생로병사에서 벗어나게 할 수 있습니다. 그래서 최고의 도움은 그 사람이 수행할 수 있도록 해주는 것입니다.

다른 보시보다 수행하게끔 만드는 보시가 최고입니다. 수행하는 데 도움이 되는 책이나 수행하는 장소를 보시하는 것이 최고입니다. 미얀마에는 수행처에 갈 때 돈 내고 가지 않습니다. 그런데 수행처에 보시하려고 보시자가 줄서서 기다립니다. 사람들이 돈이 없어서 수행을 못하면 안 된다고 하면서 보시를 많이 합니다. 언제든지 와서 수행하라고 보시합니다. 그런 식으로 사람들이 수행할 수 있게끔 보장해 주는 다나(보시)와 위리야(정진) 빠라미가 빤냐(지혜)빠라미를 다시 뒷받침해 주고 있습니다.

5) 칸띠(인내)빠라미

위리야빠라미 다음에 칸띠빠라미입니다. 노력 다음에 왜 인내를 말할까요? 노력을 잘 하려면 참아야 합니다. 참는 것도 노력해서 참는 것입니다. 추울 때 추운 것을 견디려고 노력합니다. 그래서 두 번째 노력인 닉캄마위리야(어려움을 떨쳐내는 노력)를 할 때부터 인내가 많이 들어갑니다. 어린 시절 공부할 때, 사실은 놀고 싶은데 참고 공부하지요? 영화 보고 싶고, 친구와 놀고 싶지만 참고 공부합니다. 그러면 공부 잘하게 되지요? 노력이 제대로 되려면 인내가 뒷받침해 주어야 합니다.

어떤 일을 성공하려면 참아야 하는 것이 반드시 있습니다. 여기서 한 시간 앉아 있다고 생각해 보세요. 움직이고 싶고 일어나고 싶지요? 어디 가고 싶어도 참는 것은, 항상 노력이 뒷받침해 주기 때문입니다. 그래서 위리야빠라미가 없으면 칸띠빠라미가 될 수 없습니다. 노력하는 사람이 인내심이 좋은 사람입니다. 또 인내심이 있는 사람이 열심히 노력합니다. 이렇게 서로서로 힘을 줍니다.

수행자들이 열심히 노력하지만 집중이 안 된다고 하는데 그것은 말이 안 되는 것 같지만 그럴 수 있습니다. 열심히 수행하는데도 집중이 안 되는 것은 칸띠가 없기 때문입니다. 칸띠가 없으면 위리야가 항상 들뜸 쪽으로 갑니다. 마음이 바빠지는 것이지요. 일상생활에서도 열심히 산다면서 말과 행동이 바빠지면 실수가 많아집니다. 어떤 사람은 행동이 느린 것 같지만 일을 효율적으로 매우 잘합니다. 그런데 어떤 사람은 바쁘게 열심히 일하는 것같이 보이지만 성과가 부진합니다. 차분하게 일하는 사람이 끝까지 잘합니다. 바쁘게 일하는 사람은 보기에는 열심히 하는 것 같은데 끝은 별로입니다. 하는 건 많지만 되는 긴 직다는 말입니다. 차분한 사람은 하는 건 많아 보이지 않지만, 끝에 되는 건 많이 쌓여 있습니다.

결론이 좋으려면 칸띠와 같이 가야 합니다. 항상 차분하고 흔들리지 않고 견딜 수 있는 인내를 가져야 노력이 바르게 오래갑니다. 수행도 마찬가지입니다. 열심히 수행한다고 하지만 노력이 지나쳐서 마음이 자꾸 흔들흔들해질 수 있습니다. 노력하면 할수록 몸이 괴롭고, 온몸이 불타는 것처럼 뜨거워집니다. 이것이 상기병입니다. 그때 냉각기가 필요한데, 그 냉각기가 바로 칸띠입니다. 노력으로 인해 생기는 열을 식혀서 시원하게 만드는 것을 칸띠라고 합니다. 칸띠가 있어야 여러분들의 노력이 이상해지지 않습니다. 제가 수행 지도할 때 항상 "편안하게 하세요. 있는 그대로 받아들이세요."라고 하지요? 받아들이고 지켜보고 기다리는 것이 칸띠입니다. 이렇게 칸띠가 있어야 바른 노력이 되어 들뜸을 일으키지 않고 곧장 집중으로 갈 수 있습니다.

'아람바위리야'는 시작할 때의 노력입니다. 시작은 했는데 오래 못 가고 금방 꺼지는 것은 칸띠가 없어서 그렇습니다. 칸띠가 뒷받침해 주면 어려움이 있어도 견디고 참을 수 있습니다. 게으름을 부리고 싶어도, 추워도, 더워도, 참고 또 참습니다. 이때 참는 것은 억지로 마음을 누르는 것이 아닙니다. 착한 마음으로 받아들이는 마음입니다. 이겨내려고 마음을 편안하고 차분하게 가지는 것입니다. 이렇게 칸띠빠라미는 위리야빠라미를 완벽하게 하기 위해선 필수적입니다. 인내 없이 노력이 제대로 되지 않습니다. 여러분들이 수행할 때 노력을 많이 하는데도 수행이 잘 안 된다면 틀림없이 칸띠가 약하다고 알아야 합니다. 칸띠가 있으면 여러분들이 하는 노력이 효율적으로 아주 잘될 것입니다.

칸띠빠라미를 말할 때 주의할 점 하나는 인내심이 없으면 열심히 노력하는 모습을 다른 사람들에게 자랑하고 뻐기려고 한다는 것입니다. 그것은 욕심이 들어오는 것이지요? 또는 열심히 노력하면서 내가 이렇게 열심히 노력하고 있다고 자만을 부립니다. '내가 열심히 수행한다. 내가 열심히 보살행을 하고 있다.'라는 사견이 들어옵니다. 내가 열심히 노력하는 것은 여러 사람을 고통에서 구하고 행복하게 해 주기 위함이라고 하고는 거기서 멈춰야 되는데, 나는 그런 사람이기 때문에 나를 신처럼 모시라고 합니다. 내가 열심히 노력한다는 사실을 뛰어넘어 신이나 독재자가 되려고 합니다. 그것도 칸띠가 없는 것입니다.

그래서 칸띠가 없으면 다른 사람의 이익을 챙긴다면서 결국은 내 이익이 되게 합니다. 묘하게 들어오는 욕심을 알고 참을 수 있는 칸띠가 있어야 합니다.

그것을 '담마닛자나칸띠(dhammanijjhānakhanti, 법에 대한 통찰과 이해)'라고 합니다. 즉 항상 내 쪽에서는 무상·고·무아를 보고 있어야 욕심이 들어오지 않는다는 말입니다. 무상·고·무아라고 해서 노력을 무시하면 안 됩니다. 일에는 항상 양면이 있습니다. 여러 중생들을 위해서 노력하겠지만, 나를 위해서는 항상 무상·고·무아라는 삼법인을 잊지 말아야 합니다. 그래야 내 이익을 위해서 다른 사람을 이용할 생각을 하지 않고 욕심이 들어와도 빨리빨리 다스릴 수 있게 됩니다.

이렇게 칸띠(인내)가 없으면 다른 사람을 도와주면서 도움 받는 사람이 나를 은혜로운 자로 모시기를 바라고, 도와준 것에 대한 대가를 받고 싶어 하고, 도움 받은 사람들에게 내가 중요한 사람이 되고 싶어 합니다. 그렇게 되는 이유가 무상·고·무아를 보는 힘이 약하기 때문입니다. 선업을 할 때 내 몸과 마음을 '무상·고·무아'로 보는 힘을 잃어버리면 절대로 안 됩니다. 이렇게 노력할 때 불선업이 나타나지 않게 됩니다. 그때 인내가 있어야 노력이 완벽해집니다. 칸띠(인내)는 노력이 욕심으로 자만으로 혹은 들뜸으로 가지 않게 균형을 잡아 줍니다. 그래서 위리야빠라미 다음에 칸띠빠라미를 말하고 있는 것입니다.

6) 삿짜(진실)빠라미

칸띠빠라미 다음에 삿짜빠라미입니다. 왜 칸띠 다음에 삿짜를 말하는가? 삿짜는 '진실 그대로'입니다. 진실에서 조금만 움직여 주면 어떤 이익이 생긴다고 할 때 그 이익을 챙기기 위해서 진실을 버리지 않는 것이 삿짜빠라미의 의미입니다. 또 진실을 얼마 정도 움직이면 내가 손해를 보지 않는다고 해도 진실을 절대로 움직이지 않겠다고 하는 것이 삿짜빠라미의 의미입니다. 진실을 위해서 내가 모든 것을 받아들일 수 있고, 또 버릴 수 있어야 합니다. 이것도 마찬가지로 인내가 있어야 가능합니다. 왜냐하면 내가 진실을 지키려 하는데 계속 손해를 보고 있으면 참지 못하고 결국 마음을 바꿉니다. 손해를 자꾸 보게 되면 다음에는 "아이고, 안 되겠다. 진실이 망가지려면 망가지고, 나는 손해를 보기 싫다."라고 하는데, 그것이 인내심이 없어서 자기의 진실을 움직이는 것입니다.

　이와 같이 진실에서 확고하게 선다는 것은 인내 없이 되지 않습니다. 나에게 이익이 있을 것 같아도 참고 진실을 지켜야 합니다. 그러나 작은 이익이면 무시하고 진실을 지킬 수 있는데, 엄청난 큰 이익이면 "아이고, 진실이고 뭐고 난 몰라." 하고는 그냥 큰 이익을 따라 가버립니다. 인내가 없어서 참지 못하기 때문에 그렇게 되는 것이지요. 아래에서 받쳐 줘야 위로 올라갈 수 있듯이 인내심이 있어야 진실을 지킬 수 있고 또 진실해야 참는 것도 오래갑니다.

　삿짜(진실)는 움직이지 않는 것입니다. 진실을 움직이지 않는 것도 인내가 있기 때문입니다. 그래서 서로서로 영향을 미치고 있습니다. 칸띠빠라미가 좋으면 진실을 잘 지킬 수 있고, 삿짜빠라미가 강하면 인내의 힘도 강해집니다. '이것이 진실이다'라는 삿짜가 내 마음속에 뚜렷해질 때, 손해를 보거나 이익이 생겨도 마음이 흔들리지 않습니다. 삿짜빠라미가 되면 "이 진실은 움직이면 안 된다. 죽어도 좋다. 나를 죽이겠다면 죽여라. 나는 진실대로 하리라."라고 용감하게 맞서게 되는데 그것이 쉬운 일은 아니지요?

부처님께서는 빠라미를 하면서 동물로 태어나도 삿짜를 지켰습니다. 처음부터 모든 중생들의 행복을 찾아 주겠다는 마음으로 빠라미를 시작했기에 동물이 되어서도 삿짜를 잊지 않았습니다. 미래 생에 데와닷다가 될 사람이 산속에서 길을 잃어 헤매다가 절벽에서 떨어져 죽을 수밖에 없는 상황이었는데 그때 원숭이로 태어난 보살이 데와닷다를 구해 주었습니다. 원숭이는 다친 사람을 업고 절벽 위로 데리고 올라갔습니다. 다친 사람을 업고 절벽을 기어 올라가니 엄청나게 힘들었겠지요? 한참이 지난 후 그 사람은 완쾌되고 둘은 친해졌습니다. 서로 친해진 후 어느 날 원숭이가 그 사람 품에서 자고 있었는데 그때 갑자기 그 사람에게 나쁜 마음이 일어났습니다. 집에 갈 때 빈손으로 가는 것이 민망하니 원숭이를 죽여서 그 고기를 식구들과 같이 먹으면 좋겠다는 생각이 든 것입니다. 그래서 그는 돌을 가지고 원숭이를 죽이려고 머리를 쳤습니다. 원숭이는 깜짝 놀라서 도망갔는데 이미 머리는 깨져서 피가 났습니다. 그런데 도망가던 원숭이에게 삿짜를 지키려는 선한 생각이 들었습니다. '여기는 깊은 산중이라 저 사람은 자기 집을 못 찾을 것이다. 내가 끝까지 집에 갈 수 있도록 도와줘야지.'라고 생각하고는, 아픔을 참고 나무 위로 다니면서 머리에서 흐르는 핏방울로 땅에 길을 표시해 주어 그 사람이 마을까지 갈 수 있게 해 주었습니다.

삿짜는 이런 것입니다. 여러 사람들의 행복을 찾아주겠다고 서원을 세우고는 돌로 머리 한 번 맞았다고 마음을 바꾸면 안 되겠지요? 욕심이나 성냄에 따라 진실은 움직이면 안 됩니다. 칸띠빠라미로 끝까지 참고 삿짜빠라미를 지켜야 합니다. 보살은 비록 상처를 입어 피를 흘렸지만 칸띠로 참고 그 사람이 마을로 무사히 갈 수 있도록 안내해 주었습니다.

이렇게 칸띠(인내)가 삿짜(진실)를 뒷받침해 주고, 삿짜가 칸띠를 뒷받침해 줍니다. 그 사람이 내 머리를 때릴 때 참는 것은 인내이고, 나의 머리를 때려 화가 나지만 참고 끝까지 도와주는 것은 진실이 인내를 뒷받침하는 것입니다. 진실을 지키기 위해서 화나고 미워하는 마음을 다 참는 것입니다. 진실의 힘으로 인내를 잘할 수 있고, 인내가 있어서 진실을 잘 지킬 수 있습니다. 칸띠가 잘되기 때문에 중생들의 이익을 챙기겠다는 삿짜빠라미가 제대로 완성되는 것입니다.

여러 사람들의 행복을 찾아 주면서 욕먹을 때도 있습니다. 그것은 어쩔 수 없는 일입니다. 부처님께서는 그럴 때 이렇게 생각하면서 참았습니다.

'여러 사람들의 행복을 지켜 주는 것은 내가 원래부터 하려고 한 중요한 일이다. 그 일을 하는데 사람들이 잘 모르기 때문에, 혹은 자신들과 의견이 맞지 않기 때문에 나를 욕할 수도 있고 해치려고 할 때도 있다. 내가 가야 하는 길과 해야 하는 일을 내가 안다. 시간이 답이고, 시간이 약이다. 누가 뭐라고 말하든 힘들어하지 말자!'

이렇게 어려운 상황에서도 마음이 흔들리지 않는 것은 인내가 있기 때문입니다. 힘들어하지 말자고 스스로에게 다짐하고 끝까지 자기가 하려던 일을 해내는 것이 인내로 진실을 지키는 것입니다.

부처님께서는 이것이 어떤 사람에게 이익이 되면 다른 사람에게는 손해를 끼칠 수 있다고 하셨습니다. 즉 좋은 사람에게 좋은 이익이 될 때, 나쁜 사람에게는 그것이 손해가 될 수 있습니다. 그러면 나쁜 사람이 좋은 일을 욕하고 오해할 수 있겠지요? 그런 오해와 욕을 당해서도 마음이 전혀 흔들리지 않는 것이 칸띠입니다.

어떤 사람들은 힘들면 그 일을 그만하겠다고 합니다. 그것은 삿짜빠라미가 없는 것입니다. 삿짜는 한번 말했으면 움직이면 안 됩니다. 힘든 일이 일어날 때마다 그것을 참고 견디는 것은 칸띠이고, 끝까지 포기하지 않고 해내는 힘은 삿짜에서 나옵니다. 부처님께서는 삿짜빠라미와 칸띠빠라미로 계속 빠라미를 해 가야 한다고 하셨습니다. 이렇게 빠라미를 성공하려고 하면 칸띠와 삿짜가 아주 큰 역할을 합니다.

수행도 마찬가지입니다. 수행 중에 문제가 생겨 결국 수행을 포기하는 것은 삿짜빠라미가 약하기 때문입니다. 수행 지도자는 처음에는 수행 방법을 가르치지만, 다음에는 바른 마음가짐을 가르쳐야 합니다. 마음가짐이 바르지 않으면 수행해 봐야 소용이 없습니다. 수행의 기술을 가르치는 것은 쉽지만 수행자의 마음가짐을 바르게 만드는 것은 어렵습니다.

마음가짐을 바르게 만드는 매뉴얼이 빠라미입니다. 빠라미의 매뉴얼대로 수행하면 마음가짐이 바르게 됩니다. 마음가짐이 바르게 되어야 출세간으로 가는 수행이 됩니다. 빠라미가 안 되면 보시해도, 계율을 지켜도, 수행을 해도 윤회에서 빙빙 돌 뿐입니다. 수행하면서 어려움이 생기면 우리는 누구 탓이라고 화를 내는데 사실은 자신의 부족한 빠라미 때문이라고 알아야 합니다. 나의 부족한 빠라미에서 문제가 생기기 때문에 그것을 찾아서 보충해야 합니다. 부족한 빠라미가 탄탄하게 강화되면 다음에 똑같은 문제가 생겨도 영향을 받지 않습니다. 그러나 그렇게 하지 못하면 계속 거기서 당하게 됩니다. 그래서 십바라밀을 수행의 기본 매뉴얼로 삼으면 그 수행은 성공할 것입니다.

7) 아딧타나(결정)빠라미

삿짜빠라미 다음에 아딧타나빠라미입니다. 삿짜로 일관성 있는 가치관을 가지고 살아가면 삿짜(진실) 때문에 아딧타나(결정)빠라미가 생기게 됩니다.

"나는 이것을 위해서 살겠다. 이것이 내 삶이다. 이것이 진리이기 때문에 나는 이것을 위해서 죽을 수도 있다."

이런 식으로 삿짜를 통해서 아딧타나가 생기고, 또 아딧타나로 삿짜를 지키면서 서로서로 힘을 주고 있습니다.

석가모니 부처님께서 수메다 은자일 때 '내가 윤회의 바다를 건너가고, 모든 중생들도 윤회의 바다를 건너가도록 하리라. 내가 사성제를 깨닫고, 모든 중생들도 똑같이 사성제를 깨닫게 하리라. 내가 고통에서 벗어나고, 모든 중생들도 고통에서 벗어나게 하리라.'라고 마음먹고 결정을 내리셨는데, 그 결정을 부처님이 될 때까지 지켜오는 것도 삿짜와 아딧타나의 힘입니다. 삿짜빠라미가 있어서 그때 했던 말을 그대로 일관성 있게 끝까지 지키는 것입니다. 그렇게 끝까지 지킬 수 있는 힘이 아딧타나입니다. 중간 중간에 어려움들이 많이 있었을 것이고, 방해꾼도 많이 있었을 것이고, 또 스스로도 한 번씩 이상하게 왜곡될 때도 있었겠지만 그때마다 제자리로 돌아올 수 있었던 원동력이 삿짜빠라미와 아딧타나빠라미 덕분입니다.

여러분들도 깨달음의 길인, 고통에서 벗어나 행복해지는 이 길로 들어왔습니다. 들어오고 나서 변하지 않고 한결같은 마음으로 끝까지 갈 수 있으면 아주 좋습니다. 그러나 중간에 왜곡하고 불만스러워하고 사견을 가지는 일들이 있을 수 있습니다. 그때바다 삿짜와 아딧타나로 시작한 것을 기억하고 지키려고 하다 보면, 이번 생에서 다소 어려움이 있더라도 다시 제자리에 돌아오게 됩니다. 그러면 죽어서도 다음 생에 그 어떤 곳에 태어나더라도, 그 어떤 부모를 만나더라도 또 다시 제자리로 찾아오게 될 것입니다.

8) 멧따(자애)빠라미

아딧타나빠라미 다음에 멧따빠라미입니다. 우리가 결정을 내릴 때 욕심으로 내리는 결정이 있고 성냄으로 내리는 결정이 있습니다. 어느 때는 자만으로 결정을 내리기도 하지요. 그런데 그런 것은 서로서로 해치는 것뿐입니다. 그런데 자애로 결정을 내리면 그것만큼 든든한 것이 없습니다.

자애로 내린 결정은 오래가고 끝까지 갑니다. 왜냐하면 자애로 내린 결정은 지키기 쉽기 때문입니다. 자만과 욕심과 성냄으로 내린 결정은 깨지기 쉽지만, 자애로 내린 깨끗한 결정은 깨지지 않습니다. 자애가 결정을 다시 보장하고 있는 것이지요.

부처님께서도 처음부터 '부처가 최고이니 내가 부처가 되고 싶다.'는 마음으로 시작했다면 그 결정은 깨지고 부처가 되지 못했을 것입니다. 그런데 부처님은 처음부터 이 세상에서 최고가 되고 싶다는 마음으로 시작한 것이 아니었습니다. 끝없는 윤회 속에서 고통 받고 있는 중생들을 보면서 자비심으로 부처가 되겠다고 결정을 내렸기 때문에 끝까지 갈 수 있었던 것입니다. 이런 심리와 철학이 얼마나 묘하고 깊은지 이해하시겠습니까? 십바라밀의 관계를 공부해 보면 부처님이 왜, 어떻게 부처가 되었는지를 이해할 수 있습니다. 부처님이 되는 이유가 여기에 다 담겨 있습니다.

빠라미가 부족하면 일을 성공시키지 못합니다. 그런데 빠라미가 부족하다고 포기하면 우리는 영영 패배자가 됩니다. 부족할수록 또 채우려고 노력해야 합니다. 그래야 다음 생에는 빠라미가 보다 더 완벽해질 것입니다. 부처님도 그렇게 한 생 한 생을 만들어 가셨습니다. 조각하는 것과 똑같습니다. 나무로 조각할 때 필요 없는 부분을 다 깎아 내지요? 우리도 빠라미를 하면서 번뇌를 버리고 '깨달음'이라는 상으로 조각해 가는 것입니다. 나쁜 점을 버리고 좋은 점은 계속 쌓아 가면서, 마지막에는 완벽한 행복을 성취하는 것입니다. 부처님께서는 마지막에 '부처님'이라는 완성된 조각 작품이 나올 때까지 무수한 겁을 거쳐서 십바라밀을 해

오셨습니다. 우리도 마찬가지로 깨달을 때까지 십바라밀을 해야 합니다.
　멧따가 있어야 삿짜나 아딧타나를 잘 할 수 있습니다. 결정바라밀을 자애바라밀로 보장하면서 그 결정을 끝낼 때까지 진실을 지키면서 가야 합니다. 그때 욕심이나 성냄이나 자만으로 지키면 힘들어집니다. 그러나 자애로 지키는 것은 힘든 줄 모릅니다. 힘들고 어렵고 괴로울 때도 있고, 일이 잘 안 될 때도 있겠지만 내가 결정하는 대로 꾸준히 갈 수 있는 것은 자애바라밀이 있기 때문입니다. 잘 될 때도 뻐기지 않고 잘 안 될 때도 마음 약해지지 않고 한결같은 힘을 낼 수 있는 자애의 도움 때문입니다. 그래서 아딧타나빠라미 다음에 멧따빠라미를 말하는 것입니다.

9) 우뻭카(평정)빠라미

　멧따빠라미 다음에 우뻭카빠라미입니다. 우뻭카(평정)는 편들지 않고 중립을 지키는 것입니다. 그러면 자애 다음에 왜 평정이 중요한가요? 자애는 치우치기 쉽습니다. 자애가 조금만 치우치면 욕심이 됩니다. 그런 자애를 다시 균형 잡아 주는 것이 우뻭카입니다. 그래서 자애를 베풀면서도 그가 잘 되든 안 되든 항상 내 마음은 힘들지 않게 평정을 유지해야 합니다. '삽베 삿따 깜맛사까(sabbe sattā kammassakā, 모든 중생들은 자기 업의 주인이다)'로 바르게 알고 평정심을 유지해야 합니다.
　세상의 모든 일은 업을 따라 오는 것이지 내 뜻대로 되는 것이 아닙니다. 제일 좋고 잘되게끔 최선을 다하고 결과가 어떻게 나오든 받아들이고 만족해야 합니다. 그것은 우뻭카가 있을 때 가능합니다. 우뻭카가 없으면 욕심을 내면서 될 수 있는 것보다 더 되고 싶어 합니다. 원하는 대로 되지 않으면 불만족으로 화를 내게 되는데 그러면 고통밖에 없습니다. 자애를 열심히 베풀지만 기대치만큼 안 될 수도 있습니다. 그래도 되는 만큼 우리는 만족해야 합니다. 충분히 만족하려면 우뻭카를 할 줄 알아야 합니다. 우뻭카를 못하면 자애가 욕심으로 가게 됩니다. 그래서 모든 일에 최선을 다하지만 마지막 결과는 원인 따라 나온 결과라고 바르게 알아야 합니다.

우리가 열심히 일해도 성공하지 못하는 경우가 있습니다. 그것은 현재의 업이 충분해도 과거의 업이 부족하기 때문입니다. 그때도 편안하게 웃으면서 아주 맑은 마음으로 받아들일 줄 알아야 합니다. 어떻게든 결과가 나왔다면 일은 끝났습니다. 어떤 일의 원인과 조건이 그 정도이기 때문에 그런 결과가 나왔다고 알면 실망하거나 분노하거나 불만족 없이 이해하면서 받아들이게 됩니다.

내가 더 큰 결과를 바라고 있으면 욕심인 줄 알아야 합니다. 내가 분노하고 있으면 그것도 나의 욕심이 지나치기 때문이라고 알아야 합니다. 그렇게 아는 것이 요니소마나시까라(yonisomanasikāra, 현명한 주의력, 여리작의如理作意)이고 우뻭카의 힘입니다. 그래서 마지막에는 우뻭카빠라미로 모든 빠라미들을 중립시켜야 합니다.

우뻭카를 가지려면 무상·고·무아를 꿰뚫어 아는 위빳사나 지혜가 항상 있어야 합니다. 모든 것이 무상하다고 알고 있으면 결과를 받아들일 마음의 준비가 됩니다. 또 모든 것이 무아라는 사실을 알고 있으면 결과를 더 쉽게 받아들일 수 있습니다. '모든 것이 무아인데, 내 뜻대로 다 되는 것은 아니다. 나는 될 수 있는 조건을 맞춰 줄 수 있다. 모든 일이 내 뜻대로 되면 자아이지 무아가 아니다.'라고 바르게 생각하게 됩니다.

우리는 주어진 기간 안에 주어진 조건들을 제일 좋게 효율적으로 만들어서 거기서 나오는 이익을 모든 중생들에게 돌릴 수 있어야 하고 그런 일을 할 수 있는 것 자체가 행복해야 합니다. 그것을 하는 자체가 기쁨이고 더 이상을 바라지 않으면 뭐든지 아주 뿌듯하고 만족하게 됩니다.

우리가 보시하고 계율을 지키면서 수행할 때 이 십바라밀의 상관관계를 잘 생각하면서 하고 있으면, 우리가 하는 보시·지계·수행 공덕이 최고가 될 것입니다. 여러분들이 지금 여기 수행처에 와서 똑같은 시간과 똑같은 노력으로 똑같은 투자를 하고 있더라도 마음가짐과 지혜의 차이로 각자 가지게 되는 이익에는 엄청난 차이가 있을 수 있습니다. 또 한 개인을 보아도 매 순간 가지게 되는 마음가짐의 차이로 공덕은 엄청나게 다르게 움직입니다. 그래서 매 순간 빠라미가 되도록 할 줄 알면 여러분들의 공덕은 상상 못할 정도로 커질 것입니다.

이렇게 십바라밀의 상호 관계성을 다 이야기했습니다. 이것을 이야기하는 목적은 깨달음의 바탕이 무엇인지를 알고자 하는 것입니다. 열심히 수행하는데도 성과가 없다면 우리는 자신의 빠라미를 체크해야 합니다. 수행할 때 기본적인 마음이 빠히땃따찟따

(열반을 향하는 마음)가 되고 있는가? 자만이나 욕심이나 사견으로 수행하지는 않는가? 그런 마음들을 잘 살펴보아야 합니다. 그런 것을 모르면 수행의 길이 막힐 수가 있습니다.

지금 자신의 삶을 비춰 보면 자신이 가진 빠라미의 힘을 대략 짐작할 수 있습니다. 내가 채워야 하는 빠라미가 무엇인지 알아낼 수 있습니다. 십바라밀 중 약한 빠라미가 문제를 일으킵니다. 칸띠(인내)빠라미가 약하면 참지 못해서 문제가 생기고, 다나(보시)빠라미가 없으면 가난해서 수행하지 못하고, 실라(지계)빠라미가 없으면 병들어서 수행하지 못하고, 멧따(자애)빠라미가 부족한 사람은 미운 사람 때문에 수행하지 못합니다. 수행하지 못하게 되는 것이 우리는 다른 사람 탓인 줄 아는데 사실은 나의 문제입니다. 나의 부족한 빠라미가 내 수행을 가로막고 있다고 알고 자신의 빠라미를 심도 있게 연구하여 채워 가야 합니다. 십바라밀 공덕을 많이 모아야 그것을 바탕으로 번뇌를 소멸시키고 깨달을 수 있습니다.

6. 네 가지 실천 수행

십바라밀이 보디삼바라(bodhisambhāra, 깨달음의 조건들)입니다. 보디(깨달음), 삼바라(모든 재료, 모든 조건). 우리의 목적지인 네 가지 도와 네 가지 과, 그리고 열반이 보디입니다. 즉 열반을 알 수 있는 지혜가 보디이고 그 보디를 아는 자가 붓다입니다. 보디삼바라인 십바라밀을 어떻게 수행할 것인가? 그 방법이 삭깟짜바와나(sakkaccabhāvanā), 니란따라바와나(nirantarabhāvanā), 찌랑깔라바와나(ciraṁkālabhāvanā), 삽바삼바라바와나(sabbasambhārabhāvanā)입니다.

삭깟짜바와나는 정중하게, 공손하게, 성실하게, 철저하게 수행해야 하는 것입니다. 그냥 대충대충 하는 것이 아니고 아주 소중하게 여기면서 열심히 하는 것입니다. 우리가 루비나 다이아몬드같이 비싼 물건은 잃어버릴까봐 어디 놓고 갈까봐 주의합니다. 왜냐하면 아주 귀하고 소중하니까 잘 챙깁니다. 그러나 가치로 본다면 빠라미가 세상에서 최고의 보물로 모든 루비나 다이아몬드보다도 비싸고 귀합니다. 빠라미의 가치를 알고 아주 소중한 보물을 간직하듯이 존중하며 소중하게 마음에 새기면서 열심히 실천하는 것이 삭깟짜바와나입니다.

니란따라바와나는 중간에 끊어짐이 없이, 틈 없이 꾸준하게 하는 수행을 말합니다. 니(ni, 부정 접두어), 안따라(antara, 중간, 사이사이의 틈). 수행은 지속적으로 연속적으로 틈 없이 연결되게끔 해야 합니다.

찌랑깔라바와나는 오래도록 수행한다는 뜻입니다. 찌랑(오랫동안). 아주 소중히 여기며 열심히 하고 끊임없이 하는데, 하루 하다가 끝내면 안 되겠지요? 이틀 하다가 끝내고 일주일 하다가 끝내면 안 됩니다. 오래오래, 꽤 오래, 죽을 때까지 해야 합니다. 그리고 다음 생에 또 해야 하고 끝으로는 깨달을 때까지 해야 합니다. 그것이 찌랑깔라바와나입니다. 부처님께서는 네 아승지와 십만 겁 동안 십바라밀을 하셨습니다. 그렇게 하는 것이 찌랑깔라바와나의 의미입니다.

삽바삼바라바와나는 깨달음의 모든 조건들을 완벽하게 갖추면서 하는 수행을 말합니다. 삽바(모두), 삼바라(재료, 조건). 건물을 지으려면 벽돌, 철근, 목재 등의 재료들이 필요하듯이, 깨달으려면 보디삼바라라는 깨달을 수 있는 모든 조건들을 완벽하게 갖춰야 한다는 의미입니다. 그 조건이 십바라밀입니다. 삽바삼바라바와나를 하기 위해서는 보시도 해야 되고, 계율도 지켜야 하고, 출가도 해야 하고, 노력도 해야 하고, 지혜도 쌓아야 하고, 진실의 힘도 길러야 합니다. 이렇게 남김없이 다해야 하는 것이 삽바삼바라바와나의 의미입니다. 그래야 도에 이르게 됩니다.

부처님에게는 부족한 것이 하나도 없습니다. 왜냐하면 부족함이 있을 수 없는 이유가 다하셨고, 끝까지 하셨기 때문입니다. 보디삼바라라는 해야 하는 일을 하나도 빠짐없이 다해 왔기 때문에 싯닷타 태자로 태어나 출가하여 깨달을 수 있었습니다. Siddhattha(싯닷타)라는 이름 자체가 원하면 다 된다는 뜻입니다. 앗타(attha, 원하는 모든 이익과 일이), 싯다(siddha, 끝난). 부처님께서 싯닷타라는 이름에 맞는 결과를 받을 수 있었던 것도 해야 하는 삼바라를 다해 왔기 때문입니다. 부처님께서는 어떤 점을 봐도 뒤처지는 것이 하나도 없고 해야 하는 일을 완벽하게 다 하셨습니다.

우리도 하나에만 치우치면 안 되고 다 해야 합니다. 그래야 우리의 수행 길이 아주 순조롭고 편안하게 될 것입니다. 우리에게 다나(보시)빠라미가 부족하면 가난하기 때문에 수행하기가 힘들고, 실라(지계)빠라미가 부족하면 건강하지 못하기 때문에 수행하기가 힘이 듭니다. 닉캄마(출리)빠라미가 없으면 오욕락에 자꾸 빠져 벗어나지 못하기 때문에 수행하지 못합니다. 수행할 때 내게 부족한 빠라미에서 문제가 생기는 것입니다. 멧따(자애)빠라미가 약하면 화나는 일로 수행이 깨집니다. 지도자와 싸우거나, 아니면 수행자들끼리 싸우거나, 혹은 식당에 가서 봉사자들과도 싸우게 됩니다. 그런 식으로 화 때문에 수행이 깨지는 것이 자애가 부족해서 그렇습니다. 수행이 잘 안 될 때 다른 사람과 부딪히지 말고 외부 조건을 탓하지 말고 자신의 빠라미가 부족함을 알고 부족한 빠라미를 계속 채워야 삼바삼바라바와나가 완성되는 것입니다. 이 네 가지 바와나를 잘 해야 우리의 수행이 성공할 수 있음을 알고 열심히 실천하시기 바랍니다.

바와나(bhāvanā, 수행)는 많이많이 반복해서 모으고 되게끔 하는 것입니다. 바와나는 '부(bhū, 됨)'라는 단어에서 생겼는데 관찰하는 마음이 하나 생기고 또 하나 생기면서 계속되는 것을 의미합니다. '부(bhū)'는 '커짐 혹은 성숙함'의 의미도 있습니다. 그래서 바라밀을 실천하되 바라밀이 커져야 되고 많아져야 되고 성장해야 됩니다. 그래서 바와나는 반복 훈련한다는 의미가 있습니다. 많이 반복 훈련하면 어떻게 됩니까? 능숙해지지요? 그래서 바와나라는 단어 속에는 양적으로 많아져야 되고 질적으로 높아져야 한다는 뜻이 들어 있습니다. 여러분들도 수행을 그렇게 하면 됩니다. 좋은 마음을 한 번, 두 번, 세 번, 네 번…… 그렇게 양적으로 많아지게 하고, 또 질적으로 성숙해지도록 해야 합니다. 앞의 사띠보다 뒤의 사띠가 더 좋아져야 합니다. 앞의 사마디보다 뒤의 사마디가 더 좋아져야 합니다. 앞의 지혜보다 뒤의 지혜가 더 높아져야 합니다. 앞의 위리야보다 뒤의 위리아가 더 좋아져야 합니다. 신심도 더 좋아져야 됩니다. 그런 의미들이 바와나의 의미 속에 담겨져 있습니다.

7. 보살의 다섯 가지 원력

십바라밀은 고귀하신 분들이 하시는 일입니다. 지금부터는 고귀하신 부처님께서 십바라밀을 빠짐없이 완벽하게 할 수 있었던 마음의 원력이 무엇인가를 살펴보겠습니다. 부처님께서 부처가 되기 전 보살 때부터 얼마나 대단한 원력으로 사셨는지를 이해하면서 여러분들도 부처님만큼은 아니더라도, 나의 행복만을 위하는 좁은 마음과 이기적인 마음을 버리고, 내가 할 수 있는 만큼 가족과 친척과 이웃과 마을과 나라와 세계를 위하는, 넓고 큰 생각 속에서 자신의 빠라미를 완수하리라는 원력을 세울 수 있기를 바랍니다.

보살(bodhisatta보디삿따)이라는 말은 부처가 되기 전에 부처가 되려고 원력을 세우고 빠라미를 행하는 사람을 말합니다. 보살이라고 인정할 수 있는 여덟 가지 요소가 경전에 나와 있습니다.

보살의 여덟 가지 요소는 ① 사람이고 ② 남자이고 ③ 원하면 (부처님의 짧은 계송만으로) 바로 깨달을 수 있는 지혜가 구족되어 있고 ④ 부처님 재세 시에 부처님을 직접 만나야 하고 ⑤ 바른 견해를 지닌 출가자라야 하고 ⑥ 팔(八)선정과 오(五)신통을 갖추어야 하고 ⑦ 부처님께 수기를 받을 만큼 충분한 바라밀이 있어야 하고 ⑧ 아눗따라삼마삼보디(삽반뉴따붓다)를 성취하기 위한 강한 서원을 세우는 것입니다.

이 여덟 가지 요소를 갖출 때, 보살에게는 누가 뭐라고 말해 주지 않아도 스스로 마음속에 넘치는 다섯 가지 원력이 생깁니다. 보살은 이 원력으로 십바라밀을 하게 되고, 마지막에 붓다로서 깨달으면서 그 원력을 완성하는 것입니다.

'내가 부처가 되리라.'라고 원력을 세우는 것을 아비니하라(abhinīhāra, 서원, 원력)라고 합니다. 아비(최고)는 모든 것을 뛰어넘는다, 최고로 우수하다는 뜻입니다. 부처님만의 완벽한 지혜를 '삽반늇따냐나'라고 하는데, 그것은 모든 것을 다 아는 최고로 우수한 지혜를 말합니다. 모든 것을 다 아는 지혜는 부처님에게만 있고 다른 아라한들과 벽지불에게는 없습니다. 그래서 '아비'가 '삽반늇따냐나'를 의미합니다. 니하라(nīhāra)에서 하라(hāra)는 데리고 가거나, 보내거나, 모셔 가는 것을 말하고, 니(nī)는 향하여 간다는 뜻입니다. 따라서 '아비니하라'는 그 '삽반늇따냐나'를 향해서 마음을 보내 준다는, 즉 내가 부처가 되고 싶다고 원력을 세우는 것입니다. 그 원력을 다섯 가지로 표현하고 있습니다.

1) 붓도

Bddho so bhagavā bodhāya dhammaṁ deseti
붓도 소 바가와 보다야 담망 데세띠

부처님의 마음은 모든 중생들을 대상으로 대연민을 가진 아주 선한 마음입니다. 그들이 생로병사 삼세윤회에서 고통스럽게 사는 것을 보고 불쌍하다고 여기고 또 그들이 그런 삶이 고통이라는 사실을 모르는 어리석음에 빠져 있음이 너무 불쌍하다고 여기는 마음입니다. 그래서 디빵까라 부처님을 만난 보디삿따 수메다 은자는 바로 그 자리에서 깨달을 수 있었지만 모든 중생들에 대한 마하까루나(대연민)로 '붓도 보다야 담망 데세띠'라는 원을 세우는 것입니다. 붓도(내가 사성제를 깨닫고 나서), 보다야(내가 아는 사성제 진리를 모든 중생에게 알리기 위해서), 담망 데세띠(법을 설하리라). 즉 모든 중생들이 사성제를 알게끔 하리라. 이것이 부처님의 첫째 원력입니다.

'내가 부처가 되어야지.' 하는 것은 욕심이 아닙니다. '내가 사성제를 알아야 한다.'는 것도 욕심으로 하는 것이 아닙니다. 내가 사성제를 알고 나서, 모든 중생들도 이 사성제를 알게끔 가르쳐서, 그들이 행복해질 수 있도록 하겠다는 것입니다. 여기서 부처가 된다는 것이 중요한 것이 아니라, 부처가 되어야 중생들에게 진리를 가르쳐 줄 수 있다는 것입니다. 중생들이 사성세를 알고 윤회의 고통에서 벗어나기를 바라는 대연민심이 보살의 기본적인 마음바탕입니다.

부처가 되려고 하는 보살의 원력은 누가 가르칠 필요 없이 보살의 자격 여덟 가지만 갖추어지면 저절로 마음속에서 터져 나옵니다. 저절로 마음속에서 '붓도 보다야 담망 데세띠'가 나오면서 해야 하는 일을 알게 됩니다. 부처가 되리라는 수기를 받고 나면 보살들의 원력이 엄청나게 크기 때문에 이 원력을 채우려면 해야 하는 일이 십바라밀임을 저절로 알게 됩니다. 이때 보살의 지혜 속에 십바라밀이 순서대로 나타납니다.

다낭 실랑 짜 닉캄마 빤냐 위리야 빤짜망
칸띠 삿짜마딧타나 멧뚭 뻭카 띠마다사!

이렇게 십바라밀이 보살의 지혜 속에 나타나 선명해지는 것입니다. 그뿐만 아니라 이것을 하겠다고 스스로 결정하고 네 가지 바와나를 열심히 하여 십바라밀을 완성합니다. 이것을 보면 부처가 될 때뿐만 아니라, 보살의 마음일 때부터 진짜 대단한 마음입니다. 부처가 되려고 마음먹으신 수메다(Sumedhā) 은자 때부터 십바라밀의 보살행을 해오신 '보살'을 사랑하고 존경합니다. '붓도 보다야 담망 데세띠!' 이것이 부처님의 첫째 원력입니다.

2) 단또

Danto so bhagavā dammathāya dhammaṃ deseti
단또 소 바가와 담마타야 담망 데세띠

단또는 눈, 귀, 코, 혀, 몸 등의 모든 인드리야가 착해지고 예의바르게 되고 자유자재가 되게끔 하는 것입니다. 단또(잘 조련된다, 잘 길들여진다). 우리는 눈으로 보고 귀로 들으면서 탐·진·치 등등의 번뇌를 일으키는데, 그런 것은 예의가 바르지 않다고 말합니다. 여기서 말하는 예의는 일반적으로 말하는 예의와 조금 다르지요? 일반적으로 예의가 매우 바르다 해도 번뇌가 있다면 부처님께서 말씀하시는 완전한 예의는 아닙니다.

부처님께서 말씀하시는 예의는 번뇌가 완전히 없어지는 것을 말합니다. 언제 봐도 보는 것에 잘못이 하나도 없고, 언제 들어도 듣는 것에 잘못이 전혀 없는 것을 말합니다. 언제든지 눈과 귀와 코와 혀와 몸, 이런 것을 통해 생기는 번뇌를 다 이기는 것을 말합니다. 이기는 것을 '지나(jinā)'라고 하는데 그것은 불선업이 없어지는 것입니다. 눈, 귀, 코, 혀, 몸이 하는 모든 행동에 아무런 잘못이 없다는 뜻입니다. 그것이 '단따(예의)'입니다.

단따의 예는 산속에 사는 야생코끼리를 길들이는 것입니다. 야생코끼리는 단따가 없기 때문에 왕실에 데려갈 수 없습니다. 왕실에 가는 코끼리는 교육이 잘 되어 있어야 합니다. 교육이 잘 되어 있는 것이 단따입니다. 단따를 위해서 야생 코끼리를 일단 우리에 잡아넣고 훈련시킵니다. 코끼리 조련사가 훈련을 시키면 코끼리는 말을 아주 잘 듣게 됩니다. 왕이 나갈 때 크게 소리를 지르고 북을 치며 요란해도 놀라거나 도망치지 않고 걸음걸이를 아주 얌전하게 걷습니다. 전쟁터에서도 어떻게 해야 하는지 잘 압니다. 그런 식으로 교육받은 대로 할 수 있는 것이 단따의 의미입니다. 말도 마찬가지입니다. 훈련을 받지 못한 말은 제멋대로입니다. 그러나 훈련을 잘 받은 말은 어떻게 뛰어도 잘 뜁니다. 시키는 대로 네 발로 뛰기도 하고, 두 발로 뛰기도 하고 춤을 추는 것같이 뛰기도 합니다. 전쟁터에 나가서는 피하는 방법도 알고 앞으로 가고 뒤로 가는 등 이렇게 교육을 받아 절도 있게 잘하는 것이 단따입니다. 부처님께서도 스스로 교육하여 예의를 갖추고 나서, 모든 중생들을 교육시키고 예의 바르게 하기 위해서 법을 설하겠다는 것이 두 번째 원력입니다.

'단또 담마타야 담망 데세띠.' 부처님께서는 보살로서 단또가 되리라는 원력을 세우고 무수한 겁을 거쳐서 스스로를 계속 교육시켰습니다. 마침내 부처가 되어 스스로 단또가 되었습니다. 본인이 단또가 되니까 눈, 귀, 코, 혀, 몸 그리고 말로 하는 모든 것에 잘못이 없어졌습니다. 무엇을 하든지 나쁘지 않습니다. 담마 타야(그런 상태에서 우리 중생들을 교육시키기 위해서), 담망 데세띠(법을 설한다) 하십니다.

부처님께서 가르치는 교육을 받으면 중생들이 얼마나 착해지는지! 우리도 마찬가지이지요? 부처님을 만나고 부처님의 가르침을 들으면서 우리의 행동, 말, 생각들이 착하게 달라지는 것을 알 수 있습니다. 그것이 부처님의 '단또 담마타야'의 힘입니다.

우리는 부처님께서 보살일 때 이 원력을 세우면서 붓다가 될 때까지 걸어오신 길이 빠라미의 길임을 알아야 합니다. 십바라밀의 길이 이런 원력으로 시작됩니다. 부처님께서는 이 원력으로 해야 하는 십바라밀을 알게 되고, 이 원력으로 십바라밀을 하리라고 결정내리고, 이 원력으로 십바라밀을 완성하셨던 것입니다. 우리도 그렇게 마음먹고 해야 합니다.

3) 산또

Santo so bhagavā samathāya dhammaṃ deseti
산또 소 바가와 사마타야 담망 데세띠

산또는 불이 꺼지면서 시원해지는 것입니다. 산또(번뇌의 불이 다 꺼지면서 평온하고 평화롭다). 그래서 내가 번뇌를 다 소멸시켜 평화로워지고, 그 다음에 사마타야(모든 중생들을 평화롭게 하기 위해서), 담망 데세띠(법을 설한다) 하십니다.

부처님께서는 산또, 진짜 평화로운 분이 되기 위해서 엄청난 노력을 해오셨습니다. 보디삿따의 원력을 세울 때부터 부처가 될 때까지 무수한 겁을 거쳐서 이 산또를 해오셨습니다. 부처님께서는 아주 평화로운 자가 되시어 평온을 가진 후에 우리를 평화롭게 해 주기 위해서 가르칩니다. 우리는 부처님의 가르침으로 걱정·근심·성냄의 불이 꺼지고 욕심의 불도 꺼지면서 편안한 날들이 많아졌습니다. 부처님의 산또(평온함)는 단기적으로 편해지는 것이 아니고 깨달아서 오는 완벽한 평화로움입니다. 이것을 위해서 부처님께서 빠라미를 하셨던 것입니다.

행복(수카)도 단계별로 세 가지가 있습니다. 까마수카(오욕락의 행복)는 형상, 소리, 냄새, 맛, 남자, 여자 등을 좋아하면서 생기는 행복을 말합니다. 욕심으로 즐거운 오욕락이 까미수카입니다. 일반적인 범부의 행복이지요. 자나수카(선정의 행복)는 팔선정으로 범천이 되어 누리는 행복입니다. 마지막 산띠수카(열반의 행복)는 도와 과를 깨달아 성인(聖人)이 되어 누리는 닙바나(열반)의 완전한 행복입니다. 산띠수카는 번뇌의 열기가 완전히 식어 아주 시원한 행복입니다. 물질과 정신의 흐름이 멈추고 번뇌와 업이 완전히 소멸되어 나타나는 완벽한 평화로움이 산띠수카입니다. 산띠수카가 산또사마타야의 의미이고 이것이 부처님의 세 번째 원력입니다.

4) 띤노

Tiṇṇo so bhagavā taranāya dhammaṃ deseti
띤노 소 바가와 따라나야 담망 데세띠

띤노는 건너감이라는 말입니다. 윤회를 바다에 비유하여 31천이라는 윤회의 바다 이쪽에서 중생들이 지옥, 아수라, 아귀, 축생, 인간, 천신 범천으로 태어나고 죽는 것을, 물고기가 바다에서 이리저리 끌려 다니며 힘들게 떠다니는 것에 비유합니다. 중생들이 윤회 바다에서 힘들게 살고 있으면서 저쪽으로 건너가는 사람이 한 사람도 없습니다.

그래서 부처님께서 띤노(건너가시고), 따라나야(모든 중생도 윤회 바다를 건너가게 하기 위해서), 담망(법을), 데세띠(설한다). 이것이 부처님의 원력이고 그 원력대로 부처님께서 열반으로 건너가시고 우리도 열반으로 건너게 하기 위해서 이 삼장법을 45년 내내 가르쳤던 것입니다. 그것이 부처님의 네 번째 원력입니다.

5) 빠리닙붓도

Parinibbuto so bhagavā parinibbāṇāya dhammaṃ deseti
빠리닙붓도 소 바가와 빠리닙바나야 담망 데세띠

빠리닙붓도는 모든 번뇌의 불들을 꺼버리고 완전한 열반을 이룬 것을 말합니다. 닙붓도(불이 꺼짐), 빠리닙붓도(불이 완전히 꺼짐). 우리를 태우고 있는 번뇌의 불(탐·진·치·자만·질투·시기)이 완전히 꺼져 버리는 것이 빠리닙붓도입니다. 빠리닙바나야(모든 중생들의 번뇌 불을 끄기 위해서), 담망 데세띠(법을 설한다). 이것이 부처님의 마지막 원력입니다. 부처님께서는 빠리닙바나(열반)로 가셨습니다.

부처님의 빠리닙바나에는 세 가지가 있습니다. 35살 때 보리수나무 아래에서 처음 아라한의 도와 과를 얻었을 때는 낄레사빠리닙바나(번뇌의 열반)입니다. 그리고 마지막 80세 때 몸과 마음이 다 소멸한 것이 칸다빠리닙바나(오온의 열반)입니다. 그리고 이 세상에서 부처님의 가르침이 완전히 사라질 때 전 세계에 흩어져 있던 부처님의 사리들이 부처님께서 깨달음을 이루셨던 보리수나무 아래에 모두 모여 사라집니다. 그것을 사리라빠리닙바나(사리들의 열반)라고 합니다. 이렇게 되면 세계는 진리의 등불이 모두 꺼진 암흑시대가 됩니다.

이렇게 부처님께서는 본인이 빠리닙붓도가 되시어 번뇌의 불을 완전히 끄고 그 다음에 모든 중생들도 번뇌의 불을 완선히 끄도록 법을 설하리라는 원력을 세우면서, 무수한 기간 동안 십바라밀을 해오셨고, 또 그것이 완성될 때까지 하셨습니다. 이상이 보디삿따의 대단한 원력입니다. 부처님은 우리의 모범입니다. 우리는 이제 부처님의 은혜와 부처님께서 걸어왔던 길을 알고 따라가고자 합니다. 잘 따라 가려면 십바라밀을 기쁘게 열심히 실행해야 합니다.

8. 십바라밀과 부처님의 공덕

부처님의 아홉 가지 공덕 중에서 바가와와 아라한, 이 두 가지가 빠라미와 어떤 관계가 있는지를 이야기하겠습니다. 앗타까타[4](주석서)에 보면 바가와따와 아라하따를 잘 해석하고 있는데, 그 중에서 여러분들이 외우기 쉬운 것을 몇 가지 이야기하겠습니다.

paññāya paradukkhaparijānanaṃ
빤냐야 빠라둑카빠리자나낭
지혜로 남의 고통을 확실하게 알고

karuṇāya paradukkhappaṭikārārambho
까루나야 빠라둑카빠띠까라람보
연민으로 남을 고통에서 구해 준다

빤냐야(지혜로), 빠라(남의), 둑카(고통), 빠라둑카(남의 고통을), 빠리자나낭(확실하게 안다). 중생들이 생로병사 삼세윤회에서 얼마나 고통스러운지를 지혜로 아는 것입니다.
까루나(연민으로), 빠라둑카(남의 고통을), 빠띠까라람보(구하다). 연민으로 중생들을 고통에서 구해 주었습니다. 연민으로 중생들을 고통에서 구해 주고자 할 때 지혜가 없으면 성공하지 못하겠

---

4 Khuddakanikāye, Itivuttakaaṭṭhakathā 중 Ganthārambhakathā 중간 부분

지요? 부처님께서 연민과 지혜로 부처님의 길을 걸어오셨다는 것을 말하고 있습니다.

부처님의 바가와 공덕은 마하까루나(대연민)를 말합니다. 빠라미는 대연민과 지혜가 바탕에 깔려 있어야 할 수 있습니다. 부처님께서도 대연민과 지혜를 기본으로 두고 빠라미를 해왔기 때문에 마지막에 부처가 되어서 아홉 가지 공덕을 갖추게 됩니다. 아홉 가지 부처님 공덕에서 시작이 아라한이고 끝은 바가와입니다. 그것을 어떻게 해석하는가 하면 바가와가 마하까루나의 공덕이고 아라한이 빤냐의 공덕이라고 합니다.

부처님께 바가와 공덕이 있다는 것은 복이 많다는 뜻입니다. 거룩하다는 것은 선업 복덕이 조금의 부족함도 없이 크다는 것을 의미합니다. 부처님의 복덕이 왜 큰가요? 그것은 부처님께서 빠라미를 할 때 모든 중생들을 사랑하고 그들의 행복을 바라고 고통스런 그들에게 연민을 가졌기 때문입니다. 그런 복덕들이 다시 과보로 나타나니까 온 세상이 부처님 안으로 다 들어오는 것입니다. 부처님이 온 세상에 무량한 은혜를 베풀었기 때문에 부처님의 까루나(연민)와 부처님의 멧따(자애)를 받았던 온 세상이 부처님을 다시 모시게 되는 것입니다. 그리고 대연민만으로는 부처가 되지 않습니다. 우빠야꼬살라(지혜)가 있어야 됩니다. 부처님에게는 중생들의 고통을 없애고 행복하게 해 주는 우빠야꼬살라가 있었습니다. 이렇게 부처님께서는 까루나와 빤냐로 빠라미를 하셨기에 부처가 되어 아라한 공덕과 바가와 공덕을 갖추게 된 것입니다.

paññāya sayaṃ taraṇaṃ, karuṇāya paresaṃ tāraṇaṃ ;
빤냐야 사양 따라낭, 까루나야 빠레상 따라낭
지혜로 본인이 먼저 윤회의 바다를 건너가고 연민으로 남들도 윤회의 바다를 건너가게 한다.

빤냐야(지혜로), 사양(본인이), 따라낭(건너갔다). 부처님이 고통이라는 윤회의 이쪽 바닷가에서 열반이라는 저쪽 바닷가로 건너갈 때 본인의 지혜로 직접 건너가셨다는 말입니다. 까루나야(연민으로), 빠레상(남들을), 따라낭(건너가게 함). 연민심으로 남들도 윤회의 바다를 건너 자유를 찾게 해 준다는 말입니다. 부처님께서는 본인의 지혜로 윤회의 바다를 먼저 건너가시고, 연민으로 나머지 모든 고통스런 중생들을 윤회의 이쪽 바다에서 열반이라는 저쪽 바다로 건너가게끔 해 주셨습니다. 이것은 부처님의 빠라미 공덕을 합해서 설명하는데 여기에 아주 깊은 철학이 담겨 있습니다.

paññāya buddhabhāvasiddhi, karuṇāya buddhakiccasiddhi
빤냐야 붓다바와싯디, 까루나야 붓다낏짜싯디
지혜로 부처가 되었고, 연민으로 부처로 해야 하는 일을 다했다

빤냐(지혜로), 붓다바와싯디(부처가 되었다). 부처가 되기 위해 해야 하는 일을 지혜로 보고 다했다는 말입니다. 싯디(다 되었다, 끝나다), 붓다바와(부처님이 되다). 까루나야(연민으로), 붓다낏짜싯디(부처님이 해야 하는 일을 다한다). 붓다(부처님), 낏짜(하는 일), 붓다낏

짜(부처의 의무). 부처님의 의무를 까루나(연민)로 다했다는 말이지요. 연민과 지혜로 빠라미를 계속해 왔던 것이 마지막에 완성될 때 이런 식으로 알게 됩니다.

지혜로 부처가 되는데 그것은 본인의 삶이고, 연민으로 중생들을 행복하고 지혜롭게 만들어 주는데 그것은 부처의 의무입니다. 그래서 '빤냐야붓다바와싯디', 부처가 되기 위해 해야 하는 본인의 일을 지혜로 알고, 그리고 '까루나야붓다낏짜싯디', 부처로서 해야 하는 의무를 다하게 하는 것이 까루나입니다.

karuṇāya paraṃ rakkhanto attānaṃ rakkhati
까루나야 빠랑 락칸또 앗따낭 락카띠
연민으로 남을 챙기는 것이 곧 자기를 챙기는 것이다

paññāya attānaṃ rakkhanto paraṃ rakkhati
빤냐야 앗따낭 락칸또 빠랑 락카띠
지혜로 나를 챙기는 것이 곧 남을 챙기는 것이다

까루나야(연민으로), 빠랑(남을), 락칸또(지킴이, 보호함이, 챙김이). 앗따낭(본인을), 락카띠(지키다, 보호하다, 수호하다, 챙기다). 연민으로 항상 남을 챙기고 보호하면, 그것이 곧 자기를 보호하고 챙기는 것입니다. 빤냐야(지혜로), 앗따낭(본인을), 락칸또(보호하고 챙김), 빠라(남을), 락카띠(보호하고 챙기는 것이다). 지혜로 나를 챙기는 것이 곧 남을 챙기는 것입니다.

부처님께서는 언제 어디서 어떤 모습으로 태어났든 항상 남을 챙겼습니다. 사람이나 동물로 태어나도 항상 남을 잘 챙겼습니다. 부처님께서 전생에 사슴으로 태어나셨을 때의 이야기입니다. 어느 나라 왕이 사슴 고기를 좋아해서 사슴 사냥을 많이 했습니다. 불안에 떨던 사슴들은 회의를 하여 자진해서 하루에 한 마리씩 왕의 화살을 맞기로 했습니다. 어느 날 순서가 된 사슴이 임신을 한 상태라 대신할 사슴을 찾는데 아무도 없었습니다. 할 수 없이 임신한 사슴은 보살인 사슴 왕에게 가서 "제가 임신하고 있습니다. 제 순서를 한 번만 바꾸어 주세요."라고 말했습니다. 보살 사슴은 임신하고 있는 사슴을 살려 주기 위해서 자기가 대신 갔습니다. 이것이 '까루나야 빠랑 락칸또(불쌍하게 여겨 연민으로 중생들을 지키고 보호하는 것)'입니다.

그 다음 어떻게 됩니까? 그렇게 남을 보호하는 착한 일을 하니까 그것이 곧 '앗따낭 락카띠(나를 보호하는 것)'가 되었습니다. 왕은 자초지종을 다 듣고 감동을 받아 보살인 사슴을 살려주고 사슴 사냥을 아예 없애 버렸습니다. 이 이야기는 '까루나야 빠랑 락칸또' 자체가 '앗따낭 락카띠'라고 말하고 있습니다. 남을 보살피는 것이 선업이 되고 그 선업의 결과가 본인에게 다시 돌아온다는 말입니다. 좋은 결과를 바라든 바라지 않든, 돌아오는 것은 사실입니다. 바라지 않고 했기에 더 크게 돌아오겠지요.

부처님께서는 빠라미의 결과로 붓다가 되시어 바가와따(거룩하신 분) 공덕을 가지게 되었습니다. 부처님께서는 항상 연민의 마음으로 온 세상을 보호하고 챙겨 주셨습니다. 빠라미를 하면서 항상 연민으로 남을 먼저 챙겼기 때문에, 남을 보호하고 챙겨 주는 것 자체가 스스로를 보호하고 챙기는 것이 되었습니다. 무슨 말인가 하면 남을 챙기는 일도 좋은 일이고, 그리고 좋은 일을 하다보니까 나쁜 일을 할 시간이 없다는 겁니다. 나쁜 행동과 나쁜 말과 나쁜 생각을 할 기회가 없어졌습니다. 여러 사람들을 고통에서 벗어나 지혜롭고 행복하게 해 주기 위해서 자신의 온몸과 마음의 힘을 쏟아 붓기에 그것 자체가 바로 '앗따낭 락카띠'가 되어 부처가 됩니다. 그래서 '까루나야 빠랑 락칸또(연민으로 남을 챙기고 보호하는데)'가 '앗따낭 락카띠(그 선업의 과보로 결국 자신이 스스로를 보호하고 챙기는 것)'가 되더라는 말입니다.

그리고 지혜로운 자는 지혜가 있기 때문에 나쁜 일을 하지 않고 좋은 일을 하도록 스스로를 단련하며 훈련시키는데, 그것은 이번 생의 행복과 다음 생의 행복과 출세간의 행복이라는 과보를 수게 됩니다. 지혜롭기 때문에 자기가 자기를 잘 지키고 챙기는 것이지요. 그리고 내가 나를 지키고 잘 챙기는 사람은 남을 괴롭히거나 해치지 않습니다. 그래서 내가 착하고 지혜롭게 잘 사는 것 자체가 남을 보호하는 것이 됩니다. 이것이 빠라미입니다.

나를 챙기는 것이 남을 챙기는 것이고, 남을 챙기는 것이 나를 챙기는 것이라고 할 때, 남을 챙기는 것은 까루나(연민)로, 나를 챙기는 것은 빤냐(지혜)로 하는 것입니다. 그래서 까루나로 하는 일이 완성되려면 지혜가 필요합니다. 까루나는 있는데 빤냐가 없으면 하는 일을 성공시키지 못하고, 빤냐는 있는데 까루나가 없으면 사람을 이용합니다.

이렇게 볼 때 빤냐와 까루나가 서로서로 힘을 주고 있음을 알 수 있습니다. 그 두 가지가 조화롭게 되어야 빠라미가 됩니다. 즉 빠라미 저변에 깔고 있어야 하는 필수적인 조건이 바로 마하까루나(대연민)와 우빠야꼬살라(방편, 지혜)입니다.

karuṇāya paresaṃ avihiṃsanaṃ
까루나야 빠레상 아위힝사낭
연민으로 남을 해치지 않는다

paññāya sayaṃ parehi abhāyanaṃ;
빤냐야 사양 빠레히 아바야낭
지혜로 나는 남을 두려워하지 않는다

까루나야(연민으로), 빠레상(남들을), 아위힝사낭(잔혹하게 괴롭히지 않는다, 고문하지 않는다). 연민으로 남을 해치지 않는다는 말입니다. 연민이 있는 사람은 남에게 고통을 주지 않고, 남에게 상처 주지 않고, 남을 해치지 않습니다. 이것이 부처님께서 걸어오셨던 길입니다.

빤냐야(지혜가 있기 때문에), 사양(자기 자신은), 빠레히(남들에게서 오는), 바야(위험이), 아(없다), 아바야낭(무섭거나 두렵지 않다). 내가 지혜롭기 때문에 누가 나를 해치지 못한다는 말입니다. 나 자신이 용기가 있고 힘이 차 있고 지혜롭게 살기 때문에 다른 사람이 나에게 위험을 주어도 나는 두려운 것이 하나도 없다는 말입니다. 자신은 남을 괴롭히지 않지만 남이 자신에게 고통을 줄까봐 두려워하는 사람들이 있습니다. 그것은 지혜가 없기 때문입니다. 연민은 있지만 지혜가 없는 사람은 남을 도울 수는 있지만 용기가 없어서 스스로를 보호하지 못합니다. 반면에 지혜가 있는 사람은 다른 사람들로부터 오는 위험이 전혀 두렵지 않고, 자신의 지혜로 잘 대응하여 스스로를 지키고 보호할 수 있습니다. 무섭다거나 두렵다는 것은 용기가 없고 지혜가 없다는 말입니다. 지혜가 있는 자는 무서워하거나 두려워하지 않습니다. 어떤 어려움도 지혜로 다 이겨냅니다.

'까루나야 빠레상 아위힝사낭, 빤냐야 사양 빠레히 아바야낭' 대단한 말이지요? 부처님께서는 이런 길을 걸어 오셨습니다. 우리도 세상을 그렇게 살아야 합니다. 부처님께서 이 세상에 어떻게 오셨다 가셨는지 그 길을 바라보고 살면, 우리에게도 부처님의 용기와 지혜의 힘이 들어오게 됩니다.

karuṇāya lokanāthatā, paññāya attanāthatā;
까루나야 로까나타따, 빤냐야 앗따나타따;
연민으로 세상의 의지처가 된다, 지혜로 본인의 의지처가 된다

까루나야(연민으로), 로까(세상의), 나타따(의지처가 된다). 연민으로 세상의 의지처가 됩니다. 부처님을 '나타'라고 합니다. 로까나타(세상의 의지처)는 세상의 으뜸이라는 말입니다. 부처님을 왜 세상의 으뜸이라고 합니까? 중생들을 사랑하기 때문입니다. 부처님께서는 온 세상의 중생들을 사랑하기 때문에 온 세상의 '나타'가 되는 것입니다. 온 가족을 사랑하는 아버지가 그 가족의 나타가 되고, 온 나라를 사랑하는 왕이 그 나라의 나타가 되고, 만 개 우주를 사랑하는 부처님께서는 만 개 우주의 나타가 되는 것입니다. 이렇게 부처님께서는 중생들을 연민으로 사랑하여 그들의 고

통을 없애고 행복을 주려고 빠라미를 쌓으며 살아오셨기 때문에, 로까나타가 되는 것입니다.

빤냐야(지혜로), 앗따(스스로), 나타따(의지처가 된다). 지혜로 본인이 스스로의 의지처가 된다는 말입니다. 부처가 되어 최고의 사람이 되면 부처는 누구를 의지하겠습니까? 이 세상에서 최고인 사람은 다른 사람을 의지할 수가 없습니다. 스스로 깨달아 부처가 되는 것 자체가 본인이 의지처가 되는 것입니다.

우리는 주변 사람들의 의지처가 되게끔 항상 연민을 베풀어야 하고, 자신은 스스로의 지혜로 살아가야 합니다. 나의 지혜가 나의 의지처가 되는 것이지요. 이때 '내'가 나의 의지처가 아니고, '나의 지혜'가 나의 의지처입니다. 여기서 앗따는 자아를 말하는 것이 아니고, 나의 법, 나의 깨달음, 나의 지혜, 나의 바른 견해를 말합니다.

'앗따 디빠 까리야타(atta dīpa kariyātha, 자신의 섬을 만들라).'라는 법문이 있는데 이때 앗따는 담마(법)입니다. 그런데 이것을 모르는 어떤 서양 불교학자가 부처님께서 앗따(자아)를 받아들이고 믿는다고 하였는데, 참으로 부끄러운 말입니다. 여기서 앗따는 본인이 깨달은 법을 말하는 것이라고 분명히 알아야 합니다. 이렇게 까루나와 빤냐를 통해서 부처님께서 아라한과 바가와라는 공덕을 가지게 되는데 이것이 원인과 결과임을 잘 이해하시기 바랍니다. 그 중에 여러분들에게 강조하고 싶은 구절은 이것입니다.

까루나야 빠랑 락칸또 앗따낭 락카띠,
빤냐야 앗따낭 락칸또 빠랑 락카띠.

이 말은 우리가 어떻게 살아야 하는가라는 질문에 아주 핵심적으로 답하고 있습니다. 우리가 까루나로 남을 보호하고 챙기며 사는 일이 무엇인가요? 다른 사람을 올바르게 가르치고 다른 사람을 도와주며, 봉사하고 여러 사람의 행복과 이익을 찾아 주는 일들입니다. 만약 그렇게 하고 있는 중이라면 그 자체가 스스로를 보호하고 있는 것도 됩니다. 또 빠라미를 하고 계율을 지키며 수행으로 스스로를 지혜롭게 챙기고 있으면, 그것 자체가 남을 챙기고 있는 것이 됩니다. 지혜로운 자의 삶은 남을 해치지 않습니다. 그래서 내가 바르게 살고 있는 것 자체가 다른 사람에게 모범이 되어 남을 챙기는 것이 되는 것입니다.

자기 자신을 챙김이 남을 챙기는 것이고 남을 챙기는 것이 자신을 챙기는 것이라고 하시며, 그러면 어떻게 챙길 것인가를 부처님께서 상윳따니까야에서 다음과 같이 말씀하고 계십니다. (SN47:19 상윳따 니까야 5권 세다까 경)

Attānaṃ, bhikkhave, rakkhanto paraṃ rakkhati
앗따낭, 빅카웨, 락칸토 빠랑 락카티
비구들이여, 자기 자신을 챙김이 남을 챙기는 것이고

paraṃ rakkhanto attānaṃ rakkhati
빠랑 락칸토 앗따낭 락카띠
남을 챙김이 자신을 챙기는 것이다

빅카웨(비구들이여), 앗따낭(자기 자신을), 락칸또(보호하고 챙기는 것이), 빠랑(남을), 락카띠(보호하고 챙기는 것이다). 빠랑 락칸또(남을 보호하고 챙기는 것이), 앗따낭(자기 자신, 나를), 락카띠(보호하고 챙기는 것이다). 즉 나를 챙기는 것이 남을 챙기는 것이고, 남을 챙기는 것이 나를 챙기는 것이라는 말입니다.

이 말씀을 하게 되는 배경이 있습니다. 서커스단이 공연을 하는데 위험한 장면이 나옵니다. 뾰쪽한 대나무 위로 머리를 대고 물구나무를 서서 올라가고 그 위로 또 사람이 올라가는 공연인데, 잘못하면 나무 끝에 머리가 찔려 죽을 수가 있습니다. 그러면 둘 다 다칠 수 있습니다.

그런 상황에서 스승이 제자에게 말하였습니다.

"네가 나를 잘 지켜라. 그러면 나도 너를 잘 지켜 줄께."

즉 네가 나를 잘 지키면 나도 너를 잘 지켜 주겠다는 말이지요. 서로서로 상호작용하는 일이기 때문에 스승이 제자에게 그런 주의를 주었습니다. 제자가 그 말을 듣고 다시 말하였습니다.

"스승님은 스승님만 잘 챙기세요. 저도 저를 잘 챙기겠습니다."

그러면 그 두 사람 말 중 누구의 말이 일리가 있습니까? 부처님께서는 제자의 말이 옳다고 하셨습니다. 제자의 말은 '내가 나를 잘 챙기면 나도 다치지 않고 스승도 다치지 않는다.'라는 것입니다. 즉 내가 나를 챙기는 것이 스승을 챙기는 것과 똑같다는 말입니다. 스승의 말은 '네가 나를 챙겨 주면 나도 너를 챙겨 주겠다.' 이런 말입니다. 그러나 이 말은 잘못되었다고 부처님께서 말씀하셨습니다. 각자 자기 위치에서 맡은 바 임무에 충실하고 완벽하면 아무런 문제가 없게 됩니다.

Attānaṃ, bhikkhave, rakkhissāmīti
앗따낭, 빅카웨, 락킷사미띠
비구들이여, 자기 자신을 챙기고 싶다면

satipaṭṭhānaṃ sevitabbaṃ;
사띠빳타낭 세위땁방
사띠빳타나 수행을 열심히 꾸준히 해야 한다

paraṃ rakkhissāmīti satipaṭṭhānaṃ sevitabbaṃ
빠랑 락킷사미띠 사띠빳타낭 세위땁방
남을 챙기고 싶어도 사띠빳타나 수행을 열심히 꾸준히 해야 한다

앗따나(본인을), 빅카웨(비구들이여), 락키사미띠(챙기고 싶으면, 지키고 보호하고 싶으면), 사띠빳타나(사띠를 확립시키는 수행을), 사띠(잊지 않음), 빠(확실하게, 가까이 딱 붙여서), 타나(둔다, 놓다). 세위땁바(꾸준히 빠짐없이 해야 한다), 빠랑(남을).

여러분들이 하고 있는 것이 사띠빳타나(사띠를 확립시킴) 수행이지요? 부처님이 스스로를 보호하고 챙기는 것이 남을 보호하고 챙기는 것이라고 할 때, 스스로를 보호하고 챙기는 것이 무엇인가요? 바로 사띠빳타나 수행을 하는 것입니다. 그것이 내가 나를 보호하고 챙기는 것이고 또 남을 보호하고 챙겨 주는 것입니다. 지금 여러분들이 수행하고 있는 것과 비교해 보면 그 의미가 똑같다는 것을 이해하실 것입니다.

Kathañca, bhikkhave, attānaṃ rakkhanto paraṃ rakkhati?
까탄짜, 빅카웨, 앗따낭 락칸또 빠랑 락카띠?
비구들이여, 그러면 어떻게 자기 자신을 보호하면서 남을 보호하는가?

Āsevanāya, bhāvanāya, bahulīkammena
아세와나야, 바와나야, 바훌리깜메나
(네 가지 마음 챙김의 확립을) 반복해서 많이많이 그리고 지속적인 실천 수행을 통해서이다

evaṃ kho, bhikkhave, attānaṃ rakkhanto paraṃ rakkhati
에왕 코 빅카웨, 앗따낭 락칸또 빠랑 락카띠
비구들이여, 이와 같이 자기 자신을 보호하면서 남을 보호한다

Kathañca, bhikkhave, paraṃ rakkhanto attānaṃ rakkhati?
까딴짜, 빅카웨, 빠랑 락칸또 앗따낭 락카띠?
비구들이여, 그러면 어떻게 남을 보호하면서 자기 자신을 보호하는가?

Khantiyā, avihiṃsāya, mettācittatāya, anudayatāya
칸띠야 아위힝사야, 멧따찟따야, 아누다야따야
인내와 해코지 않음과 자애와 연민을 통해서이다

evaṃ kho, bhikkhave, paraṃ rakkhanto attānaṃ rakkhati
에왕 코, 빅카웨 빠랑 락칸토 앗따낭 락카띠
이와 같이 비구들이여, 남을 보호하면서 자기 자신을 보호한다

본인을 지킬 때는 지혜로 챙기고, 남을 챙길 때는 인내(칸띠)와 해코지하지 않음(아위힝사)과 자애심(멧따찟따)으로 연민심(아누다야)으로 하라고 하십니다. 내가 남을 챙길 때는 인내를 가지고 해야 남을 챙겨 주는 것이 됩니다. 아위힝사(남을 괴롭히지 않는 것, 남에게 상처 주지 않는 것, 남을 공격하지 않는 것), 멧따(자애), 아누다야(연민), 이것들이 남을 챙기는 것입니다.

Attānaṃ, bhikkhave, rakkhissāmīti satipaṭṭhānaṃ sevitabbaṃ
앗따낭 빅카웨 락킷사미띠 사띠빳타낭 세위땁방
비구들이여, 자기 자신을 잘 보호하고 챙기려면 사띠빳타나 수행을 꾸준히 열심히 해야 한다

paraṃ rakkhissāmīti satipaṭṭhānaṃ sevitabbaṃ
빠랑 락킷사미띠 사띠빳타낭 세위땁방
남을 잘 보호하고 챙기려면 사띠빳타나 수행을 꾸준히 열심히 해야 한다

부처님께서 비구들에게, 자기 자신을 잘 챙겨 지혜로 깨달으면 그것이 곧 남을 챙기는 것이고, 연민으로 남을 잘 챙기면 그것이 바로 나를 챙기는 것이다. 그리고 내가 나를 잘 보호하고 챙기

려면 사띠빳타나 수행을 빠짐없이 꾸준히 해야 하고, 남을 잘 보호하고 챙기려면 역시 사띠빳타나 수행을 빠짐없이 꾸준히 해야 한다고 말씀하십니다. 내가 나를 챙기든, 내가 남을 챙기든, 사띠빳타나 수행을 열심히 꾸준히 하는 것이 최고라고 하십니다. 사띠빳타나 수행을 열심히 실천하고 있으면 내가 나를 챙기게 되는 동시에 내가 남을 챙기는 것입니다. 사띠빳타나 수행을 열심히 꾸준히 함으로써 십바라밀을 완성하여 깨달음을 성취하는 것이 나를 챙기는 동시에 남도 챙기는 것입니다.

십바라밀을 까루나와 빤냐로 열심히 하다 보면 마침내 십바라밀이 완성되어 우리가 진짜 원하고 있는 완벽한 행복을 성취할 수 있게 됩니다. 우리는 그런 믿음과 결정력으로 십바라밀을 끝까지 해야 합니다. 수행을 열심히 하는데 잘 안 되고 힘들 때가 있다면 십바라밀에서 뭔가 부족함이 있을 겁니다. 그것을 찾아내어 채워 주면 수행 길이 아주 순조롭게 됩니다. 환경이나 남을 탓하며 헤매지 말고 문제의 핵심인 십바라밀에서 해결책을 찾기 바랍니다.

수행을 가르친다고 할 때 기술적인 방법을 가르칠 수 있습니다. 그러나 깨달음으로 가는 지름길은 개개인의 빠라미의 힘입니다. 자신의 충분한 빠라미의 힘으로 깨달음으로 가는 것입니다. 따라서 부족한 빠라미를 채우는 것은 아주 중요한 일입니다. 깨닫느냐 깨닫지 못하느냐는 수행자 개개인의 빠라미의 완성도에 의존한다는 것을 꼭 명심하기 바랍니다.

이번 생에 인간으로 태어나서 부처님을 만나고 부처님 법을 만나서 신심을 갖추었다면 과거의 빠라미는 충분히 갖추었다고 볼 수 있습니다. 여기에 이번 생에 해야 하는 빠요가빠라미가 있어야 합니다. 과거의 빠라미가 부족하지 않았기 때문에 여러분들은 인간으로 태어나서 정법을 만나고 신심을 갖추었습니다. 정법을 만나도 신심을 갖지 못하는 사람들이 많습니다. 신심을 갖는 것 자체가 여러분들의 빠라미가 충분하다고 할 수 있는 것입니다. 그렇지만 마지막 생에서도 빠라미 부족이 있을 수 있습니다. 그것 때문에 힘든 사람들이 있습니다. 그 힘든 부분을 우리가 순조롭게 지나가려면, 자신에게 무슨 빠라미가 부족한가를 찾아야 합니다. 부족한 부분을 차근차근 채우는 것이 아주 중요하며 마지막 과정인 것입니다. 약을 세 번 먹어야 되면 세 번 잘 챙겨 먹어야 합니다. 두 번만 먹으면 몸 안에 좋지 않은 병균이 더 강해진다고 하지요? 그런 의미입니다. 평생 윤회하면서 빠라미를 해왔는데, 마지막 생일지도 모르는 이생에서 빠요가빠라미(payogapāramī)가 부족하면 또 다시 윤회해야 합니다. 빠요가빠라미는 현재 업을 말하고 있습니다. 이것이 제일 중요합니다. 사람은 '때'와 '장소', '방법'을 잘 알아야 성공할 수 있습니다.

   우리는 빠요가빠라미를 완성시키기 위해서 네 가지 바와나를 잘 실천해야 합니다. 십바라밀을 네 가지 바와나로 잘 실천하여 빠요가를 완벽하게 해야 마지막 생에서 도와 과를 성취할 수 있음을 기억하고 열심히 십바라밀 수행을 하시기 바랍니다.

9. 사무량심

우리는 태어나서 지금까지 무엇을 찾고 있는가? 나의 인생을 어디에 투자하고 있는가? 우리는 가치 있는 것을 찾고자 하고 또 자신이 가치가 있다고 생각하는 곳에 인생을 투자합니다. 그러면 우리가 진짜 찾아야 하는 것이 무엇인가요?

우리는 살아가면서 모두 행복해지고자 합니다. 삶을 살아가는 데에 목표 설정이 아주 중요하지요? 우리의 목표는 행복입니다. 그래서 행복해지기 위해서 여러 가지 선업을 하게 되는데 그때 어떤 마음으로 선업을 하는가가 중요합니다. 우리는 선업을 하더라도 오로지 닙바나(열반)로 향하는 마음으로 해야 합니다. 보시하면 스님들께서 축원하면서 "닙바낫사 빳짜요 호뚜(이 선업 공덕이 생로병사 삼세 윤회 모든 고통에서 벗어나 닙바나 성취하는 데 밑거름이 되기를)!"라고 하지요? 평소에도 이런 마음가짐으로 선업을 하는 것이 매우 중요합니다. 선업을 할 때마다 닙바나로 향하는 의지가 강하면 죽어서 다시 태어나도 그 의지를 놓지 않습니다. 그렇게 삶의 목표 설정이 확실해집니다.

부처가 되기 전 보살께서는 빠라미행을 할 때 동물로 태어나도 빠라미에 대한 의지를 잃어버리지 않았습니다. 이렇게 부처님이 살아가셨던 길을 보면서 우리가 계속 잡고 가야 하는 것이 무엇인지, 놓아 버려야 하는 것이 무엇인지를 알 수 있습니다. 놓아 버려야 하는 것을 잡고 있고, 잡고 가야 하는 것을 버리고 가는 어리석은 삶을 살지 않기 위해서 우리는 열반을 향한 강력한 의지를 가져야 합니다. 그러면 언제 어디서 태어나더라도 헤매지 않습니다.

　우리가 했던 선업과 불선업으로 윤회하게 되지만, 즉 선업으로 인간·천신·범천으로 태어나고 불선업으로 사악처에 떨어지지만, 우리는 그 어디에 태어나더라도 "닙바낫사 빳짜요 호뚜!" 이런 마음을 잃어버리지 않겠다는 목표 설정이 아주 뚜렷해야 합니다. 닙바낫사(열반의), 빳짜요(조건이), 호뚜(되기를)! '닙바낫사 빳짜요 호뚜!'라는 마음을 계속 쌓아 가다 보면 부처님께서 수행의 기본자세로 말씀하시는 '위네이야 로께 아빗자 도마낫상(vineyya loke abhijjhā domanassaṃ, 세상에 대한 욕심과 성냄을 버리고 수행한다)'의 마음을 이해하게 됩니다. 위네이야(버린다), 로께(세상, 오온), 아빗자(욕심), 도마낫상(성냄, 불만족, 괴로움). 우리는 수행하면서 점점 욕심도 없어지고 성냄도 없어집니다.

　세상이 요동칠 때마다 내가 따라서 요동치고 있으면 우리는 행복할 수 없습니다. 세상(오온)은 조건 따라 일어나 사라지고 있는데, 그에 따라 내가 춤추고 있으면 나만 힘들게 된다는 것이지요. 세상이 어떻게 되든 오만하거나 실망하지 않고 세상(오온)을 어떻게 보고 수행해야 하는지를 알게 되는 그 마음이 바로 '위네이야 로께 아빗자도마낫상'입니다.

　선업을 할 때마다 항상 세상에 대한 욕심과 성냄을 내려놓는다고 삶의 의욕이 없어지는 것은 아닙니다. 욕심과 성냄을 내려놓으면 오히려 세상을 대하는 나의 마음이 '자비희사(慈悲喜捨, 사무량심)'가 됩니다. 우리가 무아를 머리로만 생각하니까 '내가 없으면 선업을 해도 공덕을 받을 사람이 없는데, 선업을 한다는 것이 무슨 소용인가?'라고 잘못 생각합니다. 무아를 체득하면 오온의 실체를 알고 선업을 하는 것도 대가를 바라지 않고 할 수 있습니다. 그냥 챙겨 주고 행복하게 해 주고 보호해 주고 유익하게 해 주고 싶어지는데, 그것이 바로 '자비희사'의 마음에서 나타나는 것들입니다.

사무량심(四無量心, cattāriappamāṇacittāni짯따리압빠마나찟따니)
① 자무량심(慈, mettā appamāṇacitta멧따 아빠마나찟따)
② 비무량심(悲, Karuṇā appamāṇacitta까루나 아빠마나찟따)
③ 희무량심(喜, muditā appamāṇacitta무디따 아빠마나찟따)
④ 사무량심(捨, upekkhā appamāṇacitta우뻭카 아빠마나찟따)

무량(appamaññā압빠만냐)은 대상이 헤아릴 수 없이 많다는 뜻입니다. 그래서 사무량심은 모든 중생들을 대상으로 삼아 일어나는 마음입니다. 내 남편, 내 부인, 내 딸, 우리나라가 아니고 '모두가 하나'라는 마음을 가집니다. 무량은 벽이 허물어져 나와 너의 구분이 없는 '한계가 없음'입니다. 나의 행복이 너의 행복이고, 너의 고통이 나의 고통이 되어 결국 서로서로를 위하고 아껴 주고 보살피는 마음이 되는 것입니다.

자무량심은 모든 중생을 기쁘게 해 주려는 자애의 마음이고, 비무량심은 고통 받는 모든 중생들이 고통에서 벗어나기를 바라는 연민의 마음이고, 희무량심은 타인의 공덕과 잘되는 모든 것을 함께 기뻐하는 수희의 마음이고, 사무량심은 모든 중생들이 잘되기를 바라지만 모든 존재들은 자기 업대로 사는 것이라고 알고 평정심을 가지는 것입니다. 그래서 자애와 연민과 수희로 베풀 수 있는 것을 다 베풀고 마지막에는 평정심으로 본인의 마음을 고요하게 지켜야 합니다. 업에 대한 견해를 바르게 가지면 평정심을 가지기 쉽습니다.

항상 자아(自我)의 입장에서 보고 있는 사람은 무아의 의미를 절대로 이해할 수 없습니다. '무아로 가면 못 살게 된다, 무아로 가면 삶의 의욕이 떨어진다.'라고 잘못 아는 사람들이 종종 있는데, '무아'의 마음이 커질수록 우리의 마음속에는 네 가지 무량심이 커집니다. 무아를 체득하면 범천의 성향이 나타나고, 아상이 커질수록 동물의 성향이 강해집니다. 인간은 동물과 범천의 성향을 함께 가지고 있습니다. 그래서 우리가 행복해지기 위해서는 동물의 성향을 줄여야 하고 범천의 성향을 강화시켜야 합니다.

무아의 정신과 함께 생로병사 모든 고통에서 벗어나 닙바나로 향하고 있는 마음은 세상에 대한 욕심과 성냄을 내려놓을 수 있게 합니다. 세상에 대한 욕심과 성냄을 내려놓을수록 아상이 깨지고, 아상이 깨질수록 모두가 하나라는, 더불어 잘 살아야 한다는 정신이 나타나게 되는 것입니다.

우리는 이 세상을 초월하지 않고서는 다음에는 이 세상에서 도망칠 수가 없습니다. 도 지혜가 없다면 세상에서 도망친다 한들 세상 속입니다. 즉 출세간법 없이 세상을 벗어났다면 그것은 거짓말이거나 착각이라는 말이지요. 이와 같이 우리는 세상을 피할 수 없이 만나야 하는데 그때 어떤 자세로 임할 것인가를 아는 것이 매우 중요합니다.

우리는 세상을 '자비희사'로 대할 수 있어야 하고 또 그렇게 되도록 많이 훈련해야 합니다. 그 훈련이 바로 부처님의 가르침계·정·혜를 실천 수행하는 것입니다. 몸으로 나쁜 일을 하지 않고 좋은 행동을 하게끔, 입으로 나쁜 말을 하지 않고 좋은 말만 하게끔 계율로 훈련시킵니다. 마음으로 정(定, 선정)을 키우는 사마타 수행을 하여 번뇌가 일어나지 않도록 훈련시킵니다. 그리고 위빳사나 수행으로 어리석지 않고 지혜를 증장시키도록 훈련시킵니다. 이렇게 계·정·혜를 훈련시키고 있는 이유가 바로 '자비희사'로 살 수 있는 사람이 되기 위함입니다. 즉 범천의 성향을 가지고 살려고 하는 것이지요. 계·정·혜를 닦아 번뇌를 씻어 내면 아상이 깨지고 무아의 정신이 드러나게 되고, 그로 인해 세상이 하나가 되고 우주가 하나가 되고 모두가 하나가 됩니다. 그러면 너의 행복이 나의 행복이고 너의 고통이 나의 고통이 되니 아주 자연스럽게 '자비희사'가 됩니다. 아상을 버릴 때 더 이상 애쓸 필요 없이 자연스럽게 나타나는 현상이 바로 '사무량심(자비희사)'입니다.

10. 열 가지 복 짓는 법

세상을 '자비희사'로 대할 때 우리가 무조건 하게 되는 열 가지 일이 있습니다. 이것을 '열 가지 복 짓는 법'이라고 합니다.

첫째, 다나(dāna, 보시)입니다. '자비희사'가 일어나면 내가 가진 것들을 필요로 하는 사람들에게 언제든지 줄 수 있습니다. 내가 줄 수 있는 것을 주는 것이지 남의 것을 빼앗아서 주는 것은 아닙니다. 내가 주지 못하는 것을 어떻게 줍니까? 내가 가진 것 중에 내가 줄 수 있는 것을 언제든지 누구에게나 줄 수 있는 자세로 사는 것이 '사무량심(자비희사)'으로 사는 삶입니다. 불쌍한 사람을 보면 불쌍한 상태에서 벗어날 수 있게끔 내가 가진 것을 줄 수 있습니다. 내가 그의 부족한 것을 채워 줌으로써 그가 행복해진다면 그 행복을 나의 행복으로 받아들일 수 있습니다. 자애나 연민으로 그 사람의 행복이 곧 나의 행복이라고 여기기 때문에 나도 진정으로 행복해집니다.

그리고 모든 일이 '내 뜻'대로만 되는 것이 아닌 '무아(無我)'이기 때문에 세상이 어떻게 돌아가든 평정을 유지합니다. 내가 자애와 연민으로 잘 되기를 소망했던 일들이 도저히 안 될 때 실망하지 않고, '삽베 삿따 깜맛사까(sabbe sattā kammassakā, 모든 중생들은 업의 상속자로 자기 업의 주인이다)'를 아는 지혜로, 자신이 했던 일의 결과를 자신이 받아서 살아가는 것이라고 알고, 담담한 마음으로 현실을 받아들이는 평정(우뻭카)으로 살게 됩니다.

세상을 '자비희사'로 대하며 사는 삶이 브라마위하라(범천의 삶)

입니다. 브라마(범천), 위하라(삶, 사는 곳). 범천의 세계에 사는 사람이 범천이고, 범천의 삶을 사는 사람이 범천입니다. 우리는 비록 범천은 아니지만 육계에서 범천같이 살 수는 있습니다. 아주 비싼 호텔에서 하루 숙박비를 지불하면 하루 머물 수 있듯이, 범천의 집에 살려면 범천의 값을 내면 됩니다. 범천의 값이 '자비희사'입니다. '자비희사'로 살면 인간이면서 동시에 범천이 될 수 있습니다. 이런 브라마위하라를 위한 첫 번째 일이 보시입니다.

우리는 보시하면 내 것이 없어진다고 생각할 수 있습니다. 그러나 그때 실제로 무엇이 없어집니까? 욕심이 없어집니다. 진정한 보시라면 욕심이 떨어져 나갑니다. 내가 주는 것에 대한 욕심을 버려야만 진짜 줄 수 있습니다. 욕심을 버리지 않고 주면 보시가 아니고 그냥 버리는 것입니다. 그리고 주고 나서 후회하면 두 번 손해 보게 됩니다. 준 것이 없어져서 손해이고 인색해하면서 후회하는 불선업을 지어 손해입니다. 진정한 마음으로 주었다면 없어지는 것이 욕심이고 생기는 것이 공덕입니다. 그 공덕은 절대로 없어지지 않기 때문에 언제 어디에서 태어나든 가난하지 않고 항상 잘 살게 됩니다. 부유하고 편안하게 사는 사람들은 과거에 욕심 없이 잘 보시했던 사람들입니다. 세상에는 공짜가 없습니다. 업은 거짓말하지 않습니다. 했던 일의 힘이 따라오는 것이 업과 과보의 법칙입니다.

둘째, 실라(sīla, 지계)입니다. 계율을 왜 지키는가? 계율을 지키지 않으면 몸과 입으로 남을 해치게 됩니다. 말과 행동으로 남을 아프게 하고 속상하게 하고 해치는 것이 파계입니다. 그러나

'자비희사'로 사는 사람은 그런 말과 행동을 하지 않습니다. 자애가 없기 때문에 계율이 깨집니다. 자애로 사는 사람은 남을 해치지 않습니다. 그래서 보시의 뿌리는 아로바(alobha, 욕심 없음)이고, 지계의 뿌리는 아도사(adosa, 성냄 없음)입니다. 성냄이라는 악의가 있으면 어떻게든 남을 다치게 합니다. 마음에 화가 가득 차 있기 때문에 자기도 다치고 남도 다치게 합니다. 그러나 '자비희사'로 세상을 대하는 사람은 계율을 지키며 자신도 보호하고 남도 보호합니다.

셋째, 바와나(bhāvanā, 수행)입니다. '자비희사'로 세상을 대하는 사람은 바와나, 즉 사마타와 위빳사나 수행을 하게 됩니다. '자비희사' 사제가 사마타 수행입니다. 그 사마타 수행의 집중을 가지고 위빳사나 수행을 하게 되면 세상을 있는 그대로 보게 되지요. 사마타와 위빳사나 수행으로 마음을 닦고 또 닦고, 번뇌를 씻어 내고 또 씻어 내는 행동을 '바와나(수행)'라고 합니다.

여러분들이 새벽에 일어나서 잘 때까지 하루 종일 마음을 챙기고 있는 것이 사마타 혹은 위빳사나 수행을 하는 것입니다. 마음으로 하는 수행은 이 두 가지밖에 없습니다. 수행이 여러 가지라고 하는 것은 교리를 모르거나 심리를 분석할 줄 모르기 때문입니다. 자기 나름대로 생각하면서 착각하는 것이지요. 만약 본인이 하는 수행이 사마타가 아니고 위빳사나가 아니라면 수행을 하는 것이 아니라고 알아야 합니다.

'바와나'라는 단어의 정의를 이해하면 어떤 수행이건 우리가 할 수 있는 수행은 사마타와 위빳사나뿐임을 알 수 있습니다. 이름을 어떻게 붙이든 그것은 상관없습니다. 간화선, 사마타, 위빳사나, 요가, 명상…… 이름은 그냥 이름일 뿐입니다. 마음의 행위를 분석해 보면, 마음은 하나의 대상에 집중하거나(사마타) 대상의 진실을 꿰뚫어 보는(위빳사나), 이 두 가지만 하는 것입니다. 아주 단순합니다. 그러나 마음이 어떻게 생기고, 어떻게 일하고 있는지 낱낱이 보지 못하는 사람은 수행 방법이 여러 가지가 있다고 착각합니다. 그것은 본인의 수행이 제대로 안 되고 있음을 의미합니다. 수행이 제대로 되면 마음을 알 수 있고, 마음을 알면 마음으로 할 수 있는 일이 두 가지, 즉 사마타와 위빳사나뿐이라고 이해하게 됩니다.

세상을 '자비희사'로 대하면 우리의 삶에 다나(보시), 실라(지계), 바와나(수행), 이 세 가지가 반드시 따라옵니다. 크게는 이 세 가지가 기본이고 여기서 확대시키면 다음의 일곱 가지가 더 나타납니다.

넷째, 아빠짜야나(apacāyana, 공경)입니다. 아빠짜야나는 상대방을 존중하는 것입니다. 상대방을 존중하기 때문에 말하고 행동할 때 예의를 갖추게 됩니다. 연장자를 보면 나이에 대한 예의를 갖추고, 자신보다 계·정·혜 공덕이 높으면 나이가 적어도 그에 대한 예의를 갖추어야 합니다. 존댓말을 쓰거나 겸손한 태도로 예의 바르게 상대방을 대하는 것이 '아빠짜야나'입니다. 이것은 몸으로 좋은 행동을 하고 입으로 좋은 말을 하기 때문에 계율에 속합니다.

다섯째, 웨이야왓짜(veyyāvacca, 봉사, 소임)입니다. 웨이야왓짜는 죄가 없는 일, 착한 일을 열심히 하는 것입니다. 어디서든 누구에게든 상관없습니다. 무조건 사찰에 가서 봉사하는 것만을 말하는 것이 아닙니다. 부모를 위해서, 남편을 위해서, 부인을 위해서 봉사하는 것도 '웨이야왓짜'입니다. 그러나 그때 내 부모, 내 남편, 내 부인이라고 하지는 않습니다. '나, 너'가 아니고 '우리 모두'입니다. 우리 모두가 하나의 세상입니다. 부모도 세상의 하나이고, 자식도 세상의 하나입니다. 살아 있는 모든 중생을 그냥 하나의 세상으로 봅니다. 그런 마음으로 세상을 '자비희사'로 대할 때 웨이야왓짜 공덕이 나타납니다. 봉사는 어디서나 할 수 있습니다. 화장실 청소 하는 것도, 법당 청소 하는 것도, 집에서 부모를 모시고 가족들을 챙기는 것도, 외지인에게 길을 안내하는 것도, 힘든 일을 겪고 있는 사람에게 따뜻한 위로의 말을 하는 것도, 해결 방법을 몰라 헤매는 사람에게 방법을 말해 주는 것도 다 웨이야왓짜입니다. 이런 봉사를 할 때 아상이 없는 무아의 정신으로 하게 되면 닙바나로 갈 수 있는 빠라미가 됩니다. 모든 일이 다 자신의 지혜에 달려 있습니다. 지혜롭게 살고 지혜롭게 목표를 설정해서 살아가면, 내가 숨 쉬는 것도 빠라미가 될 수 있습니다. 웨이야왓짜는 몸으로 입으로 좋은 일을 하는 것이기 때문에 계율에 속합니다.

여섯째, 빳띠다나(pattidāna, 공덕 나눔, 회향)입니다. 빳띠(본인이 했던 공덕을), 다나(준다). 내가 한 선업 공덕을 다른 사람에게 나누어 주는 것입니다. 이것을 회향이라고 하지요. 선업이 크고 작고를 떠나서 그 공덕을 모든 분들에게 다시 보시하는 것입니다. 회향하는 것 자체가 보시 공덕 하나입니다. 이때 나누어 준다고 나의 공덕이 줄어드는 것이 아닙니다. 내가 선업을 해서 공덕이 하나 생겼다면, 그 공덕을 회향함으로써 공덕이 하나 더 생기게 됩니다. 그러면 회향함으로써 선업의 공덕이 배로 더 커집니다. 예를 들면 초가 열 개 있고, 1번 촛불에만 불이 켜져 있을 때, 그 촛불로 2번 초에 불을 옮기면 1번 촛불의 불꽃이 약해집니까? 아니지요? 1번 촛불은 그대로입니다. 그러나 밝기는 두 배입니다. 그런 식으로 열 개의 초에 불을 다 옮겨도 1번 촛불의 불꽃은 그대로이면서 밝기는 열 배로 밝아집니다. 공덕의 회향은 그와 같습니다. 회향하면 할수록 선업의 공덕은 점점 더 커진다는 사실을 잘 이해하시기 바랍니다.

일곱째, 빳따누모다나(pattānumodana, 타인의 공덕을 같이 기뻐함, 회향을 기뻐함)입니다. 타인이 회향하는 공덕을 같이 기뻐하고 동의하고 격려하는 것을 말합니다. 누가 좋은 일을 하면 우리는 "사두, 사두, 사두."라고 하지요? 무슨 뜻입니까? "좋은 일을 하셨습니다."라고 하면서 진정한 마음으로 같이 동참하는 것입니다. 그러면 나도 그 선업의 공덕을 같이 가지게 됩니다. 빳따(누가 회향하는 공덕을), 아누모다나(수희隨喜, 같이 기뻐하는 것). 말은 '사두, 사두, 사두.' 세 번 하지만 마음으로는 엄청나게 그 기쁨이 반복되고 있습니다.

여러분들이 수행하고 나서 끝으로 회향할 때, 스님이 길게 "사두, 사두, 사두!" 하는 것이 마음으로 엄청나게 기뻐하는 것입니다. 그래서 내가 직접 하지 못하더라도 다른 사람이 하는 것을 보고 같이 기뻐하면 그 자체가 내 공덕이 되는 것입니다. 봉사하는 사람들, 보시하는 사람들, 수행하는 사람들을 보면서 '사두, 사두, 사두'라고 하면 빳따누모다나 공덕을 쌓는 것이고 그 공덕이 더 넓게 퍼져 나가게 하는 것입니다. 빳따누모다나는 선업을 주고받기 때문에 보시 공덕에 속합니다.

여덟째, 담맛사와나(dhammassavana, 청법)입니다. 담마(법을), 사와나(듣는 것). 이렇게 법문을 듣는 것도 '자비희사'를 가지고 세상을 대하는 중요한 법 중의 하나입니다. 내가 법문을 듣고 착해지고 지혜로워지고 행복해지면서 세상을 더 강력한 '지비희사'의 힘으로 대할 수 있게 됩니다. 배움에는 끝이 없습니다. 배우면서 지식이 많아지고, 지식으로 지혜를 계발하면 나의 믿음과 노력이 커지고 사띠가 강해지고 그러면서 훌륭한 삶을 살게 됩니다. 그래서 법문 듣는 것도 선업이고 '자비희사'를 실천하는 공덕입니다. 담맛사와나는 마음으로 해야 하는 지혜 계발이기 때문에 바와나(수행)에 속합니다.

아홉째, 담마데사나(dhammadesanā, 설법)입니다. 담마(법을), 데사나(설하는 것). 설법하는 것은 '자비희사'의 표현입니다. 이기적으로 살지 말고 지혜롭고 행복하게 살도록 중생을 가르치는 것이 설법입니다. 설법함으로써 세상에 '자비희사'를 베풀고 '자비희사'로 사는 세상을 만드는 것입니다. 지혜를 만드는 행위이기 때문에 담마데사나도 바와나입니다.

열 번째, 딧티주깜마(diṭṭhijukamma, 견해 정립, 견해를 바로잡는 일)입니다. 딧티(견해를), 우주(똑바로 되게끔), 깜마(하는 일). 우리는 여태까지 사견으로 살아왔습니다. 사견은 따로 가르칠 필요가 없습니다. 가르치지 않아도 잘하는 것이 사견입니다. 사견은 태어날 때부터 가지고 있는데 수다원이 되어야 없어집니다. 이렇게 사견을 가지고 태어나 사견으로 잘 살아가는 것이 인생인데 또 사견을 가르치고 배우려고 하니 그 인생이 참으로 불쌍합니다. 우리가 몰랐던 것은 '바른 견해'입니다. 바른 견해를 배우러 다녀도 시간이 모자라는데 어리석게도 대부분의 사람은 사견을 가르치고 또 배우며 살아가고 있습니다. 그래서 사견을 버리려면 견해를 바로잡는 일을 열심히 해야 합니다. 정법을 배우고 공부하면서 내가 믿고 따르는 이념이나 철학이 맞는지 틀렸는지, 선인지 악인지를 따져 보아야 합니다. 그렇게 사견을 버리고 바른 견해로 살려고 하는 행동을 딧티주깜마라고 합니다. 딧티주깜마는 지혜를 키우는 일이기 때문에 바와나에 속합니다.

이 열 가지를 '열 가지 복 짓는 법'이라고 합니다. 세상을 '자비희사'로 대한다는 것은 이 열 가지를 열심히 하는 것을 말합니다. '자비희사'는 아상을 가지고는 실천하기 힘듭니다. 그 이유는 '자비희사'가 무아의 이념에서 나오기 때문입니다. 무아는 무기력하게 의욕 없이 사는 것이 아닙니다. 무아를 알수록 우리의 생각과 말과 행동이 저절로 빠라미가 됩니다.

그리고 빠라미 공덕은 사용해서 없어지는 것이 아닙니다. 다른 공덕은 사용하면 없어집니다. 일반 보시 공덕은 그것으로 잘살다가 복을 다 까먹고 나면 다시 가난해집니다. 그러나 '자비희사'로 했던 다나빠라미(보시바라밀) 공덕은 태어날 때마다 잘살게 되고, 잘살면서도 복을 까먹지 않고 닙바나로 갈 때까지 그대로 따라갑니다. 그것이 빠라미의 힘입니다. 빠라미는 윤회에서 벗어나고자 하는 사람이라면 누구나 다 해야 하는 일인데 그때 윤회에서 벗어날 수 있는 힘을 주는 것이 빠라미 공덕입니다.

반드시 십바라밀을 해야 윤회에서 벗어날 수 있습니다. 그 십바라밀을 할 수 있는 기본적인 마음이 네 가지 무량심인 '자비희사'입니다. '자비희사'로 세상을 대한다는 것은 아주 열심히, 자기의 몸과 마음의 힘이 다 소진될 때까지 세상을 받들고 사는 것입니다. 용기 있게 힘차게 올바른 견해로, 세상을 '자비희사'로 대하면서 열 가지 복 짓는 법을 열심히 하며 사는 것이 진정한 불자의 삶입니다.

11. 부처님의 상시교훈

부처님께서는 탁발을 나갔다 돌아오시면 부처님의 개인 간다꾸띠(gandhakuṭi, 늘 향기가 나는 꾸띠)로 들어가시기 전에 발을 씻고, 주위에 있는 스님들에게 날마다 날마다 똑같은 법문을 하십니다.

"bhikkave, appamādena sampādetha
빅카웨, 압빠마데나 삼빠데타
비구들이여, 잊지 않고 항상 깨어 있음으로써
해야 하는 일을 완벽하게 하라

dullabho buddhuppādo lokasamiṃ
둘라보 붓둡빠도 로까사밍
이 세상에 부처님이 나오시는 것이 아주 어렵다

dullabho manussattapaṭilābho
둘라보 마눗삿따빠띠라보
인간으로 태어나기도 어렵다

dullabhā saddhāsampatti
둘라바 삿다삼빳띠
신심 가지기도 어렵다

dullabhā pabbajjā
둘라바 빱밧자
출가자가 되는 것도 어렵다

atidullabhaṃ saddhammassavanā."
아띠둘라방 삿담맛사와나
깨달은 좋은 사람들의 법을 듣기가 매우 어렵다

"빅카웨, 압빠마데나 삼빠데타"
압빠마데나(잊지 말고 사띠로 항상 깨어 있어라), 삼빠데타(본인들이 해야 하는 일을 완벽하게 완성하라). 부처님께서는 이런 말씀을 하시면서 항상 주위에 있는 스님들에게 주의를 주는데, 지금 이 순간 잊지 말고 열심히 수행해야 하는 이유를 다섯 가지로 설명하십니다.

첫째, 둘라보 붓둡빠도 로까사밍.
부처님께서 이 세상에 나오시는 것이 어려운 일이니 부처님이 살아 계실 때 열심히 공부하라는 말입니다.
붓둡빠다(부처님의 출현), 로까사밍(이 세상에), 둘라바(획득하기 어렵다). 둘라바는 두(du, 어렵다)와 라바(lābha, 가진다)의 합성어입니다. 둘라바는 어렵게 어렵게 만나는 아주 귀한 기회를 가진다는 뜻입니다. 붓둡빠다는 붓다(부처님)와 우빠다(생기다, 나오시다, 일어나다)의 합성어입니다. 한 부처님이 이 세상에 나오시는 것도 최소한 무수한 겁 네 번과 십만 겁이 걸립니다. 그 동안 빠라미를 성공해야 부처가 될 수 있습니다. 이것은 지혜를 위주로 빠라미를 실천하는 부처님의 예입니다.

부처님은 어떤 덕목을 바탕으로 빠라미를 하시는가에 따라 빤냐디까(지혜를 위주로 빠라미를 하신 부처님)[5], 위리야디까(정진을 위주로 빠라미를 하신 부처님), 삿다디까(신심을 위주로 빠라미를 하신 부처님), 이렇게 세 분이 계십니다. 여기서 가장 빨리 부처가 되는 분은 지혜 위주의 부처님인데 그것도 최소한 무수한 겁 네 번과 십만 겁이 걸립니다. 그 다음 위리야디까는 무수한 겁 여덟 번과 십만 겁이 걸리고, 삿다디까는 무수한 겁 열여섯 번과 십만 겁이 걸립니다.

우리가 지금 살고 있는 지구의 한 겁도 정확히 몇 년인지 모릅니다. 과학자들이 자기 나름대로 연구하고 계산해서 말하지만 그것은 100% 정확하다고 할 수 없습니다. 앞으로 지구가 얼마나 더 존재할지 모르지만 어쨌든 한 겁은 우리가 상상하는 것보다 엄청 더 긴 오랜 세월이라는 것입니다. 한 겁도 그렇게 긴데 무수한 겁이 네 번을 지났다고 하면 부처님께서 세상에 오시는 것이 얼마나 어려운지 이해할 수 있습니다.

둘째, 둘라보 마눗삿따빠띠라보.

마눗사(인간), 마눗삿따(인간의 상태), 빠띠라보(취득, 획득, 수령), 마눗삿따빠띠라보(인간으로 태어나는 것). 이 세상에 부처님이 오시는 것이 아주 어렵습니다. 인간으로 태어나는 것도 어렵습니다.

---

5 paññā(지혜) + adhika(전공, major) = paññādhika(빤냐디까)

매일 아기들이 태어나는데 인간으로 태어나는 것이 뭐가 어렵단 말인가라고 갸우뚱하겠지만 실제로 인간으로 태어나는 것이 어렵습니다. 미얀마에도 가난한 동네에 가면 아이들이 상당히 많습니다. 한 어머니에 자식이 네 다섯씩 됩니다. 그러나 잘사는 동네에 가면 자식이 없거나 한 명 정도입니다. 그 이유는 두 가지로 생각해 볼 수 있습니다. 하나는 요즘 사람들은 이기적으로 자신을 너무 사랑하기 때문에 남에게 사랑을 줄 여유가 없다는 것, 그래서 남편을, 부인을, 자식을 챙기기 어려워 결혼을 하지 않는다는 것입니다. 또 하나는 인간으로 태어나야 할 복 있는 사람들이 별로 많지 않다는 것입니다. 잘사는 부모 태중에 태어나는 선업 공덕이 있는 중생들이 많지 않다는 것이지요. 그래서 가난한 부모를 만나 가난하게 태어나는 아이들이 많은 겁니다. 가난하게 태어난다고 평생 가난하게 사는 것은 아닙니다. 태어나는 것은 나의 선택이 아닙니다. 가난하게 태어나는 것은 전생에서 가지고 오는 과거 업이지만 이번 생에 현재 업으로 잘살 수도 있습니다. 사람으로 태어나는 것은 선업의 결과이지만 어떤 부모를 만나는가는 그 선업의 정도에 따라 또 달라지는 것입니다.

인간으로 태어나는 것이 어렵지 않다고 생각하는 분들을 위해서 예를 들어 보겠습니다. 임신이 되어도 그들이 다 태어날 수 있는가? 아닙니다. 사실 따져 보면 임신이 되어도 뱃속에서 죽는 경우가 더 많습니다. 태어날 때 혹은 태어나고 얼마 안 되어 죽는 경우를 다 따져 보면 인간으로 태어나 정상적으로 산다는 것이 쉬운 일이 아닙니다. 인간은 쌍둥이 되기도 어려운데 개나 돼지는 새끼를 한 번에 여섯 일곱 마리씩 낳습니다. 개미도 마찬가지입니다. 물고기가 낳는 알을 보아도 아주 많습니다. 인간 한 명이 태어날 때 동물들은 헤아릴 수 없이 많이 태어납니다. 인간은 열 달을 어머니 뱃속에 있어야 하지만 어떤 동물들은 며칠 만에, 단 몇 달 만에 태어나기도 합니다. 우리가 보지 못하는 아수라, 아귀 지옥에 태어나는 중생들이 어마어마하게 많습니다.

그래서 부처님께서 인간으로 태어나기 어려우니 인간으로 태어나 윤회를 벗어날 수 있는 좋은 기회를 놓치지 말라고 하시는 것입니다. 인간으로 태어나 죽었다면 다시 인간으로 태어난다고 보장할 수 없습니다. 대부분이 사악처로 떨어집니다. 어느 날 부처님께서 법문하시다가 엄지손톱 위에 흙가루를 조금 올리고 스님들에게 물어 봅니다.

"이 손톱 위의 흙이 많아요, 아니면 이 지구의 흙이 많아요?"

"부처님, 손톱 위의 흙은 매우 적고 지구의 흙이 훨씬 더 많습니다."

"그와 같이 인간이 죽어서 다시 사람으로 태어나기는 손톱 위의 흙만큼 적고 사악처에 떨어지는 중생들은 지구의 흙만큼이나 많으니, 잊지 말고 깨어 있으면서 해야 하는 일을 완벽하게 하세요!"

이렇게 인간으로 태어난 것은, 선업을 하여 더 잘 사는 인간이나 천신으로 태어날 수 있는 좋은 기회가 생긴 것입니다. 또 선정을 닦아 범천으로 태어날 수도 있습니다. 그런데 선업을 하지 못해 사악처로 떨어진다면 진짜 손해 보는 것입니다. 한번 사악처로 떨어지면 인간으로 쉽게 돌아오지 못합니다.

부처님께서는 사악처를 '짜따로 아빠야 사까게하사디사(cattāro

apāyā sakagehasadisā)'라고 하십니다. 짜따로(네 가지), 아빠야(악처, 나쁜 곳), 사까(본인의), 게하(본인의 소유, 자기 집), 사디사(마찬가지이다). 이렇게 사악처는 중생들의 집이라고 할 수 있는 만큼 사악처에 중생들이 많이 살고 또 오래 머뭅니다. 우리의 주거지는 집이지요. 시장 본 후 집에 돌아오고, 학교나 직장 갔다가 집에 돌아와서 쉬듯이, 하루 24시간, 인생 100년을 보아도 집에 있는 시간이 많습니다. 윤회에서 그런 집이 사악처라는 말입니다.

볼일이 있으면 나갔다가 일이 끝나면 집으로 돌아옵니다. 인간으로 태어나는 것이 우리가 볼일 보러 나가는 것과 같습니다. 그런데 우리는 그 볼일이 무엇인지 잊어버리고 엉뚱한 다른 일을 하고 있습니다. 해야 할 일을 잊어버려 모르고 살면 진짜 손해 보는 것입니다. 그러면 우리가 인간으로 태어나 해야 할 일이 무엇인가요? 그것은 '윤회라는 교도소에서 벗어나는 일'입니다. 인간으로 태어나 윤회라는 교도소를 벗어날 기회를 주었는데 인간은 그것도 모르고 어리석게 살다가 다시 교도소로 돌아가는 것입니다. 그래서 인간으로 태어나는 것이 선업을 할 수 있는 기회를 얻은 것이라는 의미가 있습니다.

인간으로 태어나는 것이 쉽지 않습니다. 부처님께서는 그 예를 다음과 같이 주셨습니다.

"인간으로 태어나는 것은 매우 넓은 바다에 떠다니는 구멍 뚫린 나무에 자유롭게 헤엄쳐 다니는 눈 먼 거북의 목이 걸리는 경우보다, 또 땅위에 세운 작은 바늘 하나와 하늘에서 떨어지는 바늘 하나가 끝이 서로 딱 마주치는 경우보다 더 어렵다."

이렇게 만 분의 일, 백만 분의 일, 억만 분의 일의 확률로 인간이 태어남을 깊이 이해해야 합니다. 인간으로 태어나는 것이 얼마나 소중한 기회를 얻었는지 알고 열심히 수행하여 윤회라는 교도소에서 꼭 벗어나기를 바랍니다.

셋째, 둘라바 삿다삼빳띠.

둘라바(어렵다), 삿다(신심), 삼빳띠(완벽한). 여러분들이 신심 없이 이런 수행을 하지 못합니다. 신심이란 부처님을 믿고 부처님의 법을 믿고 부처님의 깨달은 제자들이 이 세상에 계신다는 것을 믿고, 이 법으로 부처님도 깨달았고 부처님의 제자들도 깨달았고 우리도 깨달을 수 있음을 믿는 것입니다. 우리는 수행으로 청정해지고 깨끗해질 수 있다는 믿음이 있기 때문에 이런 수행을 할 수 있습니다. 이것이 '삿다삼빳띠'입니다.

신심은 알고 믿는 것이기 때문에 아무나 불자가 되는 것이 아닙니다. 불·법·승을 알고 믿어야 바른 신심입니다. 알고 믿으려면 아는 지혜가 있어야 하고, 아는 지혜가 있어야 진짜 믿는 것입니다. 알고 믿기 전에, 만날 수 있는 복이 있어야 합니다. 만나는 복이 있어 만났지만, 지혜가 없으면 그 복을 모릅니다. 삼보의 가치를 모르고 "믿습니다!"라고만 하면 거짓말입니다. 그래서 바른 신심을 가지는 것이 매우 중요합니다.

신들이 죽을 때 옆에 있는 신들이 도와주면서 하는 말이 있습니다.

"좋은 곳에 태어나세요. 좋은 것을 가지세요. 가진 것을 잃어버리지 마세요."

좋은 곳에 태어나는 것은 인간으로 태어나는 것을 말합니다.

인간으로 태어나면 선업을 할 수 있는 기회가 있기 때문입니다. 좋은 것을 가지라는 말은 신심을 가지라는 뜻입니다. 가진 것을 잃어버리지 말라는 것은 가진 신심을 잃어버리지 말라는 뜻입니다. 여러분들이 가지고 있던 신심을 잃어버리면 가장 가치 있는 것을 잃어버리는 것입니다. 다른 것은 다 잃어버려도 괜찮은데 신심을 잃어버릴 때는 다 잃어버리는 것과 같습니다.

이렇게 우리가 삼보를 만나 신심을 가질 수 있는 것은 대단히 훌륭한 일입니다. 삼보는 이생에서 죽을 때까지, 그리고 다음 생까지 모시고 가야 하는, 아니 윤회의 끝까지 모시고 가야 하는 보배 중의 보배입니다. 이렇게 삼보를 알고 믿는 신심이 매우 중요합니다.

넷째, 둘라바 빱밧자.

빱밧자(출가자 되는 것이), 둘라바(어렵다). 비구·비구니 되기가 어렵습니다. 비구·비구니 승가는 부처님이 나오셔야 성립될 수 있기 때문에 부처님이 세상에 오시는 것이 어려운 것만큼 세상에 승가 종단이 생기는 것도 어렵다고 알아야 합니다. 그리고 출가한다는 것이 보통일이 아닙니다. 출가하려면 불·법·승을 만나야 하고 신심이 있어야 가능합니다.

다섯째, 아띠둘라방 삿담맛사와나.

삿담마(좋은 사람들의 법을), 사와낭(들을 수 있는 것, 중성 명사), 아띠둘라방(매우 어렵다). 삿담마 일곱 가지는 수따(지식), 빤냐(지혜), 삿다(신심), 위리야(노력), 사띠(기억하고 있음, 잊지 않음, 놓치지 않음,

조심스러움, 주의 깊음, 깨어 있음), 히리(부끄러움) 옷땁빠(두려움)입니다. 삿담마라는 거룩하고 위대한 부처님의 정법을 들을 수 있는 기회는 매우 드뭅니다. 부처님이 오셔야만 만날 수 있습니다. 부처님이 오시는 것이 그렇게 어렵다면 불법을 만나는 것도 그렇게 어려운 것입니다. 요즘은 불법을 만나도 사견과 섞여 있는 불법이어서 정법을 들을 수 있는 기회가 더 줄어들었습니다. 그만큼 정법을 만나기가 힘들어졌습니다.

이런 다섯 가지 만나기 어려운 법을 우리가 가지고 있기 때문에 사람으로 태어난 이 기회를 놓치지 말라고 부처님께서 아침에 탁발 갔다 오실 때마다 스님들에게 당부의 말씀을 하셨습니다. 우리는 부처님과 법을 하나로 볼 수 있습니다. 부처님께서 다음과 같이 말씀하셨습니다.

"내가 열반하면 스승이 없다고 생각하지 마라. 내가 가르쳤던 담마(법)와 위네야(율)가 너희들의 스승이다."

부처님의 가르침이 남아 있으면 부처님이 살아 계신다고 볼 수 있습니다. 지금은 부처님의 가르침이 남아 있어서 아직 들을 수 있지만 그 법도 오랜 시간이 지나면 사견들이 많이 들어가 혼탁해질 것입니다. 그런 것들을 생각해 보면 부처님이 왜 '아띠둘라방'이라고 강조하셨는지 이해하실 겁니다. 올바른 법을 듣기가 그렇게 어려운 것입니다.

우리는 사견에 푹 절어 있습니다. 그래서 사견에 익숙하기 때문에 사견을 말해 주면 아주 좋아하고 쉽게 받아들입니다. 그러나 바른 견해를 말해 주면 익숙하지 않아서 믿기 힘들고 알기도 힘들어 합니다. 그래서 부처님께서 '삿담마사와낭아띠둘라방(정법을 들을 수 있는 것이 매우 어렵게 얻는 법 하나)'이라고 말씀하셨습니다. 우리도 날마다 이 말씀을 마음에 새기고 수행하면 부처님의 가르침을 잊어버리지 않게 될 겁니다.

12. 수행의 향상을 위하여

인생의 목표가 행복이라고 할 때 진정한 행복이란 무엇일까요? 진정한 행복이란 고통이 전혀 없는 것입니다. 그런데 '나' 자체가 고통 덩어리라면 어떻게 행복해질 수 있을까요?

고통이 없으려면 '나'라는 오온(물질과 정신)이 존재하지 말아야 합니다. 물질과 정신이 존재한다면 고통은 반드시 있는 것입니다. 고통이 조금이라도 섞여 있다면 어떤 다른 좋은 것들이 있더라도 완벽한 행복은 아닙니다. 세간의 행복은 고통이 섞여 있고 한계가 있는 행복이고 언젠가는 다시 고통으로 돌아갑니다. 그래서 진정한 행복이란 닙바나(열반)뿐입니다. 닙바나는 다시 생기지 않는 오온의 완전한 소멸입니다. 오온이 소멸되어야 진정한 행복이고 완벽한 행복이 됩니다.

오온의 완전한 소멸이 닙바나라고 해서 '닙바나는 아무것도 없는 것인가?'라고 의심하면 안 됩니다. 닙바나는 궁극적 실재입니다.

닙바나를 성취하려면 우리는 선업을 할 때마다 '닙바낫사 빳짜요 호뚜!' 정신으로 할 수 있어야 합니다. '닙바낫사 빳짜요 호뚜!'로 출세간을 목표로 두고 살면 이 세상에 대한 욕심과 성냄을 버릴 수 있습니다. 욕심과 성냄을 내려놓는 것이 닉캄마(출가)입니다. 출가가 쉬운 일은 아니지요? 출가란 머리 깎고 가사입고 비구 수계·비구니 수계를 받아야 되는 것만이 아니라, 욕심에서 벗어나려고 하는 것이 다 닉캄마입니다. 닉캄마란 로바(lobha, 탐욕)에서 아로바(alobha, 무탐)로 가는 것입니다.

닉캄마(출리, 출가)를 할 수 있는 힘이 생길 때 따라오는 두 가지가 있습니다. 바로 칸띠(인내)와 우뻭카(평정)입니다. 닉캄마는 자기가 가진 것을 놓아 버리는 것인데 그러면서 따라오는 것이 칸띠입니다. 칸띠가 있으면 닉캄마로 인한 부족함의 어려움을 견딜 수 있습니다. 그래서 닉캄마는 칸띠가 있어야 완성됩니다. 닉캄마로 욕심을 버리는 것이 대단한 능력이지만 욕심을 버리면서 겪어야 하는 고통들이 있습니다. 그런 것들에 마음이 흔들리지 않고 참을 수 있는 것이 칸띠입니다.

그리고 우뻭카는 다른 사람들이 나를 어떻게 생각하든, 즉 칭찬을 하든 욕을 하든 마음이 흔들리지 않는 것입니다. 세상이 나를 어떻게 대하든 나는 항상 세상을 한결같이 대하는 것이 우뻭카입니다. 잘살아도 못살아도, 유명해도 유명하지 않아도, 주변에 사람들이 많아도 전혀 없어도, 흔들리지 않는 마음으로 세상을 대하는 것이 우뻭카입니다.

잘 되기를 바라면서 자애로 대하지만 내 뜻대로 안 될 때도 욕심으로 억지를 부리지 않습니다. 받아들일 수 없는 상황에서 원망하거나 실망하지 않습니다. 좋은 상태이건 아니건, 좋은 사람이건 아니건, 좋은 것을 얻게 되든 나쁜 것을 얻게 되든, 변함없는 평온한 마음으로 대하는 것이 우뻭카입니다.

닉캄마(출리), 칸띠(인내), 우뻭카(평정)는 다 빠라미입니다. 이 세 가지가 수행을 성공시키기 위한 기본이기 때문에 열심히 훈련해야 합니다. 이 세 가지와 함께 계·정·혜를 많이 훈련시키면 아상이 떨어져 나갑니다. 이기적인 마음과 분별심이 줄어들고 더불어 사는 세상이라는 생각을 하게 되고 또 모두가 하나, 즉 정신과 물질뿐이라고 알게 됩니다. 누구의 행복과 누구의 고통이 아니라 모두의 행복과 고통이라고 느낍니다. 그렇게 되면 온 세상이 고맙고 은혜롭다고 여깁니다. 생각이 바르고 지혜가 깊으면 모든 것이 다 고맙습니다. 고맙기 때문에 은혜를 갚아야겠다는 마음이 생깁니다. 지혜로운 사람이 은혜를 잘 압니다. 지혜가 없는 자는 아무리 은혜가 많아도 모릅니다.

부처님의 제자 중에 사리불이 가장 지혜로운 분입니다. 어떤 노인이 너무 가난해서 먹고 살기 힘들어 사찰에 왔습니다. 처음에는 한 번 두 번 오다가 나중에는 아예 사찰에서 스님들을 시봉하면서 살게 됩니다. 스님들은 탁발하여 남은 음식을 노인에게 주면서 계율에 맞게 잘 보살펴 주었습니다. 노인은 청정한 스님들과 함께 사니 마음도 편하고 잘 드셔서 피부빛도 좋아지고 건강해졌습니다. 그때 그 모습을 부처님께서 흐뭇하게 보셨습니다.

어느 날 노인은 청정한 스님들의 생활을 보니까 자기도 출가하고 싶어졌습니다. 그러나 아무도 그 노인을 제자로 받아 주지 않았습니다. 노인은 실망하여 그때부터 야위어 갔습니다. 한참 지나고 부처님께서 다시 그 사찰에 오셔서 노인의 수척해진 모습을 보고 왜 그러는지 물었습니다. 노인은 자초지종을 말씀드렸습니다. 부처님은 모든 스님들을 불렀습니다.

"라다(노인의 이름)가 출가하고 싶어 하는데 도와주고 싶은 사람이 없습니까? 라다에게 은혜를 입었다고 생각하는 스님이 한 분도 없습니까?"

그러나 아무도 나서지를 않았습니다. 모두 다 라다에게 은혜를 베풀었으면 베풀었지 은혜를 받은 적이 없다고 생각하였고 또 늦게 출가하는 자를 가르치기 힘들기 때문에 모두 다 가만히 있었습니다. 그때 사리불이 나왔습니다.

"라다가 절에 들어오기 전에 저에게 밥 한 숟가락을 보시하였습니다. 그 은혜로 제가 라다를 출가시키겠습니다."

그러자 "사두, 사두, 사두." 부처님께서 칭찬하셨습니다.

그리하여 라다가 사리불을 은사로 해서 출가하게 되는데 그때 부처님께서 라다에게 특별히 부탁합니다.

"라다여, 늦게 출가하는 사람을 가르치기가 힘이 드니 부디 가르치기 쉬운 사람이 되세요."

라다는 그 말씀을 새겨듣고 열심히 수행해서 드디어 깨달아 아라한이 되었습니다.

어느 날 부처님께서 사리불에게 물어봅니다.

"사리불이여, 라다를 가르치는 데 힘들지 않았습니까?"

"부처님, 라다는 정말 가르치기 쉬웠습니다. 지금까지 두 번 말할 필요가 없었습니다."

그 후 부처님께서는 라다를 가르치기 쉬운 사람 중에 최고라고 칭찬하셨습니다.

이 이야기에서 말하고 싶은 것은 사리불은 지혜롭기 때문에 조그마한 은혜도 잊지 않았다는 것입니다. 지혜로운 사람은 다 알기 때문에 세상이 고마워 은혜를 갚고 싶어서 대가(代價)를 바라지 않고 보시하고 봉사하고 도와줄 수 있습니다.

우리가 빠라미(선업)를 할 때 어떤 사람은 그것을 희생이라고 생각하는데, 그게 아닙니다. 희생은 '너를 위해서 내가 너희들에게 잘해 주고 있다. 너희들이 잘되게 하기 위해서 내가 희생하고 가겠다.'라고 하는 것인데 빠라미를 하는 사람은 그렇게 생각하지 않습니다. 세상을 고맙게 생각하기 때문에 빠라미를 하는 것이 자신을 희생하는 것이 아니라 은혜를 갚는 당연한 일이라고 생각합니다. 내가 해 준다는 생각이 없고 당연히 내가 해야 하는 일을 하는 것뿐이라고 생각합니다. 여기서도 다른 스님들은 자기들이 라다에게 은혜가 많다고 생각합니다. 사리불과 다른 스님들을 비교해 보면, 그 마음의 바탕이 얼마나 다른지를 알 수 있습니다.

빠라미를 하는 마음은 윤회에서 벗어나려고 하는 고귀한 사람들의 고귀한 마음입니다. 세상을 도와주고 있다고 뻐기는 것이 아니라, 고맙기 때문에 은혜로운 세상에 보답을 하려는 것입니다. 그때는 바람이 불어도 고맙고 해가 뜨는 것도 고맙고, 해가 지는 것도 고맙게 느껴집니다.

세상은 이런 식이든 저런 식이든 다 서로서로 관계를 가지며 돕습니다. 이렇게 고맙게 생각하면서 닉캄마, 칸띠, 우뻭카를 가지고 세상을 대하다 보면 빠라미가 되는 좋은 일을 많이 하게 됩니다. 보시하고 계율을 지키고 수행을 하게 되지요. 열 가지 복 짓는 일들을 자연스럽게 하게 됩니다.

세상을 '자비희사'로 대한다는 것은 수행 중에 마음으로만 '모든 중생들이 행복하기를!'이라고 하는 것이 아닙니다. 마음으로도 많이 하고, 입으로도 많이 해야 하고, 실제 몸으로도 많이 실천해야 합니다. 어떻게? 다나(보시), 실라(계율), 바와나(수행), 아빠짜야나(공경), 웨이야왓짜(봉사), 빳띠다나(회향), 빳따누모다나(타인의 공덕을 같이 기뻐함), 담맛사와나(청법), 담마데사나(설법), 딧티주깜마(견해를 바로잡는 일), 이 열 가지를 열심히 해야 합니다.

부처님의 가르침을 아는 불자로서 마지막에서는 빠라미를 하게 되는데, 빠라미는 그냥 되는 것이 아니라 세상을 '자비희사'로 대하는 기본적인 마음을 가져야 할 수 있습니다. 그리고 '자비희사'를 실천할 수 있는 기본적인 마음이 닉캄마, 칸띠, 우뻭카입니다. '자비희사'는 이 세 가지로 시작해야 합니다.

닉캄마, 칸띠, 우뻭카의 마음을 가지기 위해서는 계·정·혜로 마음을 닦아 번뇌를 씻어 내어 아상을 내려놓아야 합니다. 아상을 내려놓을 수 있는 만큼 닉캄마, 칸띠, 우뻭카의 마음을 가지기가 쉬워지고, 그렇게 되면 그만큼 세상을 '자비희사'로 대하면서 열 가지 복 짓는 법을 더 열심히 하게 됩니다. 그것이 십바라밀을 완성하는 길입니다. 십바라밀이 완성되는 날이 우리가 깨닫는 날이 되고 생로병사 삼세윤회 모든 고통에서 벗어나 닙바나를 성취하는 날입니다.

처음 수행하다 보면 '언제까지 해야 되는가?'라고 의심이 들 때가 있습니다. 우리는 번뇌가 다시 일어나지 못할 때까지 수행해야 합니다. 우리는 모든 일에서 결과부터 욕심내기 때문에 지금 하고 있는 일이 힘들게 느껴집니다. 어떤 일을 할 때 그 일을 소중하게 여기고, 일할 맛을 느끼고, 그 일을 할 수 있음에 감사하고 즐거워해야 하는데, 결과를 먼저 생각하니까 본인이 하고 있는 일에 대해서 보람을 느끼지 못하고 불만이 생기는 것입니다.

수행도 마찬가지로 도와 과를 성취해야 수행이 끝난다고 하면서 도와 과만 생각하고 있으면 안 됩니다. 일이라는 것은 시작, 중간, 끝이 있는데 일을 시작하자마자 바로 돌아서서 성과를 찾으면 안 된다는 말입니다. 중간 단계들을 충실히 이행해야 끝을 볼 수 있습니다. 수행을 언제까지 해야 하는가를 묻지 말고 지금 이 순간에 여기서 최선을 다하는 것이 중요합니다. 그것이 수행의 시작이고 중간이고 끝입니다.

　지금 이 순간 수행할 수 있다는 사실이 중요하고, 또 이것이 수행을 끝낼 수 있는 유일한 길임을 잘 이해하시기 바랍니다. 작년에도 수행했고 올해도 하고 내년에도 할 것인데 수행이 언제 끝나는가만 생각하고 있으면 수행을 안 하는 것과 똑같습니다. 수행은 우리가 꼭 해야 하는 일이고, 또 꼭 해야 하는 일이라고 아는 것 자체가 큰 복입니다. 알고 수행한다면 그것보다 더 큰 복은 없습니다. 하고 있는 것 자체로 더 이상 바랄 것이 없다고 생각할 수 있으면 그보다 더 뿌듯한 일은 없을 겁니다.

　부처님의 가르침은 불자들만 따라하는 법이고 그 외의 다른 사람들과는 관계없는 법이라고 생각할 수 있는데 그렇지 않습니다. 부처님의 가르침은 종교가 아니고 진리와 법칙을 말하는 것이기 때문에 국적과 인종, 성별과 나이, 시대를 불문하고 지구인이든 외계인이든, 언제 어디서 어떤 상황에서나 배우고 실천해야 하는 진리입니다. 우리가 핑계를 대거나, 하기 싫어서 안 하든가, 안 해도 된다고 착각하고 산다면 진짜로 손해입니다.

　이 길은 우리가 가지 않으면 안 되는, 꼭 가야 하는 길입니다. 늦게 갈수록, 시작이 늦을수록 고생합니다. 부처님의 가르침은 선택이 아니라 필수이기 때문에 알면 무조건 가게 되는 길입니다. '부처님의 가르침은 나에게 꼭 필요한 것이 아닌, 내 삶의 일부분일 뿐이다.' 혹은 '나에게는 이 정도만 있으면 된다.'라고 생각하는 자체가 진리와 법칙에 대해서 이해하지 못하고 있는 것입니다. 부처님 가르침을 다른 종교처럼 종교로 생각하기 때문에 그렇게 잘못 생각하는 것입니다. 부처님의 가르침은 우리가 숨 쉬는 것과 같습니다. 우리가 숨 쉬지 않고 못 살지요? 그래서 숨을 쉬는 것이 우리의 선택이 아닌 꼭 해야 하는 일이듯, 부처님 가르침도 우리가 꼭 배우고 실천해야 하는 일입니다.

물론 부처님의 가르침을 배우고 실천 수행하는 것이 쉽지는 않습니다. 그런데 인생을 살아 보면 사실 쉬운 일이란 별로 없습니다. 우리가 살아가면서 하는 일을 단순화시키면 선업과 불선업 두 가지인데, 선업을 하는 것도 매우 어렵지만 불선업을 하는 것도 힘이 듭니다. 불선업을 하려는 마음도 힘들고, 불선업을 하는 중 몸도 피곤하고, 불선업을 하고 나면 그 결과도 좋지 않습니다. 그런데도 불선업을 하는 이유는 어리석기 때문입니다. 어리석어서 자신이 하고 있는 일이 선업인지 불선업인지도 모르고, 또 그렇게 하는 것이 상대방을 이기는 것이고 자신이 행복할 것이라고 착각을 합니다. 여기서 보면 선업을 할 때는 똑같이 힘들지만 결과는 힘들지 않습니다. 선업은 행복을 가져오지만 불선업은 결과까지 힘들어 고통뿐입니다.

우리는 삶에서 중요하다고 생각하는 것을 가지고 누리기 위해 많은 노력을 합니다. 그런데 내가 가치 있다고 생각한 것을 얻기 위해서 불선업을 했다면 지금도 힘들고 앞으로도 힘들 것입니다.

선업을 하게 되면 불선업을 한 것보다는 훨씬 좋고 가치가 있는 것은 사실이지만 그 선업도 빠라미 공덕이 아니면 윤회의 고통에서 벗어나지 못합니다. 선업으로 사람으로 태어나도 죽고, 신으로 태어나도 죽고, 범천으로 태어나도 죽습니다. 아라한을 제외하고는 죽어서 윤회하지 않는 중생이 없습니다. 그래서 우리는 선업을 하더라도 빠라미가 되는 선업을 해야 합니다. 그래야 완전한 행복을 누릴 수 있습니다. 생사(生死)는 지독한 고통입니다. 부처님께서 말씀하시는 세상의 원리를 알고 고통을 끝내고 행복하려면 이 길은 꼭 가야 하는 길이고 선택이 아닌 필수라고 알아야 합니다. 부처님 가르침을 공부하는 것이 나의 선택이라고 착각하면 안 됩니다. 인간으로 태어났다면 완전한 행복을 성취할 수 있는 절호의 기회를 얻었다고 알아야 합니다. 그 기회를 놓치지 말고 즐겁게 수행을 하도록 노력해야 합니다.

사람들은 누구나 행복하기를 소망하며 살아갑니다. 그래서 행복해지는 길을 찾습니다. 사람 따라 가치관이 달라 행복의 기준이 다양하지만 진정한 행복을 주는 궁극적인 것은 하나뿐입니다. 모든 고통에서 벗어나 다시 고통으로 돌아가지 않고, 한계가 없는 완벽한 행복을 이룰 수 있는 것은 딱 하나 '부처님 가르침'입니다. 우리는 태어나서 죽을 때까지 일하지 않고 사는 사람은 없습니다. 모두 다 바쁘게 일하면서 살아갑니다. 태어나서 죽을 때까지 일하며 고생하는 것은 모두가 똑같지만, 지혜가 있고 삶의 태도가 좋으면 그 결과는 다를 수 있습니다. 이것은 투자는 똑같이 했지만 선택하는 상품에 따라 이익이 다른 것과 같습니다. 이런 관점에서 본다면 우리는 선업을 하더라도 빠라미가 되는 선업을 해야 합니다.

선업의 종류에 일반 선업과 빠라미가 되는 선업이 있다고 했지요? 이 두 가지는 몸으로 하는 일은 똑같은데 일하는 마음가짐이 다르기 때문에 그 결과는 하늘과 땅 차이가 되는 것입니다. 일반 선업으로는 윤회를 빙빙 돌기만 하는데, 빠라미가 되는 선업은 윤회의 굴레를 벗어나 완전한 행복인 닙바나로 가게 합니다. 우리가 부처님을 만나 법을 공부하고 실천 수행을 할 때 똑같은 투자로 최상의 효과를 보고 싶다면 빠라미가 되는 선업을 할 수 있도록 해야 합니다.

우리는 욕심이 앞서 처음부터 완성된 것을 바랍니다. 그러나 그에 앞서 먼저 빠라미가 되는 선업이 무엇인지를 알고 빠라미가 되도록 훈련을 해야 합니다. 한꺼번에 다 되는 사람은 없습니다. 부처님도 무수한 겁 네 번과 십만 겁을 지나서야 빠라미를 완성하셨습니다. 우리가 수행하면서 집중이 안 된다고 화를 내는데 집중이 잘 된다면 사실 수행할 필요가 없지요? 집중이 안 되기 때문에 수행하는 것입니다. 반복 훈련하는 수행으로 집중력을 키우고 지혜를 계발하는 것입니다. 마찬가지로 빠라미를 하겠다고 해도 빠라미가 바로 완성되지 않습니다. 계속 마음을 반복적으로 훈련시켜야 합니다. 반복하는 것이 능숙함을 만듭니다. 한 번 연습하는 사람과 백 번 연습하는 사람은 그 능숙함 정도가 다릅니다. 백 번 하는 사람과 천 번 하는 사람은 그 능숙함의 정도가 확연히 다릅니다. 부처님의 가르침은 단순한 훈련입니다. 지계도 훈련이고, 사마타 수행으로 집중력을 기르는 것도 훈련이고, 위빠사나 수행으로 지혜를 계발하는 것도 훈련입니다.

위빠사나 수행이란 몸과 마음을 계속 반복해서 보는 것입니다. 만약 1초에 한 번 보는 속도로 1시간을 수행한다면 3천6백 번을 보게 되고, 하루에 10시간 수행한다면 3만6천 번 관찰하게 됩니다. 10일 수행했다면 36만 번 관찰하는 것입니다. 수행이란 그렇게 헤아릴 수 없을 정도로 반복함으로써 능숙함을 만들어 내는 아주 단순한 일입니다. 체육계에서 국가대표 운동선수가 되려면 최소한 10년 이상 훈련해야 합니다. 육체적으로 하는 운동도 10년 이상씩 하면서, 그것도 백 명 중에 한 명 혹은 천 명 중에 겨우 한두 명 정도가 대표로 선발될 정도로 어려운데, 하물며 보이지도 않고 잡을 수도 없는 마음으로 하는 수행은 얼마나 어렵겠습니까? 수행은 윤회를 벗어나는 대표선수가 되는 일로, 가치로 따진다면 국가대표 운동선수가 되는 것과 비교할 수도 없습니다. 그러면 우리도 최소한 10년 이상은 수행해야겠다는 마음으로 시작해야 합니다. 한 시간 해 보고, 하루 해 보고, 일주일 해 보고 안 된다고 짜증내지 말고 꾸준히 반복해야 합니다. 작심삼일로 끝내지 말고 반복해서 꾸준히 하면 성공한다는 사실을 이해하고 올바른 태도로 수행하시기 바랍니다.

빠라미에 대해서도 '선업하기도 어려운데 빠라미가 되는 선업을 어떻게 한단 말인가?'라고 생각하지요? 그러나 일반 선업은 부처님 가르침을 몰라도 실천하는 사람들이 많이 있습니다. 마음씨가 착하면 착한 일을 합니다. 그러나 착하다고 다 되는 일이 아닙니다. 무엇보다 지혜가 있어야 합니다. 세상을 벗어날 수 있는 위빳사나 지혜나 빠라미 공덕이 되는 지혜는 부처님을 만나야 가질 수 있습니다.

중력이 우리를 이 지구에서 벗어나지 못하게 잡아당기고 있는 것처럼, 번뇌가 중생들이 윤회에서 벗어나지 못하게 꽉 잡고 있습니다. 그러므로 번뇌에서 벗어날 수 있는 힘이 있어야 윤회에서 벗어날 수 있습니다. 번뇌에서 벗어날 수 있는 힘은 일반 선업이 아닙니다. 일반 선업은 아무리 많이 해도 윤회할 뿐입니다. 몸과 마음을 가지고 윤회하는 중생은 몸과 마음의 존재 자체가 고통이기 때문에 고통 없는 사람은 하나도 없습니다. 부처님도 고통이 있습니다. 완전 열반이 되어야 고통이라는 것이 아예 없어집니다. 그래서 행복하기 위해서는 윤회에서 벗어나야 하고 윤회에서 벗어나기 위해서는 빠라미 선업 공덕이 필요합니다.

윤회 속에서 고통 없는 행복이라는 것은 착각밖에 없습니다. 어떤 착각이냐 하면 개가 똥을 먹고 행복할 수 있다는 착각입니다. 개는 똥을 먹으며 맛있는 것을 먹는다고, 잘 먹는다고 뻐깁니다. 그것을 보고 인간은 웃습니다. 그런데 지금 우리가 아는 행복이 그런 것입니다. 지혜의 수준에 따라서 행복의 기준이 조금씩 다르지만 고통이 조금도 섞이지 않은 완전한 행복이라는 것은 윤회하는 삶 속에는 절대로 없습니다.

어떤 사람들은 인생에는 즐겁고 행복한 것이 많다고 말합니다. 부귀와 권력을 가지고, 맛있는 음식을 먹고, 재미나게 놀고, 여행을 다니고, 가족 친지간에 서로 사랑하는 것 등 선남선녀가 즐기는 것이 많은데 부처님께서 고통뿐이라고 하시니 부처님의 가르침이 부정적이라고 말합니다. 거기에 대해서 부처님께서는 다음과 같이 말씀하십니다.

"그래, 행복이 아예 없다고는 말하지 않는다. 이 세상에도 행복이 있을 수 있다. 그런데 내가 말하는 행복은 고통이 조금도 섞이지 않는 깨끗한 행복이다. 예를 들면 진수성찬에 똥물이 한 방울

떨어지면 그 음식을 먹을 수 있겠는가? 그와 같이 고통이 조금이라도 섞여 있으면 진정한 행복이라고 할 수 없다."

세상의 행복이 진수성찬이고 생로병사가 똥물입니다. 생로병사가 없다면 진정한 행복이라고 할 수 있습니다. 태어나지 않음이 진정한 행복입니다. 그러나 태어나지 않는 중생이 없고 또 태어나서 늙지 않고 병들지 않고 죽지 않는 중생이 없습니다. 결국 이 세상에 태어난다는 그 자체가 고통입니다. 다른 종교에서 신은 죽지 않는다고 하지요? 무슨 뜻입니까? 그 말은 신은 존재하지 않는다는 말과 같습니다. 신은 개념으로 만들어지는 것이기 때문에 존재하지 않습니다. 존재하지 않으니 당연히 생사도 없겠지요. 신이 인간을 창조한 것이 아니고 인간이 신을 만든 것입니다. 이렇게 신은 개념이기 때문에 영원합니다.

중생은 태어나면 반드시 죽어야 하고 만물도 생기면 사라집니다. 그래서 부처님께서 태어남과 죽음이 있다면 아무리 행복하다고 해도 그 행복에는 한계가 있다고 하십니다. 행복은 모든 중생들의 소원입니다. 사람들은 행복의 기준을 자기 수준대로 정합니다. 부자, 대통령, 장관, 장군, 학자, 미인, 유명한 철학자나 예술가 등등이 되는 것을 행복의 기준으로 삼고 그것을 성취하기 위해 전심전력을 기울입니다. 그러나 그들도 하루 세끼 먹지, 여섯끼를 먹지는 않습니다. 또 잠 못 이루는 밤이 많습니다. 하루아침에 몰락하기도 합니다.

우리는 지혜로운 자들이 정의하는 행복이 '청정함'이라고 알아야 합니다. 청정하지 않으면 진정한 행복이란 없습니다. 갑부도 청정한 사람 앞에서는 머리를 조아리게 되어 있습니다. 자기가 가진 재산이 부처님의 발바닥에 묻은 먼지보다도 하찮은 것이라 여기게 됩니다. 왕도 장관도 장군도 모두 부처님께 엎드려 절하였습니다. 자신들이 가진 권력이 사자 앞의 개처럼 무력(無力)하게 보이는 것입니다. 진짜 청정하게 깨달은 성자들을 만나면 왕이나 재벌들의 머리가 저절로 숙여지는 것이 당연한 일입니다. 제아무리 지혜로운 학자라 해도, 스스로 잘났다고 자만이 하늘을 찌르던 사람도 위대한 부처님을 만나서는 다 겸손하게 절하고 가르침을 들었습니다. 진정한 가치가 어디 있는지 보여 주는 예입니다.

진리는 시대에 따라 변하지 않습니다. 과거에도 그랬고 현세에도 그렇고 미래에도 그럴 것입니다. 인생에는 청정함이 가장 가치가 있다는 말이 진리입니다. 우리는 매번 잘난 척하고 행복한 척하고 지혜로운 척하며 잘 살았다고 착각하며 죽어 갑니다. 다 착각이었지 진짜 잘 산 것이 아닙니다. 지혜로워질 때는 사실을 바르게 알게 됩니다. 그러나 범부들은 지혜가 없기 때문에 어리석음의 흐름 속에서 빠져나가기가 무척 어렵습니다. 이것을 비유한 이야기가 하나 있습니다.

옛날에 천문학을 공부한 지혜로운 장관이 있었습니다. 어느 날 별자리를 관찰하다가 며칠 뒤에 비가 많이 올 것인데 그 빗물을 마시면 사람들이 미친다는 사실을 알게 되었습니다. 그래서 왕에게 사실을 고하고 자기들만 살려고 이기적인 마음으로 그 빗물을 마시지 않았습니다. 나머지 국민들은 그 빗물을 마시고 모두 다 미쳐버렸습니다. 그런데 왕과 장관은 자기들이 미치지 않으면 괜찮을 줄 알았는데 모두가 미친 가운데 둘만 정상으로 살기가 여간 어려운 게 아니었습니다. 미친 사람들이 정상인 두 사람을 오히려 미친 사람으로 취급하였습니다. 그래서 도저히 견딜 수가 없어서 결국 두 사람도 그 빗물을 마시고 같이 미쳐버렸습니다.

우리도 이와 같이 어리석은 사람들과 같이 살다 보면 어리석음의 흐름 속에서 빠져나가기가 쉽지 않습니다. 같이 미치지 않으면 내가 이상한 사람이 되니 나도 같이 미쳐버리자고 하듯이, 나도 잊고 사는 것이 좋다고 하면서 수행하지 않고 태평스럽게 살아갑니다. 그러나 잊고 산다고 해도 아예 모르지는 않습니다. 열심히 살다 보면 한 번씩 돈을 벌기 위해 하는 일들이 별 의미가 없다고 느껴질 때가 있습니다. 무의미하다는 느낌은 사람을 우울하게 만듭니다. 그래서 진리를 찾지 못한 지혜로운 사람들이 많이 우울해 합니다. 세간에서 행복하다고 해도 진짜 행복하지가 않습니다. 지혜로운 사람은 진정한 행복을 찾지 못했을 때 괴롭습니다. 싯닷타 태자가 왜 출가합니까? 괴롭기 때문입니다. 다 갖추었다고 자신만만하던 사람이 그것이 진짜 아무것도 아니라는 사실을 알게 되었을 때는 정말 괴롭습니다.

우리가 권세가나 재벌을 보고 대단하다고 부러워할 때, 그들의 내면을 들여다보면 속이 텅텅 비어 있음을 알 수 있습니다. 채워도 채워도 채워지지 않는 것이 욕심입니다. 욕심 있는 자가 행복하다면 거짓말이거나 아니면 착각입니다. 거짓으로 행복한 척 하거나 어리석어서 행복하다고 착각하는 것입니다. 욕심이 있는 사람에게는 진정한 행복이 없습니다. 이 말은 진실입니다. 부처님의 가르침을 공부해 보면 다 알 수 있습니다. 진짜 행복할 수 있는 사람은 지혜로워야 합니다. 지혜롭다고 해도 진리를 깨닫기 전에는 진정한 행복은 없습니다. 깨닫지 못했더라도 깨달음의 길이 있음을 알 때는 조금 행복하다고 할 수 있습니다. 깨달음의 길, 청정할 수 있는 길도 모르고 행복하다면 자기 수준에 맞는 행복이지 진정한 행복이 아님을 잘 알아야 합니다.

인간이 태어나서 50년을 살든 100년을 살든, 그 동안 하는 일은 거의 비슷합니다. 그러나 내가 지혜롭고 고귀한 마음을 가질 수 있다면 이 인생을 다르게 살 수 있습니다. 생계를 위해 일하는 것은 다 같이 힘들고 피할 수 없습니다. 부처님도 이런 어려움을 피하라고는 말씀하지 않으셨습니다. 부처님 말씀을 제대로 이해하지 못한 사람은 그런 어려움을 피하는 것인 줄 압니다. 부처님께서는 피할 것이 아니라 지혜를 가지고 태도와 방향을 올바르게 잘 설정해서 살아가라고 말씀하셨습니다.

살아가는 100년 인생은 똑같이 힘들지만 100년 후 '일'의 끝남은 다릅니다. '일'이란 완전한 행복(닙바나)을 성취하는 것입니다. 이 일은 지혜로워지면 누구라도 언젠가는 꼭 하게 되는 일입니다. 어리석을 때는 모르고 살겠지요. 모르기 때문에 자신의 선택이라고 착각하고 이 '일'은 해도 되고 안 해도 된다고 생각합니다. 어떤 사람은 아예 할 필요가 없다고 무시하기도 합니다. 어떤 사람은 조금 필요하다고 알지만, 이 일은 숨 쉬는 것처럼 꼭 해야 한다고 아는 사람은 별로 없습니다. 그런데 알게 되면 무조건 하게 됩니다. 언젠가는 가야 하는 길이라면 빨리 가는 것이 낫겠지요? 그래서 만약 100년 인생을 살면서 닙바나까지 1000km를 가야 한다고 할 때, 방향을 바로잡고 100km 갔다면 남은 길은

900km이고, 방향을 모른다면 열심히 가도 늘 1000km가 그대로 남아 있게 됩니다. 즉 길을 모르는 사람은 항상 제자리걸음만 하고 있다는 말입니다. 제자리걸음이라는 것은 되는 '일'이 없다는 말입니다. 물리학에서 여기서 저기까지의 움직임이 없다면 에너지 소멸이 있어도 '일'이 성립이 되지 않는다는 말이 있습니다. 그와 같이 우리가 몇 생을 살아도 '여기서(윤회) 저기까지(닙바나)'라는 조금의 움직임도 없다면 헛된 인생입니다. 얼마 정도라도 움직임이 있어야 '일(윤회에서 벗어나는 일)'이 됩니다. 그 일이 잘 되도록 하는 것이 바로 빠라미입니다.

그래서 이번 생에 살면서 빠라미가 되는 일을 몇 가지나 했는가, 그것을 체크하는 것이 상당히 중요합니다. 십바라밀 공덕이 있어야 윤회에서 벗어날 수 있습니다. 윤회에서 벗어나야 우리가 원하는 진정한 행복이 가능해집니다. 우리가 완벽한 지혜로 알 때, 윤회에서 벗어나는 것이야말로 진정한 행복이고 다른 행복은 진정한 행복이 아닌 착각임을 알게 됩니다. 우리는 윤회를 벗어날 수 있는 출세간적 지혜를 가지고 살아갈 수 있어야 합니다. 그래서 마지막 결론은 항상 빠라미가 되는 삶을 살아야 한다는 것입니다. 빠라미를 실천하는 삶이 닙바나를 향해 움직이는 삶입니다.

우리는 윤회의 시작을 많이 궁금해 합니다. 그러나 이런 철학을 가지고 생각해 보면 시작이라는 것이 아무런 의미가 없음을 이해할 수 있습니다. 윤회의 시작과 끝은 움직이지 않는 제자리걸음입니다. 윤회에서 제아무리 날고뛰면서 잘 살았다고 해도 그것은 움직임이 조금도 없는 제자리걸음입니다. 제자리걸음에 무슨 시작과 끝이 있습니까? 제자리걸음에서 시종(始終)을 논한다는 것은 탁상공론(卓上空論)일 뿐입니다. 시간은 우리가 만든 개념이기 때문에 몇 시간, 몇 날, 몇 년이 지났다고 말할 수 있지만 늘 한 곳에 있는 사람에게는 시작과 끝이 무의미합니다. 누구는 시작과 끝을 신으로 생각하지만 그러나 신은 우리에게 아무것도 해줄 수 없는 개념입니다.

그러나 부처님의 가르침은 고통스러운 윤회를 끝낼 수 있게 합니다. 윤회를 끝냄이 닙바나(열반)입니다. 번뇌를 완전히 소멸시킬 수 있어야 고통이 소멸되고, 고통의 소멸이 윤회의 끝남입니다. 번뇌의 소멸이 집성제의 소멸이지요? 집성제의 소멸이란 고통의 원인의 소멸입니다. 고통의 원인이 소멸되면 더 이상의 고통은 없습니다. 그래서 한마디로 말하면 윤회는 번뇌덩어리이고, 번뇌의 완전 소멸이 닙바나입니다. 이런 사실을 알면 윤회의 시작과 끝을 논하는 것은 정말 무의미하다는 것을 깨닫게 됩니다. 윤회는 말 그대로 윤회입니다. 아무런 의미 없이, 시작도 끝도 없이, 제자리에서 계속 그냥 빙빙 돌고 있는 것뿐입니다. 이런 윤회에서 조금이라도 움직이는 것이 윤회에서 벗어나는 길입니다. 시간과 공간이라는 차원을 벗어나서 생각할 수 있어야 부처님이 말씀하시는 출세간이라는 의미를 이해할 수 있습니다. 시간과 공간이라는 것은 차원(dimention)입니다. 하나의 차원에서만 보고 있으면 그것밖에 보이지 않습니다.

어떤 사람이 부처님을 찾아와서 중생의 시작과 윤회의 시작을 질문합니다. 그 질문은 일단은 '자아'를 먼저 세우고 질문하는 것이기 때문에 부처님께서 대답을 하지 않으십니다. 즉 '나'를 먼저 세워야 '나의 시작'을 질문할 수 있는 것입니다. 그래서 부처님께서 대답을 하지 않고 가만히 계시니 그 사람은 '부처님이 중생과 윤회의 시작을 모른다.'라고 오해하였습니다. 부처님께서 모르는 것이 아닙니다. 불임 환자인 여자에게 아들을 낳았는지 딸을 낳았는지를 물으면 그 여자가 어떻게 대답하겠습니까? 그와 같이 '나'가 없는데 '나의 시작'을 어떻게 질문할 수 있습니까? 질문 자체가 논리적으로 합당하지 않은 것입니다. '나'라고 하는 자체가 어리석음이고 아상이고 착각입니다. 없는 '나'를 만들어 두고 내가 어디서 시작했는지 물어보는 어리석은 질문에 어떻게 답을 합니까?

아이를 낳지 못하는 여자에게 한 사람은 아들을 낳았다고 하고 다른 사람은 딸을 낳았다고 하며 서로 싸울 때 그 여자는 아무 말도 못하는 것과 같이, 부처님께서도 질문부터 잘못되었다고 하시고 대답을 하지 않으시는 것입니다. 무아를 모르는 사람의 우문에 대답할 필요가 없고 또 그런 사람은 말해 줘도 모르기 때문에 대답을 하지 않는 것입니다.

경전에 보면 그 당시 많은 외도들이 부처님을 공격하려고 논리에 맞지 않는 질문을 하면서 꼬투리를 잡으려고 하였습니다. 그때 부처님께서 대답을 하지 않으시면 부처님이 세상의 진리를 모른다고 비방하였습니다. 신이 인간을 창조하신 것이 시작이고 사실인데 부처님이 그 시작을 모르기 때문에 대답하지 못하는 것이라고 떠벌이고 다녔습니다. 사실 인간의 시작을 찾으려는 사람들은 달걀이 먼저인지 닭이 먼저인지를 따지는 사람과 같습니다. 닭이 달걀을 낳고 닭은 달걀에서 부화되어 나옵니다. 그러면 어느 것이 먼저입니까? 대답할 수가 없지요?

윤회의 시작은 없습니다. 윤회는 원인과 결과로 굴러갑니다. 원인 없는 결과가 없듯이 윤회는 인과의 흐름일 뿐, 윤회의 시작이라는 것이 있을 수가 없습니다. 만약 이것이 시작이라면 시작의 원인이 또 있을 것입니다. 그러면 그 원인의 원인도 있어야 합니다. 그래서 차원(dimention)을 이해해야 합니다. 한 면만 보고 있으면 다른 면은 볼 수가 없기 때문에 그것이 틀렸다고 하는 오류를 범할 수 있습니다.

윤회란 움직임이 없어서 아무것도 되는 일이 없는 것입니다. 만약 제가 여러분에게 법당을 한 바퀴 돌고 오라고 하면 처음에는 그대로 하겠지요? 한 바퀴, 두 바퀴…… 몇 바퀴 돌있는네노 아무런 설명이 없으면 화나지요? 아무것도 모르고 돌 때는 시키는 대로 돌았는데, 단지 돌기만 하는 것이 의미가 없다고 알면 더 이상 돌지 않습니다. 강요해도 돌지 않습니다. 윤회도 마찬가지로 모르기 때문에 계속 돌고 있는 것입니다. 다시 돌 필요가 없다고 아는 지혜가 없기 때문에 돌고 있는 것입니다. 윤회하는 것은 바보짓입니다. 아는 사람은 돌지 않습니다. 누가 말해도 돌지 않습니다. 부처님께서 깨닫자마자 그 이야기를 하셨습니다. "내가 몰라서 윤회하였다. 이제 알았다. 더 이상 윤회할 이유가 없다." 이것이 부처님의 오도송[6]입니다.

---

6 부처님의 오도송 : 아네까(무수한, 다양한), 자띠(태어남) 삼사랑(윤회), 산다윗상(족쇄, 밧줄, 사슬), 아닙비상(발견하지 못했다), 가하까랑(갈애로 몸이라는 집을 짓는 자), 가웨산또(찾다, 노력하다, 구하다), 둑카(고통), 자띠(태어남), 뿌납뿌낭(거듭거듭, 점점, 재삼재사). 가하까라까(집 짓는 자), 딧토시(보았다, 알았다), 뿌나(다시, 또, 거듭), 게항(집), 나(못한다), 까하시(하다), 삽바(모든), 떼(그), 파수까(서까래), 박

Anekajātisaṃsāraṃ, sandhāvissaṃ anibbisaṃ;
아네까자띠삼사랑, 산다윗상 아닙비상
Gahakāraṃ gavesanto, dukkhā jāti punappunaṃ.
가하까랑 가웨산또, 둑카 자띠 뿌납뿌낭
Gahakāraka diṭṭhosi, puna gehaṃ na kāhasi;
가하까라까 딧토시, 뿌나 게항 나 까하시
Sabbā te phāsukā bhaggā, gahakūṭaṃ visaṅkhataṃ;
삽바 떼 파수까 박가, 가하꾸땅 위상카땅
Visaṅkhāragataṃ cittaṃ, taṇhānaṃ khayamajjhagā.
위상카라가땅 찟땅, 딴하낭 카야맛자가

한량없는 세월, 생사윤회를 거듭하면서 집 짓는 자를 찾아 헤매 었으나 찾지 못하여 계속해서 태어났나니 이는 고통이었다. 집을 짓는 자여! 이제 너를 보았노라. 너는 이제 더 이상 집을 짓지 못하리라. 모든 서까래는 부서졌고, 대들보는 산산이 조각났다. 나의 마음은 조건 지어진 것들에서 벗어났고 모든 갈애는 파괴되었도다.

이와 같이 윤회를 모르기 때문에 재미있게 빙빙 돌고 있습니다. 모습만 바꾸어 거듭 생멸하면서 의미 있는 새로운 삶을 산다고 착각합니다. 우리의 인생이 무의미한 제자리걸음이 안 되려면

가(파괴), 가하꾸땅(지붕), 위상카땅(부서지다). 위상카라가땅(조건 지어진 것이 제거된), 찟땅(마음), 딴하낭(갈애), 카야맛자가(파괴에 이르렀다).

열반을 향하여 조금이라도 움직임이 있어야 합니다. 열반을 향한 움직임이 있어야 성공한 인생입니다. 열심히 노력했는데 끝에 도착해 보니까 제자리라면 우리는 많이 실망하겠지요? 한 생을 열심히 살고는 만족하고 있는데, 사실은 제자리에서 맴돌고 있었다면 얼마나 허탈하겠습니까? 윤회를 벗어나지 않는다면, 우리가 태어나서 부지런히 열심히 많은 일을 하고 살지만 아무 보람도 없는 헛된 인생을 산 것과 같습니다. 그런데 삶에서 헛되지 않은 것이 바로 빠라미입니다. 빠라미가 되는 선업이 나의 인생을 닙바나로 갈 수 있게끔 조금이라도 움직여 준다고 알아야 합니다.

빠라미란 고귀한 분들이 하는 일입니다. 부처님은 번뇌가 없는 청정한 분이기에 가진 것이 전혀 없어도 최고로 고귀합니다. 우리도 번뇌가 없는 마음으로 생각하고 행동하고 말할 때 고귀해질 수 있습니다. 우리는 빠라미가 '고귀한 자의 일'이라고 하면서, 대단히 어려워서 하기 힘든 일이라고 착각합니다. 사실은 그렇지 않습니다. 내 마음이 고귀할 때 내 생각과 말과 행동이 고귀해집니다. 잠에서 깰 때 오늘도 잘 먹고 잘 살아야겠다는 생각으로 일어나면 그 마음은 고귀하지 않습니다. 오늘도 모든 중생들이 건강하고 행복하기를 바라며 내가 이 세상을 위해서 할 수 있는 것이 무엇이 있을까 생각하면서 아침에 일어난다면 그것도 빠라미가 될 수 있습니다. '나'에 대한 욕심·애착·집착을 버리면서 하는 일은 다 빠라미가 됩니다.

인간으로 태어난 것은 윤회에서 빠라미를 할 수 있는 기회를 얻는 것입니다. 친지나 가족들을 대할 때도 그들을 어쩌다 집에 한 번씩 찾아오는 귀한 손님 대하듯이 한다면 나의 모든 생각과 말과 행동이 다 빠라미가 됩니다. 긴 윤회를 한 생으로 보면서 이번 생을 그 중 하루로 본다면, 우리의 하루살이 인생에서 만난 가족을 귀한 손님 대접하듯이 할 수 있을 것입니다. 하루만 지나면 더 이상 만나지 못하는데 욕하고 상처주는 마음이 날까요? 더 잘해주고 싶지요? 욕심으로 애착 집착하지 않고 지혜롭게 잘해주면 다 빠라미가 될 수 있습니다. 인생을 완전히 뒤집기는 힘듭니다.

생은 그대로 흘러가도록 두고 나의 가치관만 바꾸어 그것에 따라 살아가면 똑같은 삶이라도 다르게 살 수 있습니다. 마음가짐이 달라지면 생각의 방향이 달라지고 말과 행동도 아주 아름답게 달라집니다.

지금 모두 삭발하고 일주일, 한 달, 삼개월간 수행하라고 하면, 하고 싶지만 현실적으로 불가능하지요? 자신이 처한 현실을 알고 그 현실 속에서 지혜롭게 살려면 엄청난 노력이 필요합니다. 우리가 불선업을 쉽게 하지만 사실 불선업을 할 때도 힘이 듭니다. 살생도, 도둑질도, 사음도, 거짓말도 실제로 하려면 노력이 필요합니다. 선업(빠라미)을 할 때도 어렵고 힘들지만 그런 어려움 속에서도 열심히 노력하면 조금씩 조금씩 빠라미 공덕이 쌓여 갑니다. 그런 식으로 꾸준히 해 가면 진정한 마음으로 세상을 대할 수 있는 공덕들이 차차 많아지게 됩니다. 이런 철학을 가지고 살아갈 수 있다면 우리의 삶이 헛되지 않을 것입니다.

만약 1000km 가야 닙바나에 도착할 수 있다면 내가 1m만 가도 '움직임'이 있는 것입니다. 그러면 나의 인생은 헛되지 않습니다. 그러나 이런 철학 없이 십바라밀을 시작하지 않으면 항상 제자리에 있게 됩니다. 이 말은 지금까지 윤회에서 살아온 수많은 인생이 계속 제자리걸음만 하고 있었다는 것입니다. 그래서 우리는 십바라밀을 완성해야 사성제를 깨닫고 닙바나를 성취할 수 있음을 알고 십바라밀을 열심히 실천해야 합니다.

그러면 이 십바라밀을 열심히 할 수 있는 고귀한 마음이 어디서 오는가? 고귀한 마음이 공짜로는 안 생기지요? 고귀한 마음은 지금처럼 끊임없이 계·정·혜를 닦고 닦아 번뇌에 찌든 우리 마음을 씻어내는 것에서부터 시작됩니다. 계속 계·정·혜를 훈련하면 아상이 없어집니다. 아상을 내려놓게 되면 세상을 하나로 보게 되고 너와 나라는 분별심이 없어집니다. 너의 행복이 나의 행복이고, 너의 고통이 나의 고통이라는 마음이 생기니까 세상을 대할 때 '자비희사'로 대하게 됩니다. 아상을 내려놓는 것이 빠라미의 기본입니다. 아상을 내려놓고 고귀한 마음으로 하는 생각과 말과 행동들이 다 빠라미가 됩니다. 모든 중생들의 이익을 생각하면서 하는 행동 하나 하나는 남을 해치지 않게 됩니다. '어떻게 말해야, 어떻게 행동해야 다른 사람들에게 두루두루 이익이 될까?' 이런 마음으로 사는 삶 자체가 빠라미가 되는 것입니다.

빠라미를 잘 실천하려면 먼저 '닙바낫사 빳짜요 호뚜(열반의 원인이 되기를)!'라는 마음의 씨앗을 잘 만들어야 합니다. 씨앗에서 뿌리가 제대로 내리려면 물을 주고 햇볕이 잘 들게 하고 영양분을 줘야 하듯이, 우리는 계·정·혜를 닦는 것입니다. 계·정·혜를 닦음으로써 아상을 내려놓게 되고 아상을 내려놓을 수 있는 만큼 닉캄마(출가)·칸띠(인내)·우뻭카(평정)의 기본적인 나뭇가지 세 개가 생기고, 그 가지에서 잎들이 무성하게 나오듯 '자비희사'로 세상을 대하는 힘들이 생깁니다. 마침내 꽃이 피듯이 우리가 하는 말과 행동과 생각들이 빠라미 공덕이 됩니다. 빠라미 공덕이라는 꽃이 필 때 그 꽃은 시들지 않습니다. 닙바나로 갈 때까지 이 공덕이 우리를 계속 뒷받침해 주면서 따라옵니다. 닙바나가 열매이지요. 이렇게 부처님의 가르침은 다 연결이 되어 있습니다.

13. 사성제

빠라미의 공덕이 충분하여 붓다의 길로 갈 때는 반드시 사성제를 깨달아야 합니다.

사성제를 원어로 '짜따리 아리야 삿짜니(catari ariya saccāni, 고귀한 성인들의 네 가지 진리)'라고 합니다. 짜따리(네 가지), 아리야(성인들의), 삿짜니(진리들). 아리야는 범부가 아닌 사성제를 깨달은 성인(聖人)들을 말합니다. 아리야는 때가 묻지 않은, 깨끗하고 청정하다는 뜻인데 그 청정함이 성인의 뜻으로 쓰이고 있습니다. 그 아리야(청정함, 깨끗함)에 삿짜(진리)를 붙여 아리야삿짜(성인들의 진리)라고 합니다. 아리야삿짜에는 두 가지 의미가 담겨 있습니다. 하나는 고귀한 사람들이 가지는 진리라는 의미이고, 또 하나는 고귀한 진리라는 의미입니다. 비슷한 것 같지만 잘 생각해 보면 의미가 조금씩 다릅니다. 깨끗하고 청정하기 때문에 고귀한 사람이 됩니다. 사람이 고귀하다고 할 때 돈이 많이 있다거나 학위가 높다거나 권력이 있다거나 직위가 높다고 고귀한 사람이 되는 것은 아닙니다. 몸과 마음이 청정한 사람이 고귀한 사람입니다. 그래서 아리야삿짜의 첫째 의미는 청정하고 고귀한 사람들의 진리입니다. 둘째 의미는 이 진리 자체가 윤회를 벗어나게 해 주는 출세간법으로 고귀하기 때문에 고귀한 진리라고 합니다. 부처님은 사성제를 깨달은 분이기 때문에 부처님 가르침의 핵심이 바로 사성제입니다. 부처님께서는 사성제를 빼놓고 법이라고 할 만한 다른 것이 없다고 하셨습니다.

"Catu saccaṃ vinimutto dhammo nāma natthi."
짜뚜 삿짱 위니뭇또 담모 나마 낫티
사성제를 빼놓고 달리 법이라고 할 만한 것이 없다

짜뚜(네 가지), 삿짱(진리), 위뭇또(제외하면, 제외한), 담모나마(법이라는 것이, 법이라고 할 수 있는 것이), 낫티(없다). 사성제를 제외하고는 다르게 법이라고 할 만한 것이 없다. 이 말은 사성제의 중요성을 말합니다. 여러분들이 사성제 공부를 시작하기 전에 사성제가 얼마나 중요한 가치를 지녔는지를 먼저 이야기하는 것입니다.

붓다의 정의를 '짜뚜삿짱붓자띠띠 붓도(Catusaccaṃ bujjhatiti buddho)'라고 합니다. 붓자띠(안다), 이띠(그래서), 붓도(부처님이다). 무엇을 아는가? 짜뚜삿짱(사성제). 그래서 사성제를 아는 자가 부처라고 정의를 내렸습니다. 그러면 누군가가 '내가 부처다.'라고 할 때 우리는 그 사람이 사성제를 아는가 모르는가를 따지면 진실인지 거짓인지를 알 수 있습니다. 이 세상에서 자기가 최고라고 하는 사람은 반드시 사성제를 알아야 합니다. 사성제를 모르면 자기 마음대로 최고라고 해도 우리는 최고라고 생각하면 안 됩니다.

우리는 사성제를 아는 사람만이 최고라고 알아야 합니다. 석가모니 부처님께서는 사성제를 깨닫고 부처가 되셨습니다. 과거의 모든 부처님들도 이 사성제를 깨닫고 부처가 되셨고, 앞으로 오실 미륵 부처님도 이 사성제를 통해 부처가 되실 것입니다. 부처님은 사성제를 꿰뚫어 아는 삽반뉴따붓다(모든 법을 아시는 부처님)입니다. 여러분들도 이론적으로 사성제 의미를 확실하게 알면 아직 깨닫지는 못했어도 수따붓다(들음으로 되는 부처)가 될 수 있습니다.

사성제는 고·집·멸·도입니다.
고성제(Dukkhaariyasaccaṃ 둑카아리야삿짱)
집성제(Dukkhasamudayaariyasaccaṃ 둑카사무다야아리야삿짱)
멸성제(Dukkhanirodhaariyasaccaṃ 둑카니로다아리야삿짱)
도성제(Dukkhanirodhagāminīpaṭipadāariyasaccaṃ 둑카니로다가미니빠띠빠다아리야삿짱).

둑카삿짜(고성제)는 오취온으로 지금 우리가 겪고 있는 고통, 앞으로 겪어야 할 고통, 과거에 겪었던 모든 고통입니다. 고통을 일으키는 원인은 사무다야삿짜(집성제)로 갈애입니다. 고통과 고통의 원인의 소멸이 니로다삿짜(멸성제)로 닙바나(열반)입니다. 그 멸성제로 갈 수 있는 길이 막가삿짜(도성제)로 팔정도입니다. 사성제를 원인과 결과로 볼 때는 원인에 해당하는 두 가지가 집성제와 도성제이고, 결과 두 가지가 고성제와 멸성제입니다. 집성제가 원인이고 그 결과가 고성제이고, 도성제가 원인이고 그 결과가 멸성제이지요. 고통의 원인인 집성제를 계속 일으키면 고통인 고성제가 계속 생길 것이고, 고통의 소멸인 멸성제를 원하면 고통의 원인을 소멸시킬 수 있는 도성제를 닦아야 합니다.

이렇게 먼저 인과를 분명하게 이해해야 합니다. 우리의 현실은 고성제와 집성제입니다. 우리가 팔정도에서 미끄러질 때마다 고성제와 집성제 속에 있다고 알아야 합니다. 지금 우리가 밤낮으로 수행하고 있는 도성제는 고성제와 집성제에서 빠져나가는 길입니다. 도성제를 실천 수행하지 않으면 우리는 항상 고성제와 집성제에 빠져 윤회를 벗어날 수가 없습니다. 부처님께서는 사성제에 대해서 『초전법륜경』에서 각각의 정의를 말씀하시고 다시 사성제 각각을 네 가지로 세분하여 자세히 말씀하십니다. 여기서는 그 두 가지를 총괄하여 사성제를 설명해 보겠습니다.

1) 고성제

(1) 정의

둑카(dukkha, 고苦)는 고통이나 괴로움으로 번역하는데 사실은 고통 외에도 여러 가지로 표현됩니다. 『청정도론』[7]에 보면 둑카를 스물다섯 가지 방식으로 관찰하라고 합니다. '좋지 않다'라는 말도 고통의 표현 중 하나입니다. 좋지 않기 때문에 고통스럽다는 말이지요. 누가 와서 여러분들을 때리고 발로 차고 칼로 찌르면 아프고 힘들지요? 누가 나를 고문하는 느낌이 있으면 '둑카'를 아는 것입니다.

수행 중에 몸을 관찰하면 몸이 진짜 고통스러운데 그렇게 느껴지면 그것도 고성제를 아는 것입니다. 움직이지 않고 가만히 있으면 배도 고프고 허리도 아프고 다리도 저리고, 또 졸음이 쏟아지기도 합니다. 이렇게 움직이지 않고 가만히 있으면 몸에 여러

---

[7] 『청정도론』에 오온에서 무상·고·무아를 꿰뚫어 아는 위빳사나 지혜를 키우기 위한 네 가지 특별한 관찰 대상 참조. 무상을 10가지로, 무아를 5가지로, 고를 25가지로 관찰하여 무상·고·무아를 통찰한다.

가지 고통들이 나타납니다.

그래서 부처님께서 말씀하시는 '둑카'를 고(苦)라고 번역한다고 무조건 '고통' 하나로만 생각하면 안 되고 원어를 잘 이해하기 바랍니다. 우리가 원치 않는 것을 겪고 있을 때 그것은 거의 다 둑카입니다. 내가 원하는 것도 깊이 생각해 보면 다 둑카입니다. 그래서 둑카의 범위가 엄청나게 넓습니다.

둑카를 특징에 따라 크게 세 가지로 분류합니다.

첫째는 둑카둑카(dukkhadukkha, 고고성苦苦性)입니다. 둑카둑카는 불만족, 통증, 몸의 고통, 마음의 괴로움 등인데 누구나 쉽게 알 수 있는 고통입니다.

둘째는 위빠리나마둑카(viparināmadukkha, 괴고성壞苦性)인데 이 것은 변화로 인한 둑카입니다. 흔히 행복이라고 생각하는 모든 것들도 변하기 때문에 위빠리나마둑카입니다. 정신과 물질은 매 순간 변하는데 그것이 위빠리나마 둑카입니다.

셋째는 상카라둑카(saṅkhāradukkha, 행고성行苦性)입니다. 이것은 조건 지어진 모든 것이 고통이라는 말입니다. 이 세상의 모든 존재는 원인(업)에 따라 일어나는 결과(오온)입니다. 그래서 오온이 고통이라는 말입니다.

부처님께서 『초전법륜경』에서 오취온을 고성제라고 하셨습니다. '자띠삐 둑카(태어남이 고통)'입니다. 아기가 태어날 때 보면 어머니도 고통스럽고 아기도 고통스럽습니다. '자라삐 둑카(늙음이 고통이다)' 지금도 보기 싫게 늙어 갑니다. 갈수록 주름이 생기고 피부도 탄력이 없어지고 허리가 꼬부라지면서 여러 가지로 몸이 이상하게 변하지요? 그런 늙음을 좋아하는 사람은 아무도 없습니다. 늙음이 싫어서 어떻게든 늙음에서 도망치려고 하지만 그냥 늙어 갑니다. '뱌디삐 둑코(병듦이 고통이다)' '마라남삐 둑캉(죽음도 고통이다)' 태어남이 고통이고 늙음이 고통이고 병듦이 고통이고 마지막으로 죽음도 고통입니다.

태어남이 고통이 아니라고 하는 사람들도 있습니다. 예를 들면 인간은 모태에서의 10개월과 출생 시 힘든 것이 확실한데, 천신이나 범천들은 태중 생활도 없고 태어날 때도 18세 정도의 아름다운 청년의 모습으로 태어나기 때문에 산통이 없습니다. 이렇게 신들이 태어날 때는 고통을 잘 모릅니다. 그러면 태어남이 무슨 고통이냐고 할 수 있지요? 그럴 때 어떻게 말할까요? 깊이 생각해 보면 태어남 자체가 고통임을 이해할 수 있습니다. 왜 그러한가? 31천 중생들은 태어나면 무조건 죽습니다. 그래서 이번 생에 태어나 죽고, 다음 생에 또 태어나 죽고, 이렇게 끊임없이 태어나 죽는 것이 바로 윤회의 고통입니다. 태어나기 때문에 늙고, 태어나기 때문에 병들고, 태어나기 때문에 죽습니다. 이런 것들은 태어나지 않으면 아예 없습니다. 그래서 태어날 때 고통이 없더라도 태어남으로 인해서 늙고 죽어야 하는 것이 고통이라는 의미입니다.

만약 신이나 범천으로 태어나는 것은 고통이 아니라고 한다면 그것은 사실이 아닙니다. 신들의 겨드랑이에서 땀이 조금 나거나 신들의 꽃이 시들면 그것이 죽는 것입니다. 신들도 선업의 공덕이 다하면 다시 윤회합니다. 그래서 부처님께서 꿀꿀거리는 돼지를 보고 아난존자에게 "저 돼지는 멀지 않은 어느 전생에 범천이었다."라고 하신 법문이 있습니다. (범천은 바로 사악처로 떨어지지 않습니다.) 천신이나 범천은 태어날 때는 아프지 않지만 태어나면 언젠가는 죽어야 하는 고통이 있습니다. 죽어서는 다시 사악처에 태어날 수도 있습니다. 이렇게 생사를 끊임없이 반복하는 것이 바로 고통이라는 말입니다.

그 다음 태어나면 어떻게 됩니까? '소까빠리데와 둑카도마낫수빠야사(sokaparideva dukkhadomanassupayāsā)' 소까(걱정, 근심). 태어나면 걱정 근심을 가지게 됩니다. 태어나지 않으면 걱정 근심이 없습니다. 태어나서 사는 동안 걱정 근심이 얼마나 많은지! 사람들이 걱정 근심으로 마음이 불편하고 괴롭습니다. 태어날 때부터 죽을 때까지 걱정이 없는 사람은 없습니다. 걱정 근심을 안고 사는 것이 인생입니다.

모든 사람들이 걱정 근심을 다 싫어합니다. 걱정 근심으로 사는 것이 얼마나 안 좋은지, 마음이 노심초사, 불안 초조, 조마조마, 그렇게 사는 것이 매우 괴로운데도 그렇게 살아갑니다. '빠리데와(비탄, 눈물 흐름)' 태어날 때부터 죽을 때까지 눈물을 흘릴 일이 없는 사람은 없습니다. 눈물이 없으면 병이지요. 눈물이 없는 사람은 없습니다. 부처님께서는 윤회에서 흘린 눈물을 모아 놓는다면 바다보다 더 많다고 하셨습니다. '둑카(육체적인 고통)' '도마낫사(정신적인 괴로움)' '우빠야사(절망)' 그것들은 태어나면 피할 수 없습니다. 그래서 태어나면 늙음과 아픔, 병듦과 죽음뿐만 아니라 걱정 근심, 눈물 흐름, 육체적인 고통, 정신적인 괴로움, 속이 타는 등등 이런 여러 가지 고통들을 겪게 됩니다.

또 원수는 외나무다리에서 만난다는 속담처럼 '압뻬예히 삼빠요고 둑코(미운 사람과 같이 살아야 하는 고통)'입니다. 압뻬예히(사랑하지 않는 사람, 미워하는 사람과), 삼빠요고(같이 살게 되는 것이), 둑코(고통). 예를 들면 유치원 때부터 싫어하는 사람들과 같이 지내는 아이들이 많이 있습니다. 어쩔 수 없이 같은 유치원에 다니게 되어 서로 원수가 됩니다. 초등학교, 고등학교, 대학에 가도 미운 사람이 있습니다. 졸업해서 직장에 다닐 때도 보기 싫은 사람이 있습니다. 결혼해도 나중에 미워서 이혼하게 되는 경우도 있습니다. 사람들은 여러 가지로 적을 많이 만듭니다. 이렇게 미워하는 사람과 피할 수 없이 같이 살게 되는 것이 고통입니다.

사랑하는 사람과 영원히 같이 살 수도 없습니다. '삐예히 윕빠요고 둑코(사랑하는 사람과 헤어지는 고통)'입니다. 삐예히(사랑하는 사람과), 윕빠요고(헤어지는 것이), 둑코(고통). 살아 있으면서 헤어지는 사람이 있고 죽어서 헤어지는 사람이 있습니다.

살아 있는 동안 한 생에서 헤어지기도 하고(nānābhāvo 나나바워), 죽어서 생이 달라지면서 헤어지기도(vinābhāvo 위나바워) 합니다. 사랑하는 사람과 평생 같이 있고 싶은데 부득이하게 헤어져야 합니다. 부모가 늙어 돌아가시어 헤어지게 되고, 불의의 사고로 사랑하는 동생을, 남편을, 부인을 잃게 되어 헤어집니다. 부부는 죽을 때까지 같이 있고 싶은데, 마지막 1초까지 같이 살다가 죽고 싶은데, 한 사람이 먼저 죽고 한 사람은 남아 있습니다. 사랑하는 아들딸과 친구들, 살아 있으면서도 헤어져야 되고 죽으면서도 헤어져야 되기에 다 고통입니다.

삶은 원하는 대로 다 이루어지지 않습니다. '얌뺏참 나 라바띠 땀삐 둑캉.' 양(어떤 것을), 잇창(갖고 싶어, 되고 싶어, 하고 싶어). 그런데 나라바띠(안 됩니다). 원하는 대로 가지지 못하고, 하지 못하고, 되지 않고, 먹지 못하고, 보지 못합니다. 그러니 얼마나 고통스럽겠습니까? 원하는 대로 안 되는 것도 고통이지만, 불가능한 것을 원하는 것도 문제입니다. 별난 인간들이 많지요? 안 되는 것을 원하는 사람들이 많이 있습니다. 예를 들면 남자인데 여자가 되고 싶은 사람이 있고, 여자인데 남자가 되고 싶은 사람이 있습니다. 그런 것은 안 되는 것을 원하는 겁니다. 억지로 수술하고 호르몬 치료를 하지만 소용이 없습니다. 태어날 때부터 가지는 남성과 여성 물질은 성기 하나만을 말하는 것이 아니고 온몸에 퍼져 있는 물질입니다. 그러니 그것을 어떻게 바꿀 수 있겠습니까? 남성 물질과 여성 물질은 업 때문에 생기는 물질이고 또 한 곳에만 있는 것이 아니고 온몸에 퍼져 있습니다. 그래서 이렇게 안 되는 것을 원하는 것도 문제이고 원하는 대로 안 되는 것도 문제입니다.

끝으로 부처님께서는 아주 단정적으로 확실하게 오취온이 고통이라고 말씀하십니다. '삼킷떼나 빤쮸빠다나칸다 둑카.' 삼킷떼나(간략하게, 요약해서 말하면), 빤쮸빠다나칸다(오취온五取蘊), 둑카(고苦), 빤짜(다섯 가지), 우빠다나(취取), 칸다(온蘊). '칸다'는 여러 가지가 모여 있는 것을 말합니다.

그러면 '색온'이라면 무엇인가요? 28가지 물질입니다. 28가지 물질 중에도 지대라면 지대가 많이 모여 있고, 수대라면 수대가 많이 모여 있습니다. 어떻게 모여 있는가? 전생의 색온, 이번 생의 색온, 미래 생의 색온이 모여 있습니다. 지금도 어저께의 색온, 지금 있는 색온, 내일의 색온이 있을 겁니다. 오온(색수상행식)을 과거 현재 미래로 따져 보면 많이 모여 있습니다. 그런 의미로 칸다(khandhā)라는 단어를 사용합니다.

우빠다나(upādāna)는 칸다를 취착하는 겁니다. 칸다라는 오온에 아(我)를 붙여서, 나, 너, 남자, 여자, 김 누구, 이 누구라고 취착합니다. 혹은 얼굴이 예쁘다, 몸매가 어떻다, 입술이 어떻다고 이렇게 보고 있는 것도 다 취착하고 있는 겁니다. 오온에서 취착하기 때문에 오취온이 됩니다. 즉 오취온은 중생들이 취착하는 오온이라는 뜻입니다. '색수상행식'을 '색수상행식' 그대로 알면 취착하는 것이 아닙니다. 그런데 우리는 색수상행식을 어떻게 알고 있습니까? 나, 너, 남자, 여자, 미워하는 사람, 사랑하는 사람 등으로 알고 있습니다. 아상·인상·중생상·수자상으로 알고 있는 것이 다 취착하는 겁니다. 사견으로 취착하고 갈애로 취착합니다. 고성제를 한마디로 말하자면 '오취온'이라는 겁니다. 이런 이야기로 부처님께서 고성제를 마무리 지었습니다.

오취온이 고통이라는 말이 무슨 의미인지 잘 모르겠다면 '내가 고통이다.'라고 아시면 됩니다. 고통이 무엇인가? 고통이 바로 '나'입니다. 나의 몸이 색(色)이고, 여러 가지를 기억하고 있는 것이 상(想)이고, 행복하거나 괴롭거나 혹은 덤덤하게 느끼는 것이 수(受)이고, 이래저래 생각하고 계획하고 행하는 의도를 행(行)이라 하고 아는 마음이 식(識)입니다. 그래서 오취온이란 바로 '나'를 말하는 것입니다. 내가 '나'라고 착각했던 것이 바로 오취온이고, '너'라고 착각했던 것이 '너'가 아니고 오취온이었습니다. 내가 남자, 여자라고 했던 것이 남자도 아니고 여자도 아닌 오취온입니다. 그래서 너도 고통, 나도 고통, 남자도 고통, 여자도 고통, 모든 중생이 다 고통 덩어리입니다.

그러면 둑카(고통)를 왜 둑카삿짜(dukkhasacca, 고성제)라고 말하는가? 즉 고통을 왜 진리라고 말하는가? 고통을 고통으로 아는 것 자체가 진리이기 때문입니다. 말이 안 되는 것 같지만 그렇게 아는 것이 매우 중요합니다. 고통을 고통인 줄 모르기 때문에 우리가 또 태어나고 싶어 합니다. 이렇게 되고 싶다, 저렇게 되고 싶다, 이렇게 되면 좋겠다, 저렇게 되면 좋겠다, 지금 이렇게 되고 있으니 다음에는 그렇게 될 거라고 하는데, 이런 것이 다 고통을 바라고 있는 겁니다. 고통을 바라고 있으니 고통이 반드시 또 올 겁니다.

그러면 왜 그렇게 고통을 바라는가? 모르기 때문입니다. 고통을 고통인 줄 모르니까 고통을 행복으로 착각하고 계속 바라는 것입니다. 슬프지만 이것이 우리의 현실입니다. 지금 고통을 겪고 있으면서 또 고통을 받고 싶다는 어리석은 말을 하는 것과 똑같습니다.

고성제라고 하는 이유가 고통을 고통으로 알아야 한다는 것을 강조하는 말입니다. 우리가 고성제를 두고 해야 하는 일은 오온이 바로 고통 덩어리임을 확실하게 아는 것입니다. 고성제를 알아야 하는 것이라고 말로 할 때는 쉽게 느껴지지만, 실제로 체득할 때는 그렇게 쉽지 않습니다. 우리가 매일 수행하는 이유가 고(苦)를 알려고 하는 겁니다. 수행을 하지 않으면 고가 고인 줄 모릅니다. 고라고 모르기 때문에 고를 자꾸 원하게 됩니다.

어떤 바보가 스님들이 법문할 때 항상 둑카(고통)라고 하니까 그 둑카가 무엇이냐고 스님에게 물어보았습니다.

"스님! 스님들이 매번 말하는 둑카를 알고 싶어요. 법문을 몇 번 들어도 둑카가 뭔지 모르겠습니다."

그러니까 스님이 말하기를

"그래? 내일 다시 오너라. 내가 둑카를 준비해 놓겠다."

다음 날 다시 오니까 스님이 가방 하나를 주면서 말했습니다.

"이 가방을 가지고 가서 나무나 집이 전혀 없는 들판에 가서 그것을 열어 보아라. 그러면 둑카를 볼 것이다."

바보가 가방을 들고 들판에 나가서 기대에 차서 열어 보았습니다. 법문을 몇 번을 들어도 둑카가 뭔지 모르니까 많이 답답하였지요. '이제 드디어 내가 둑카를 알게 될 것이다.'라고 가방을 열어보니까 개가 나왔습니다. 가방 속에서 묶여 있었으니 개가 얼마나 화가 났겠어요? 그러다 풀려나니까 바보를 물려고 덤벼들었습니다. 바보가 놀라서 도망칩니다. 도망치는데 집도 없고 나무도 없으니 피할 곳이 없었습니다. 헐레벌떡 멀리 아주 멀리 도망치다가 드디어 나무 하나를 보고는 무서워서 잽싸게 나무 위로 올라갔습니다. 올라가서 보니까 개가 밑에서 헉헉 거리면서 혀도 내밀고 눈을 동그랗게 뜨고 또 입에서는 침을 질질 흘리며 바보가 내려오기를 기다리고 있었습니다. 끝내 바보가 내려오지를 않자 개가 포기하고 갔습니다.

바보는 다음 날 스님에게 가서

"스님, 이제 제가 둑카를 알았어요."

"둑카가 무엇이더냐?"

"둑카는 눈을 동그랗게 크고 빨리 뛰고 혀가 이만하게 나오는 겁니다. 둑카가 바로 이런 거였어요."

바보는 고성제를 직접 보여 주어도 그 의미를 모릅니다. '고통이 무엇인가?' '내가 고통이다' '너도 고통이다' 고성제를 그렇게 알아야 합니다.

그러면 고성제를 모르면 어떤가? '모르면 힘들어진다.' 고통인 줄 모르기 때문에 그렇게 힘들게 살면서도 벗어나려고 하지 않습니다. 고통인 줄 알아야 고통에서 벗어나고 싶다는 마음이 생깁니다. 고를 모르면 계속 고를 안고 살아야 합니다. 우리 중생들의 삶이 그렇게 되고 있습니다. 그것이 윤회입니다. 고를 고라고 모르는 것이 어리석음입니다.

수행은 어리석음을 무너뜨리는 것이라고 말하는 이유가 그것입니다. 어리석기 때문에 고를 모르고, 모르는 것이 아윗자(avijja, 무지·무명·어리석음), 아는 것이 윗자(vijja, 지혜)입니다. '모르면 멀다!' 뭐가 멀어요? 윤회가 끝없이 멀리까지 갑니다. 태어나 죽고 또 태어나 죽습니다. 지금까지 얼마나 태어나고 얼마나 죽었는지 모릅니다. 앞으로도 얼마나 태어나고 죽을지 모릅니다. 그래서 모르는 사람에게는 윤회가 길다는 것입니다. 잠이 안 오는 사람에게 밤이 길게 느껴지듯이 모르는 사람에게도 윤회는 매우 깁니다. '알면 꺼진다!' 알면 윤회가 끊어집니다. 아는 것이 지혜이기 때문에 고를 아는 지혜가 우리를 윤회의 감옥에서 벗어나게 해 줍니다.

(2) 고성제의 네 가지 의미

오온을 고(苦)라고 말씀하실 때 부처님께서는 어떤 의미로 말씀하셨을까요? 부처님께서는 고성제를 다음과 같이 네 가지로 나누어 자세하게 설명해 주십니다.

첫째는 삘라나(pīlana, 고문, 괴롭힘)입니다. 괴롭히기 때문에 고성제라는 말입니다. 둘째는 상카따(saṅkhāta, 항상 조건을 맞춰 주는)입니다. 항상 뭔가 애쓰면서 고쳐 줘야 하기 때문에 고성제라는 말입니다. 셋째는 산땁빠(Santappa, 탄다, 태우고 있다)입니다. 항상 불이 나고 있어 뜨겁습니다. 마음이 편안하지 않고 고요하지 않고 항상 걱정 근심이 있고 애가 타기 때문에 고성제라는 말입니다. 넷째는 위빠리나마(Vipariṇāma, 변질되고 변하고 망가지고 있다)입니다. 영원하지 않고 변화하기 때문에 고성제라는 말입니다. 이 네 가지 의미로 부처님께서 고성제를 설하셨습니다.

사성제는 네 가지 성스러운 진리라는 뜻입니다. 진리는 언제 어디서 누구에게나 똑같이 합당하게 맞는 것입니다. 한국인에게는 맞고, 미얀마인에게는 안 맞으면 진리가 아닙니다. 미국인에게는 맞고, 한국인에게 안 맞으면 그것도 진리가 아닙니다. 10세기에는 맞는데 20세기에는 안 맞으면 그것은 진리일 수 없습니다. 그렇게 진리는 언제 어디서 누구에게나 똑같이 바르게 적용되는 것입니다. 우리가 고성제의 네 가지 의미를 분석해 보고 나서 그 네 가지 의미가 언제나 어디서나 누구에게나 예외가 없다고 할 수 있으면 이 말은 틀림없이 진리입니다.

(가) 삘라나(pīlana, 괴롭힘, 고문, 억압)

삘라나는 괴롭힌다, 고문한다는 말인데, 이 말이 맞는지 틀리는지 생각해 봅시다. 우리는 몸과 마음의 흐름으로 살아갑니다. 우리의 몸을 보고 이 몸이 우리를 괴롭히는가 아닌가, 고문하는가 아닌가를 곰곰이 생각해 보면 금방 알 수 있습니다. 만약 생각으로 잘 모르겠다면 어떻게 알 수 있을까요? 수행해 보면 알 수 있습니다. 수행하면 우리 몸이 자신을 얼마나 괴롭히는지 알 수 있습니다. 여러분은 "아! 수행이 너무 힘들구나."라고 착각할 수도 있습니다. 수행을 처음 시작하면 온몸을 때리는 것같이 아프고 괴로워 너무 힘들다고 합니다. 그러나 수행하는 것이 힘든 것이 아니고 수행하지 않을 때는 아픔을 단지 모르고 있을 뿐입니다. 몸과 마음을 관찰하면서 수행하니까 몸과 마음의 사실이 드러나기 때문에, 지혜로 고통을 알게 되는 것입니다. 뻴라나가 고문하고 괴롭힌다고 할 때, 내 몸 자체가 병이 걸려서가 아니고, 어디를 다쳐서가 아니고, 가만히 있어도 몸과 마음의 과정 자체가 나를 고문하고 괴롭히는 사실이 있습니다. 그 사실을 알면 고성제를 부처님의 의미대로 아는 것입니다.

　우리가 매 순간 팔정도를 수행하고 있는 것이 고를 알기 위해서입니다. 우리 몸이 예쁘다거나 아름답다고 생각하지만 사실은 위빳사나 지혜가 생기면 한 순간도 아름답다거나 편안하다고 할 수 없습니다. 매 순간 몸이 엄청 나를 괴롭힙니다. 몸 자체가 병이고 욕창이고 고문이지요. 온몸이 다 아픕니다. 이것이 뻴라나입니다. 술 취해 있을 때는 굴러도 아픈 줄 모르다가 술 깬 다음에 아픈 줄 알듯이, 수행하지 않을 때는 안 아픈 것이 아니고 어리석기 때문에 아픔을 모르고 있는 것입니다. 어떤 사람은 좌선하며 오래 앉아 있기 때문에 아프다고 합니다. 그럼 누워 있어 보세요. 누워 있어도 가만히 있으면 온몸이 다 아픕니다. 이 몸에는 좋은 게 하나도 없습니다.

　그러면 우리는 몸이 고통 덩어리임을 왜 모르는 것일까요? 그것은 몸을 계속 움직이며 가만히 있지 않기 때문입니다. 결국 스스로 거짓말을 하고 있는 것이지요. 가만히 있으면 어떤 자세로 있든, 어떤 좋은 자리에 있든, 최고의 침대에 누워도, 최고의 소파에 앉아도 우리 몸은 아프게 되어 있습니다. 우리 몸이 진짜 우리를 괴롭히고 있는데 그것을 모르게 덮어씌우는 것이 바로 자세입니다. 앉았다가 섰다가 누웠다가 걸어가다가, 가만히 앉아 있어도 왼쪽으로 오른쪽으로 뒤로 계속 움직이면서 몸의 아픔을 가려서 모르게 합니다. 다른 사람이 나를 괴롭힐 때는 쉽게 알지요. 우리는 이 몸과 마음을 '나'라고 착각하기 때문에 '내가 나를 왜 괴롭히겠는가?'라고 하면서 몸과 마음이 자신을 괴롭히는 줄 모르고 있습니다.

위빳사나 수행의 목적은 몸과 마음이 고통이라는 사실을 알려고 하는 것입니다. 그런데 수행자는 그것도 모르고 수행하면서 뭔가 대단한 것이 나타나기를 기다리고 있습니다. 무언가를 만들고 무언가를 찾으면서 1시간 혹은 2시간 가만히 앉아 있는 것을 수행인 줄 착각하고 있습니다. 그래서 문제가 생기는 것입니다.

수행은 고성제를 알려고 하는 것입니다. 수행하다가 이 몸이 진짜 괴로운 것임을 알면 그것이 깨닫고 있는 것입니다. 다른 것을 알 필요 없이 다만 '내 몸이 진짜 더럽다. 고통스럽다. 내 몸에는 좋은 게 하나도 없다. 의지할 게 하나도 없다.'라고 알면 수행이 잘되고 있는 것입니다. 그런데 수행자는 어떻게 하고 있습니까? 몸이 안 아프게 하려면 어떻게 해야 할까? 다리가 저리지 않게 하려면 어떻게 해야 할까?'라고 계속 궁리를 합니다. 원래 이 몸이 고통뿐이라는 사실을 알아야 하는데 고통을 피하려고만 합니다. 그것은 수행을 어떻게 해야 하는지를 확실하게 모르기 때문입니다. 미얀마 속담에 '본인이 타고 있는 말이 수놈인지 암놈인지 모른다.'라는 말이 있습니다. 지금 우리가 그렇습니다. 수행하면서 왜 하는지 모르고 있어요.

고성제를 알려고 도성제를 수행합니다. 고성제를 알아야 집성제를 버릴 수 있고 집성제를 버려야 멸성제에 도착할 수 있습니다. 그래서 고성제는 알아야 하는 것이고, 집성제는 버려야 하는 것이며, 멸성제는 도착해야 하는 것이고, 도성제는 실천 수행해야 하는 것입니다. 도성제를 실천하여 고성제를 알고, 집성제를 버려 멸성제에 도착한다는 이 말은 깨달음의 원리입니다.

그래서 몸과 마음이 나를 괴롭히는지 안 괴롭히는지는 수행을 바르게 하는 사람은 알 것이고, 제대로 못하는 사람은 결국 모르고 돌아갈 것입니다. 내가 수행을 제대로 하는지 아닌지는 내 몸에 대한 자신의 관점이 어떤가를 보면 알 수 있습니다. 이 몸과 마음이 진짜 더럽고 힘들고, 하나도 의지할 만한 게 없고 사랑할 게 아니고, 버릴 수 있으면 버리고 싶고……. 그런 마음이 생기면 수행을 잘하는 것입니다. 고를 아는 것입니다.

어떤 어머니가 큰 병을 가진 아이를 출산했습니다. 어머니의 고통이 얼마나 큰지를 짐작하시겠지요? 그것도 쌍둥이라면 고통이 더욱 심할 겁니다. 우리가 바로 그 어머니의 입장과 같습니다. 우리의 눈이 두 개인데 두 눈이 병을 가지고 태어난 쌍둥이와 같습니다. 눈이 망가지지 않게 하면서 계속 볼 수 있도록 잘 보호해 가는 것이 아주 힘듭니다. 귀도 코도 혀도 다 마찬가지입니다. 온몸을 잘 보존해서 유지시키며 데리고 살려고 하는 것이 병든 아기를 키우는 어머니와 같다는 말입니다. 이렇게 우리의 온몸이 나를 정말 많이도 괴롭히고 있기 때문에 몸과 마음을 가지고 사는 것이 그렇게 힘이 듭니다. 어리석어서 그 힘듦을 모를 뿐이지요. 그래서 위빳사나 수행을 해서 정신·물질의 괴로운 사실을 알려는 것입니다. 이것이 고성제의 첫째 의미인 뻴라나입니다.

(나) 상카따(saṅkhāta, 조건을 맞춰 주는)
　상카따는 여러 가지를 모아서 잘 했던(됐던) 것이라는 뜻입니다. 우리의 삶이 그냥 저절로 되는 것이 아닙니다. 저절로 잘 사는 것 같지만 실제로는 이 몸이 살기 위해서 여러 가지 일을 많이 합니다. 알게 모르게 일을 엄청나게 많이 하고 있습니다. 그래서 고통스럽다고 알아야 합니다. 여러 가지를 공급하고 고쳐 주고 씻어 주고 환경을 맞춰 줘야 하기 때문에 고통스러운 것이 상카따의 의미입니다.
　몸과 마음은 항상 여러 가지 조건들을 충족시키면서 유지해 갑니다. 그런 조건 중 하나라도 모자라면 문제가 생깁니다. 바로 머리가 아프고 근육통이 생기고 열이 나고 기침이 나고 콧물이 나고 설사를 하거나 변비가 생겨 배가 아프기도 하면서 온몸이 괴롭습니다. 그러면 마음도 같이 괴롭습니다. 마음은 생각을 뭉게구름처럼 잘 부풀립니다. 금방 이랬다가 저랬다가, 행복하다가 괴롭다가 섭섭하다가, 어느 때는 정신이 나갈 것 같고, 지치고 미칠 것 같고……. 마음도 이렇게 조건 따라 계속 달라지고 변하고 있습니다. 추우면 추운 대로, 더우면 더운 대로, 배고프면 배고픈 대로, 배부르면 배부른 대로, 자면 자는 대로, 못 자면 못 자는 대로 이렇게 몸과 마음은 조건 따라 계속 변하니 그 조건들을 수시로 알맞게 맞춰 줘야 합니다. 재워 주고 먹여 주고 대소변 봐 줘야 하고······. 대변을 안 보고 일주일만 지나면 어떻게 될까요? 죽을 것 같습니다. 그런 것이 상카따입니다. 조건을 계속 맞춰 주면서 힘들게 살아가고 있다는 의미입니다.

우리의 이 몸과 마음은 태어나서 죽을 때까지 상카따입니다. 매 순간 이런 몸과 마음을 데리고 사는 것이 보통 일이 아니지요? 그런데 그것도 모자라서 다른 사람까지 데리고 살려고 합니다. 결혼해서 남편을, 부인을, 아들딸을 데리고 삽니다. 얼마나 힘든 일이 벌어지고 있는지! 우리는 태어나서 죽을 때까지 이렇게 힘들게 살면서도 그런 사실을 잘 모르고 있습니다. 얼마나 괴롭습니까! 남편이 술 마시고 때리고 부수고 해도 부인이 계속 남편을 모시고 사는 것과 같습니다. 이 몸과 마음이 나를 너무 괴롭히는데 매일 오냐오냐 하면서 살아갑니다. 어리석어서 어쩔 수가 없습니다. 어리석지 않으면 빨리 버리고 떠날 것인데 어리석어서 버리지를 못합니다. 그것이 상카따인 진실을 모르기 때문입니다. 존재한다면 절대로 이 상카따에서 벗어나지 못합니다.

(다) 산땁빠(Santappa, 계속 불타는, 애태우는, 슬픔, 비탄)
산땁빠는 계속 태우고 있다는 뜻입니다. 불에는 탐·진·치 등 열한 가지[8]가 있습니다. 욕심이 생기면 탐욕의 불이 타오르고 있

---

8 불타오름 경(SN35:38) 참고 : 모든 것이 불타고 있다. 눈이 불타고, 형상이 불타고, 안식이 불타고, 안촉이 불타고, 안촉수(안촉을 조건으로 생기는 즐거움과 괴로움, 괴롭지도 즐겁지도 않은 느낌)가 불타고 있다. 무엇으로 불타는가? ① 탐욕 ② 성냄 ③ 어

는 것입니다. 눈에서 불이 타고 있습니다. 눈으로 보면서 욕심 부리고, 성내고, 어리석고, 자만 부리고, 인색하고 질투와 시기를 하는 등등으로 눈이 불타고 있습니다. 눈으로 보면서 욕심이 생깁니다. 보지 않으면 욕심을 부리지 않습니다. 우리는 한 번도 본 적이 없는 것을 욕심낼 수 없습니다. 소리를 들으면서 욕심 부리고 질투 시기하고……. 그런 것이 다 불이 나는 것입니다. 눈, 귀, 코, 혀, 몸, 마음에서 모두 불이 나고 있습니다. 매 순간 보고 듣고 냄새 맡고 맛보고 감촉하고 생각하면서, 탐·진·치라는 불이 나고 있는데 그것이 산땁빠입니다.

불선업뿐만 아니라 선업도, 그리고 모든 존재하는 물질과 정신도 산땁빠입니다. 그래서 우리는 속 시원하게 편하게 살지 못합니다. 항상 속이 타고, 눈에서 귀에서 코에서 혀에서 몸에서 마음에서 불이 나 괴롭습니다. 혀에서는 언제 불이 나는지 아세요? 식사 시간입니다. 음식이 입에 맞으면 욕심 부리고, 입에 안 맞으면 성내고, 그런 식으로 과거·미래·현재의 음식에서 다 불이 나고 있습니다.

마음에서 생각이 일어날 때마다 탐·진·치·자만·시기·질투·후회·의심의 불이 계속 나고 있는데 그것이 산땁빠입니다. 불이 한 가지로 탈 때가 있고, 두 가지로 탈 때가 있고, 여러 가지가 탈 때가 있습니다. 얼마나 뜨거운지! 그런데 우리는 그걸 모르고 있습니다. 고추 안에 있는 벌레는 고추가 맵다는 걸 모르고, 지옥에

리석음 ④ 태어남 ⑤ 늙음 ⑥ 죽음 ⑦ 슬픔(소까) ⑧ 비탄(빠리데와) ⑨ 육체적 고통(둑카) ⑩ 정신적 괴로움(도마낫사) ⑪ 절망(우빠야사)의 불로 불타고 있다. 귀가… 코가… 혀가… 몸이… 마노가… 불타고 있다.

서 온 사람은 지옥 불이 너무 뜨겁기 때문에 난로의 석탄재가 뜨거운 것을 모릅니다.

그와 같이 삶이 온통 불타고 있는데 불타는 줄도 모르고 우리는 그렇게 어리석게 살고 있습니다. 그러나 위빳사나 지혜가 일어날 때 그것을 알 수 있습니다. 눈에서 불이 나고, 귀에서, 코에서, 혀에서, 몸에서, 마음에서도 불이 나는 것을 알게 됩니다. 우리는 살면서 계속 불로 태우며 빨리 빨리 늙어 갑니다. 태어남이, 늙음이, 죽음이 고성제입니다. 부처님께서 이런 의미로 고성제를 산땁빠라고 설하십니다.

(라) 위빠리나마(Vipariṇāma, 변질, 변화, 변괴)

위빠리나마는 계속 변하는 것을 말합니다. 뭔가 든든한 것이 하나도 없습니다. 마음이 지금 착하다가도 금방 나빠지고, 다 내려놓을 것 같다가도 금방 욕심 부리고, 배부르면 죽을 때까지 안 먹고 싶다고 하다가도 금방 배고파서 식탐을 부리고……. 이렇게 계속 변하고 있습니다. 추우면 변하고, 더우면 변하고, 배부르면 변하고, 배고프면 변하고, 보고 듣는 매 순간 변합니다. 듣고 싶은 소리 들으면 좋아서 더 듣고 싶어 하고, 듣기 싫은데 계속 들리면 화가 나고, 듣고 싶은 것 더 듣고 싶은데 못 들으면 섭섭해 하는데, 이것이 위빠라나마 둑카입니다. 계속 변질되므로 고통스럽습니다. 하나로 고정되어 영원한 것이 없습니다. 안정되어 변하지 않는 것이 하나도 없어요. 항상 흔들흔들하고 변화하고 변질 됩니다. 그래서 위빠라나마 둑카입니다.

위빠리나마는 매 순간 변질되고 변화하면서 망가지고 값이 떨어지고 좋은 것이 하나도 없다는 말입니다. 어떤 남자가 어떤 여자에게 청혼을 하면서 처음에 아주 좋은 루비와 다이아몬드 등 보석을 가져왔는데 여자가 청혼을 거절했습니다. 두 번째로 남자는 다시 청혼을 하면서 금 그릇을 가지고 왔는데 여자는 또 거절했습니다. 세 번째로 남자는 은그릇을 가지고 와서 다시 청혼했습니다. 여자는 기분이 나빠졌습니다. 왜냐하면 거절하면 차차 더 좋은 것을 가져와야 하는데 이 남자는 점점 더 안 좋은 것을 가지고 오는 것이었습니다. 그래서 자존심이 상했지만 궁금하여 그 이유를 물었습니다. 남자가 말하기를, "당신은 날이 갈수록 점점 더 늙어가 값이 떨어지고 있기 때문입니다. 세월이 갈수록 더 예뻐지고 젊어지는 사람이 어디 있습니까? 세월 앞에 장사 없습니다. 그런데도 당신은 계속 내 청혼을 거절하니 안타까웠습니다."라고 했답니다.

이렇게 위빠리나마는 항상 변질되고 망가지고 가치가 떨어지고 있음을 뜻하는 말입니다. 우리의 몸과 마음이 이와 같습니다.

수행자가 끊임없이 노력하며 고통을 알아 가면 수행이 힘들다고 느껴지기도 합니다. 그때 수행이 힘들다고 짜증 내지 말고, 수행이 잘 되고 있는 줄 알아야 합니다.

고통을 아는 것이 세상의 진실을 아는 것입니다. 그것이 바로 고성제를 아는 것이지요. 고성제를 알아야 집성제가 떨어집니다. 고성제를 알면 욕심을 버려야겠다고 애를 쓸 필요도 없이 저절로 계속 욕심이 떨어집니다. 고성제를 알아 몸과 마음 모두가 고통 덩어리라는 것을 아는 순간, 어리석게 집착하는 갈애(탐욕)가 계속 떨어지는데 그것이 집성제를 버리고 있는 것입니다. 즉 고통의 원인을 버리고 있는 것이지요. 그것이 바로 앞으로 더 이상 고통을 만들지 않고 행복만 남게 하는 것입니다. 물론 고성제를 안다는 것이 쉬운 일은 아니지만 그래도 우리는 완전한 행복을 위해서 첫 단계로 먼저 고성제를 꼭 알아야 합니다.

이렇게 고성제를 아는 것이 중요합니다. 고성제를 모르고는 위빳사나 지혜가 있다고 할 수 없습니다. 고성제를 알면 위빳사나 지혜가 있는 것이고 고성제를 모르면 위빳사나 지혜가 없는 것입니다. 몸과 마음의 사실인 고통을 잘 알수록 위빳사나 수행이 잘 된다고 볼 수 있습니다. 통증이 있어야, 배가 고파야 고통이 있는 것이 아닙니다. 뭐가 있든, 잘 됐든 못 됐든, 존재한다면 항상 고통이 있습니다. 그 고통을 알아야 부처님께서 말씀하신 의미대로 고성제를 안다고 할 수 있습니다.

부처님께서 고성제를 이 네 가지 의미로 말씀하시는데 여기서 예외가 되는 사람은 한 사람도 없습니다. 이 진리는 언제, 어디서, 누구에게나 적용됩니다.

우리는 고성제를 알기 위해 수행합니다. 한 시간 채우려고 수행하는 것이 아니고, 폼 잡으려고 수행하는 것이 아니며, 다른 사람과 비교하려고 하는 것도 아니고, 예전처럼 잘 되려고 수행하는 것이 아니고, 앞으로 어떻게 잘 되어 보려고 수행하는 것도 아닙니다. 이 몸과 마음의 사실, 즉 고성제를 알려고 수행한다고 알아야 합니다. 내 몸과 마음이 어떤지만 보면 됩니다. 몸과 마음의 사실이 고성제라고 알면 내 수행법이 맞는 것입니다. 누가 가르쳤고 어디서 배웠든 상관없이 고성제만 알면 됩니다. 고성제를 알기 위해 도성제를 수행하고 집성제를 버려, 생로병사 모든 고통에서 벗어나 멸성제에 도착하는 것입니다.

2) 집성제

(1) 정의

사무다야(samudaya, 고통 원인)는 삼(sam, 잘)과 우다야(udaya, 생기는 것)의 합성어입니다. 어떤 것을 잘 생기게끔 해주는 것을 사무다야라고 말합니다. 저것으로 인해서 이것이 생긴다면 저것이 사무다야입니다. 여기서는 무엇을 잘 생기게끔 하는가요? 고통을 잘 생기게 합니다. 둑카삿짜(고성제)를 일으키는 원인이 사무다야삿짜(samudayasacca, 집성제)입니다. 사무다야삿짜는 원인이고 둑카삿짜는 결과입니다. 그래서 '집성제로 인해서 고성제가 생긴다.'라고 합니다.

집성제는 딴하(taṇhā, 갈애)입니다. 딴하가 강한 만큼 둑카(고통)가 강해집니다. 그래서 나에게 고성제가 많아지면 집성제가 강하다고 아시면 됩니다. 우리는 갈애(탐욕)로 업을 지어 과보를 받아 태어나는데 과보를 받고 있는 중에 또 탐욕을 부리며 집성제를 일으키고 있습니다. 태어나서 죽을 때까지 하고 있는 모든 생각과 말과 행동의 뿌리는 갈애입니다. 우리는 자신이 바라는 것을 생각하고 말하고 행동합니다. 그것이 안 되면 화내고 짜증 내고 싫어하고 미워합니다. 그 뿌리는 갈애입니다. 자동차가 엔진이 있어야 가듯이 모든 움직임의 엔진이 갈애이고 그것이 바로 집성제입니다. 우리의 모든 행주좌와 어묵동정을 일으키는 원인이 갈애입니다.

우리는 집성제를 원인으로 하여 고성제를 받고, 고성제를 받는 중에 또 집성제를 만들고 있습니다. 그러면 앞으로 또 고성제를 받아야 하겠지요. 왜냐하면 지금도 고통의 원인인 집성제를 열심히 모아 쌓고 있기 때문입니다. 그것이 인과이고 윤회입니다. 집성제에서 고성제, 고성제에서 집성제, 다시 집성제에서 고성제……. 이것이 윤회입니다. 왜 이러고 있는가요? 모르기 때문입니다. 어리석어서 '고→집→고→집→고→집……'으로 윤회하고 있다는 사실을 모릅니다. 사실을 알기 위해서는 도성제의 길을 가야 합니다.

부처님께서는 『초전법륜경』에서 집성제를 갈애라고 정의하셨습니다.

"비구들이여, 이것이 고통을 일으키는 집성제이다. 집성제는 갈애이며 그것이 우리를 다시 태어나게 하고, 쾌락과 즐거움에 빠지게 하고, 어디에서 어떤 존재로 태어나든 그 삶을 탐닉(耽溺)하게 한다. 이렇게 갈애란 욕계 오욕락에 대한 갈애, 존재와 영생에 대한 갈애(상견)와 색계·무색계 선정에 대한 갈애, 존재하지 않음에 대한 갈애(단견)가 있다."

딴하(갈애)의 종류가 세 가지 있습니다.

첫째는 까마딴하(kāmataṇhā, 오욕락에 대한 갈애)입니다. 까마딴하란 무엇인가? 보고, 듣고, 냄새 맡고, 맛보고, 감촉하는 것에 대한 갈애와 남자 여자가 서로 좋아하는 것 등입니다. 우리는 눈으로 보면서 보는 것을 좋아합니다. 그러면 갈애가 생겨 또 보고 싶어집니다. 혹은 눈으로 보면서 보는 것을 싫어합니다. 그러면 보지 않기를 바라는데 그것도 갈애입니다. 귀로 듣고, 들음을 좋아하고, 또 계속 듣고 싶어 하는 것이 갈애입니다. 귀로 듣고, 들음을 싫어하고, 더 이상 안 들었으면 좋겠다고 바라는데 들리지 않기를 바라니까 이것도 갈애입니다. 이런 것이 다 까마딴하입니다. 그리고 형상, 소리, 냄새, 맛, 감촉뿐만 아니라 그런 것들을 갖고 있는 사물과 사람에게도 갈애가 생깁니다. 예를 들면 소리를 내는 악기나 연주가에게, 맛을 내는 요리와 요리사에게 갈애가 생깁니다. 그것이 까마딴하입니다. 한마디로 오욕락에 대한 갈애가 까마딴하입니다. 보고 듣고 냄새 맡고 맛보고 감촉에 닿으면서 알게 모르게 까마딴하가 생기는 것이지요.

우리는 이것이 싫으면 다른 것을 원합니다. 이것을 좋아하면 계속 갖고 싶어 합니다. 그러면 그 원함의 결과로 고통이 나타납니다. 우리가 매일 바쁘다고 해도 고통을 만들어 내는 일밖에 없습니다. 태어날 때부터 죽을 때까지 매일 바쁘게 열심히 고통을 만들어 내며 사는 것이지요. '아! 고통을 어떻게 만들까?' 이렇게 궁리하는 것과 똑같습니다. 우리는 태어나 지금까지 열심히 고통을 만들고 살아왔습니다. 그러니 고통이 적을까봐 걱정하지 마세요. 하는 일이 집성제밖에 없기 때문에 앞으로도 고통이 많이 올 겁니다. 다음 생에도 그렇고 또 다음 생에도 똑같이 그렇게 괴롭게 살 겁니다. 고성제가 줄서서 기다립니다.

둘째는 바와딴하(bhavataṇhā, 존재에 대한 갈애)입니다. 바와딴하는 색계 선정과 색계 범천, 무색계 선정과 무색계 범천에 대한 갈애입니다. 혹은 다음 생에 어떻게 태어나면 좋겠다고 바라는 갈애입니다. 그리고 영원히 살고 싶다는 갈애로 몸은 죽어도 영혼은 죽지 않는다고 하는 상견을 가지게 됩니다.

바와딴하는 오욕락의 욕망은 없지만 선정의 고요한 행복이 너무 좋기 때문에 그 선정을 계속 가지고 싶어 합니다. 선정의 행복을 누리고 있는데 대소변이 마려워서 선정이 깼다면 어떤 생각이 들까요? '몸이 있어서 선정이 깼다. 몸이 없으면 선정에서 오랫동안 매우 행복할 것이다.'라고 생각하겠지요. 선정에 들어서 1시간, 2시간, 3시간, 24시간 있다가 소변이 마려워서 깼다면 얼마나 아쉬울까요? 대소변을 왜 봐야 합니까? 몸이 있기 때문입니다. 몸이 있기 때문에 먹어야 하고 먹으면 배설해야 합니다. 그러니 안 먹고 살고 싶다는 생각이 듭니다. 사실 먹지 않고 살 수 있는 세계가 범천입니다. 범천은 먹지 않으니까 배설도 하지 않습니다. 수행자는 범천의 세상을 모를 수도 있어요. 선정에 들어가 보니 선정의 상태가 매우 좋음을 알고 그 상태가 계속 유지되기를 원합니다. 범천의 삶은 먹지도 않고 남자 여자도 없고 오로지 선정으로 행복하고 기쁘게 살아갑니다. 선정에 한 번 들어가고 두 번 들어가 보면 욕심내게 되어 있습니다. 그러나 선정이라는 매우 좋은 선업을 하는 동안에도 그 속에 갈애가 들어 있다는 것입니다. 선정에 들어가면 보고 듣고 냄새 맡고 맛보고 감촉이 닿는 것에 아무 맛이 없어집니다. 그렇다고 갈애가 완전히 없어지는가? 아닙니다. 오욕락에 대한 갈애는 사라지지만 선정에 대한 갈애는 남아 있습니다. 선정의 맛이 너무 좋아서 평생을 선정 속에서 살고 싶다는 갈애를 가집니다.

범천의 삶은 선정에 들어가 봐야 이해가 갑니다. 옛날 가난한 시절에 하드를 맛있게 먹었지요? 요즘에는 아주 좋은 아이스크림이 있어서 옛날 하드는 잘 안 먹지요? 범천도 그런 겁니다. 선정을 가진 사람에게는 보고 듣고 냄새 맡고 노래 부르고 남자 여자 좋아하는 것에서 오는 즐거움은 아무것도 아닙니다. 선정은 오욕락의 행복보다 아주 높은 행복이기 때문에 선정을 가진 사람은 오욕락에 대해서는 아무것도 욕심을 내지 않습니다. 먹고 싶어 하지도 않고 오히려 음식을 더럽게 생각합니다. 사실 음식을 먹는 것은 더럽습니다. 개가 똥을 맛있게 먹고 즐거워하는 것을 사람이 옆에서 보고 웃듯이 범천도 마찬가지입니다. 범천들은 우리 인간들이 먹고 자고 놀면서 남자 여자가 즐기고 있는 것을 더럽다고 할 겁니다. 그런 것은 그 수준에 가봐야 이해가 갑니다. 범천의 입장에서 보면 욕계의 즐거움이 개가 똥 먹고 즐거워하는 것과 똑같아 보이는 겁니다. 그러나 범천도 욕심이 남아 있는데 그것이 바와딴하입니다.

선정에 들어 죽으면 범천으로 태어납니다. 그러나 범천으로 태어나도 결국 죽습니다. 범천으로 살 때는 다른 중생들보다 많이 낫겠지만 범천도 죽어서 사람으로 태어날 수 있고, 과거에 했던 불선업이 있다면 바로 다음생이 아니더라도 사악처에 태어날 수 있습니다. 이렇게 범천도 윤회하기 때문에 결국 고통입니다.

셋째는 위바와딴하(vibhavataṇhā, 비존재에 대한 갈애)입니다. 위바와딴하로 죽으면 끝이라는 단견을 가지게 됩니다. 그러면 인과의 법칙을 무시하고 업과 그 과보를 부정하는 사견을 가집니다.

우리가 매 순간 바라고 있는 것이 까마딴하이거나 바와딴하이거나 위바와딴하입니다. 그 딴하(갈애)가 사무다야삿짜(집성제)이고 고통을 일으킵니다. 그래서 수행하지 않으면 우리는 매 순간 까마딴하, 바와딴하, 위바와딴하만 일으키고 있다고 알아야 합니다. 세 가지 딴하 중에서 까마딴하보다 바와딴하를 욕심내는 것이 조금 낫겠지요? 까마딴하는 누구나 욕심내는 갈애입니다. 개도 먹고 자고 섹스를 하고 싶어 합니다. 그래서 인간으로서 까마딴하가 심하다면 축생과 별로 차이가 없습니다. 그러나 바와딴하는 조금 다릅니다. 선정이 있다면 보통 사람은 아닙니다. 사마타 수행자입니다. 선정이 없는 사람은 거의 까마딴하로 살아갑니다. 맞는지 틀렸는지 수행해 보면 알 수 있습니다. 수행하면 자신의 마음을 찰나찰나로 계속 보게 됩니다. 마음이 진짜 욕심으로 바쁩니다. 먹고 싶고, 자고 싶고, 하고 싶고, 되고 싶고, 갖고 싶고…… 이런 마음들이 매 순간 계속 일어납니다. 이것들은 선정을 방해하는 장애입니다. 그 장애들이 없어져야 선정에 들 수 있습니다. 선정에 들기 전에는 누구나 다 똑같이 오욕락에 대한 갈애뿐입니다.

선정에 들면 다섯 가지 장애가 사라집니다.

첫째 까맛찬다 니와라나(kāmacchanda nīvaraṇa, 오욕락의 장애)입니다. 궁극적 실제로는 로바(lobha, 탐욕)입니다. 둘째는 뱌빠다 니와라나(byāpāda nīvaraṇa, 성내고 싫어하고 미워하고 짜증 내는 장애)입니다. 궁극적 실제로는 도사(dosa)입니다. 셋째는 티나·밋다 니와라나(thina·middha nīvaraṇa, 해태·혼침 장애)입니다. 티나·밋다 장애는 마음과 마음부수들의 기능을 감소시켜 선정에 이르지 못하게 합니다. 넷째는 웃닷짜·꾹꿋짜 니와라나(uddhacca·kukkucca nīvaraṇa,

들뜸·후회 장애)입니다. 들뜸과 후회가 있으면 마음이 고요하지 못하여 집중하지 못하게 합니다. 다섯째는 위찌낏차 니와라나 (vicikicchā nīvaraṇa, 의심 장애)입니다.

  수행을 잘못하면 본인은 수행을 열심히 한다고 하지만 앉아서 내내 그 장애들을 일으키고 있습니다. 그러면 수행에 발전이 없습니다. 수행하면서 선업이 되고 있는지, 불선업이 되고 있는지 잘 따져 봐야 합니다. 수행을 제대로 안 하면 거의 불선업입니다. 앉아서 자고 싶다, 이거 먹고 싶다, 하고 싶다고 생각하고, 또 과거에 했던 것을 떠올리며 욕심부리고, 미래에 하고 싶은 것을 생각하며 욕심부립니다. 아니면 짜증 내고 미워하고 싫어하고 있습니다. 과거에 있었던 나쁜 기억을 지금 떠올리며 다시 성내기도 합니다. 미래의 환상 속에 젖어 있기도 합니다. 아니면 졸고 있거나 멍청하게 앉아 있습니다. 또는 들뜸·후회를 하고 있습니다. '아! 그때 그것을 했어야 했는데.' '아! 그때 그것을 안 했어야 했는데.' 또는 의심하고 있습니다. '이것이 맞나? 저것이 맞나?' '이렇게 해야 되나? 저렇게 해야 되나?' '이렇게 하는 것이 좋은데, 이렇게 하는 것이 맞는 것 같은데……' 계속 의심하고 생각하고 있습니다. 그것이 다 장애입니다. 그런 장애들이 없어져야 집중이 시작됩니다. 그런 장애들이 완전히 없어져야 선정이 됩니다.

  우리가 바쁘다고 수행을 뒤로 미루는데 무슨 일로 바빠 하고 있는지를 알면 말하기가 조금 부끄러워집니다. 여러분들이 정법을 배우고 수행하면서 바쁘다고 하면 괜찮습니다. 지금은 제대로 바쁜 것이 맞습니다. 왜냐하면 부처님의 가르침인 사성제를 공부하고, 고통에서 벗어나려고 하기 때문에 진짜 바쁩니다. 그러나 깨달음의 일이 아닌데 바쁘다고 말하면 안 됩니다. 왜냐하면 세상사에는 모든 재산과 정력을 다 투자하는데 남는 것은 집성제와 고성제뿐이기 때문입니다.

우리는 고통을 피하고 싶고 가지지 않기를 바랍니다. 그러나 잘 안 되지요? 왜 그럴까요? 고통의 정체를 모르기 때문입니다. 우리는 고통을 모르기 때문에 고통을 버릴 수가 없습니다. 고통을 알기만 하면 무조건 버리게 됩니다. 고통의 정체를 알게 되니까 또다시 내가 고통을 일으키려고 하지 않습니다. 고통을 받지 않으려면 집성제를 버려야 됩니다. 왜냐하면 고통은 결과이기 때문에 버릴 수 없고 고통의 원인을 버려야 합니다. 결과를 버려도 원인이 있으면 또 결과가 생깁니다. 그런데 사성제를 모르는 사람은 집성제를 버려야 되는데 고성제를 버리려고만 계속 애쓰고 있습니다.

이렇게 우리가 문제 아닌 것을 문제 삼고, 해결법 아닌 것을 해결법이라 착각하기 때문에 행복해질 수가 없는 겁니다. 자살하거나 고행하거나 기술력을 개발하면서 여러 가지 노력을 하고 있지만 그것은 완전한 행복을 위한 노력은 아닙니다. 깨달음을 위한 삼마와야마(sammāvāyāma, 바른 노력)가 안 됩니다.

에어컨은 더울 때 시원하게 해주고 난방기는 추울 때 따뜻하게 해주지만 근본적으로 태어나지 않으면 추운 것도 없고 더운 것도 없습니다. 난방도 필요 없고 냉방도 필요 없지요. 이런 것을 깊이 생각해 보아야 합니다. 지금 냉난방기로 애쓰고 있는 것에는 다 한계가 있습니다. 진짜 해결책이 아닙니다. 이런 가운데 부처님께서 오셔서 우리에게 한계가 있는 행복이 아닌, 무한하고 완벽한 행복을 주고자 사성제를 가르치셨습니다. 다시 고통으로 돌아가지 않는 행복을 누리려면 우리는 태어나지 말아야 합니다. 다시 태어나지 않는 것이 닙바나입니다.

고통을 버려 봤자 아무런 소용이 없습니다. 지금 고통을 버렸다 해도 조금 있으면 또 옵니다. 고통을 알아야 합니다. 고통을 알면 그것을 다시 갖고 싶은 마음이 없어집니다. 그것이 집(集)을 버리는 겁니다. 지금은 고통을 모르기 때문에 싫어함과 좋아함으로 계속 고통의 원인을 일으키고 있습니다. 우리는 버려야 하는 것은 계속 일으키고 있고, 알아야 하는 것은 모르고 있습니다. 우리 중생들이 매우 어리석어서 거꾸로 일하고 있습니다. 알아야 하는 것을 버리려고 하고 있고, 버려야 하는 것을 계속 모으고 있으니 어쩔 수 없이 계속 고통을 당해야 됩니다. 생각으로는 고통에서 벗어나고 싶다고 하지만, 하는 짓은 고통의 원인을 열심히 만들어 내고 있습니다. 왜 그럴까요? '무지·무명·어리석음' 때문입니다. 지금은 고통스러워도 내일은 괜찮을 거라고, 지금 여기서는 이렇게 힘들지만 저기로 가면 더 좋게 될 것이라고 착각하고 있습니다. 이렇게 착각하면서 계속 윤회합니다. 지금 여기나 다음의 거기나 똑같습니다. 고성제에서 벗어나지 않으면 31천 어디서 태어나도 똑같습니다.

부처님께서 그것을 보시고 우리에게 가르치는 것이 사성제입니다. 오온이 고통이다, 그러니 오온에 욕심내지 말고 집착하지 말라고 하십니다. 우리가 욕심내고 있는 것을 궁극적으로 따져 보면 다 오온입니다. 오온에서 벗어나면 우리가 욕심낼 것이 없습니다. 여러분들이 지금 공부하면서 자신이 되고 싶고 갖고 싶고 하고 싶은 것을 분석해 보면 다 오온 안에 속합니다. 오온을 떠나 욕심내는 것은 하나도 없습니다. 오온에서 벗어나는 것이 닙바나입니다. 닙바나는 욕심의 대상이 아닙니다. 우리가 욕심부리고 있는 것은 오온이고, 오온을 욕심내니 오온만 오고, 오온이 고통이니까 결과는 다 고통뿐이지요.

부처님께서 말씀하시는 사성제는 종교가 아니라 우리의 현실입니다. 어떤 종교나 국가나 인종이나 시대에 상관없이 겪고 있는 것이 모두 똑같이 오온의 고통입니다. 오온의 원인은 갈애이고 우리는 그것을 버려야 합니다. 그래야 고통이 끝납니다.

(2) 집성제의 네 가지 의미

집성제의 핵심은 갈애인데 사실은 갈애를 비롯한 어리석음, 사견 등등의 모든 번뇌가 집성제입니다. 모든 번뇌가 업을 일으키고 있고 그 업이 과보를 가져옵니다. 물론 업에는 선업도 있고 불선업도 있습니다. 선업과 불선업의 과보가 바로 우리가 겪고 있는 고성제입니다. 고성제(오온)가 결과이고 집성제(갈애)가 원인입니다. 이제 집성제(갈애)의 네 가지 의미를 알아 봅시다.

(가) 아유하나(Āūhana, 계속 생각하고 고려함)

아유하나가 무슨 뜻인가요? 갈애·탐욕은 뭔가로 되고 싶어 합니다. 되고 싶은 것이 있기 때문에 끊임없이 뭔가로 되고 있습니다. 끊임없이 태어나고 끊임없이 뭔가로 되고 있는 것이 아유하나입니다. 왜 그렇게 되고 있는가요? 되려고 했기 때문입니다. 되고 싶어 했기 때문에 되고 있는 것입니다.

아유하나는 어떤 사람이 되고자 하고 좋아하는 어떤 것을 가지려고 하는데 이것이 여기서 그냥 끝나는 것이 아닙니다. 뭐가 되려고 하면서, 뭔가를 가지려고 하면서, 일이 엄청나게 커집니다. 뭔가를 하고 싶다고 하면서 평생을 보내는 사람도 있습니다. 그런 것이 한 생의 아유하나입니다.

윤회에서 보면 여러 생으로 생사를 거듭한 것이 아유하나 때문입니다. 이렇게 여러 생을 윤회하며 태어나는 것도 결국 내가 태어나고 싶어 했기 때문입니다. 우리가 알든 모르든, 믿든 안 믿든, 받아들이든 안 받아들이든 사실이 그렇습니다. 우리는 알게 모르게 많은 것을 욕심내고 있습니다. 사회적으로 성공한 사람을 보며 부러워하고 욕심냅니다. 그 사람처럼 되고 싶어 하지요. 만약 죽기 직전에 어떤 선업이 있고 그 선업이 내가 바라는 것과 맞아 떨어지면 그런 사람으로 다시 태어날 수 있습니다. 그러나 그런 사람으로 태어나도 결국에는 죽어야 합니다. 공부 잘하는 사람 보면서 '아, 나도 공부 잘하는 사람이 되고 싶다.'라고 바라면 공부 잘하는 사람으로 태어날 수 있습니다. 그래도 생로병사를 초월하는 공부를 잘하는 사람은 없습니다. 부자가 되고 싶다고 하면, 되고 싶은 마음과 전생의 그럴 만한 선업이 있으면 다음 생에 부자로 태어날 수 있습니다. 그러면 부자는 안 죽나요? 부자도 똑같이 죽습니다. 죽으면 또다시 태어납니다. 신으로 태어나고 싶다고 해서 신으로 태어나지만, 신도 역시 죽습니다. 31천의 모든 존재들은 태어나면 죽고, 죽으면 또 태어납니다. 그것이 문제입니다. 태어나 다시 안 죽으면 얼마든지 태어나도 됩니다. 죽어서 다시 안 태어나면 좋겠는데, 태어나면 죽고, 죽으면 또 태어납니다. 그렇게 끊임없이 태어나는 이유가 집성제의 아유하나 때문입니다.

　아유하나는 '~하고 싶은 병'입니다. 뭔가가 되고 싶고, 하고 싶고, 갖고 싶은 갈애·탐욕 때문에 끊임없이 태어납니다. '끊임없이 태어나고 싶어 하는' 아유하나가 집성제(갈애)입니다. 여러분들은 이번 생에 사람으로 태어났습니다. 그런데 이 인생이 하늘에서 뚝 떨어져 그냥 태어난 것이 아닙니다. 전생의 집성제 아유하나 중 하나가 여러분을 이번 생에 사람으로 태어나게 했습니다. 다음 생에는 태어날까요, 안 태어날까요? 잘 모릅니까? 우리는 이번 생에도 아유하나를 많이 하고 있지요? 이 사람을 부러워하고, 저 사람을 부러워하고, 이것도 하고 싶고 저것도 하고 싶고, 여기가 싫으면 저기로 가고 싶고, 저기가 싫으면 여기로 오고 싶고……. 항상 그렇게 원하고 있기 때문에 아유하나를 많이 만들어 모으고 있습니다. 그 많은 아유하나가 윤회에서 끊임없이 우리를 태어나게 한다는 사실을 알아야 합니다.

　태어나면 무엇이 태어나는가요? 물질과 정신이 태어납니다. 물질과 정신이 바로 고성제입니다. 태어나면 '김 누구', '이 누구'가 태어나는 것이 아니고, '김 고통', '이 고통'이 태어납니다. 태어나면 어떻게 됩니까? 끊임없이 또 죽어야 합니다. 태어나 영원히 사는 사람은 아무도 없습니다. 이렇게 계속 태어남을 누가 만드는가 하면 바로 아유하나 집성제가 만든다는 겁니다.

　우리는 집성제를 버려야 하는데 집성제는 그냥 버려지지 않습니다. 네 가지 고성제 의미를 확실히 알아야 집성제를 버릴 수 있습니다. 매 순간 고성제를 아주 확실히 알아야 매 순간 집성제가 버려집니다. 집성제가 버려지지 않는 이유는 우리가 어리석기 때문입니다. 버려야 하는 것인데 귀하다고 여겨 아끼고 안 버리고 있습니다. 참으로 어리석지요?

다시 말하면 아유하나 때문에 우리는 끊임없이 태어나고 죽어야 합니다. 우리는 태어나는 것이 고통의 시작이고 죽는 것이 고통의 끝인 줄 아는데, 아닙니다. 죽으면 또 새로 태어납니다. 그래서 끊임없이 태어나고 끊임없이 죽어야 합니다. 좋아하는 것을 보고 부러워하면서 그렇게 되고 싶어 하면 그렇게 됩니다. 그렇게 되고 나면 그 다음에는 죽어야 합니다. 부자를 보고 부러워하지만 부자는 안 죽나요? 부자도 반드시 죽게 되어 있습니다. 우리는 그것도 모르고 부자가 되고 싶고, 학자나 권력자가 되고 싶고, 여자가 되고 싶고, 남자가 되고 싶고, 미국인이, 한국인이, 미얀마인이 되고 싶고, 스님이 되고 싶어 합니다. 이렇게 '되고 싶음'이 갈애입니다.

갈애는 고통을 낳습니다. 우리는 여기가 고통스러우면 저기는 행복할 것이라고 착각합니다. 그러나 저기로 가도 똑같이 고통뿐입니다. 다만 어리석어서 그 사실을 모르고 여기가 고통스러워 저기로 갑니다. 저기도 고통이면 또 다른 곳으로 갑니다. 지금이 고통스럽다면 언젠가는 행복할 거라고 생각합니다. 그것이 문제입니다. 이것이 있으면 행복할 거라고 생각하지만 이것이 있어도 행복하지 않습니다. 그러면 또 다른 걸 가지면 행복할까요? 아니지요. 우리는 뭔가로 되고 싶은 병에 걸려서 끊임없이 고통을 일으킵니다. 그것이 아유하나입니다.

갈애가 생을 이끌어 가니 고통이 계속 뒤쫓아옵니다. 그런데 우리는 그것을 모릅니다. 개가 발로 버튼을 누르면 '탕' 하고 개의 머리를 때리는 기계가 있어요. 머리 맞은 개는 '깽' 하고 아프다고 소리 지르며 도망칩니다. 그러나 잠시 후 다시 와서 버튼을 또 누릅니다. 그러면 또 '탕' 머리를 맞고 '깽' 하고 소리치며 도망갑니다. 버튼을 누르지 않으면 되는데, 개는 그렇게 할 줄을 모릅니다. 우리 중생도 그 개와 똑같습니다. 욕심으로 태어나서 고통 속에서 살다가 죽고, 다시 태어나 또 욕심부리면서 고통을 당합니다. 고통을 당하면서 욕심 스위치를 계속 누릅니다. 이것이 아유 하나의 의미입니다.

여러분들은 원하는 것이 많지요? 하고 싶은 것도 많고, 갖고 싶은 것도 말할 수 없이 많고, 되고 싶은 것도 엄청나게 많습니다. 그러면 고통은 헤아릴 수 없이 많다고 알아야 합니다. 이것이 바로 아유하나입니다.

(나) 니다나(Nidāna, 원인, 근원, 원천)

니다나는 원인이 되고 또 원인이 되어서 계속해 주는 것입니다. 니다나는 죽어서 바로 태어나는 것을 말합니다. 죽으면 틈 없이 바로 태어납니다. 죽는 마음 다음에 다른 어떤 것도 끼어드는 것 없이 바로 태어나는 마음이 있습니다. 태어나는 마음의 원인이 바로 집성제(갈애)입니다. 죽기 직전에 집성제 원인 하나를 가지고 죽자마자 바로 태어납니다. 어디에서 태어나는지는 모르겠지만 무조건 태어납니다. 사람으로, 사악처로, 신으로. 선정 가진 자는 범천으로 태어날 수 있겠지요. 그런 것이 모두 니다나 때문입니다.

니다나가 원인이 되어 다시 태어날 때 그 원인은 내가 했던 일입니다. 내가 했던 일 속에 항상 잠재상태로 들어 있는 것이 집성제(갈애)입니다. 선정을 가진 자가 왜 범천으로 태어날까요? 선정에 대한 욕심 때문입니다. 선정을 오래오래 가지고 살고 싶어 합니다. 그런 선정에 대한 욕심으로 범천이 되는데, 그 욕심이 니다나입니다. 우리가 사람으로 태어나는 것도 마찬가지입니다. 사람으로 태어나고 싶은 구체적인 욕심을 가지고 태어나는 경우도 있고, 막연하게 어렴풋이 부렸던 욕심도 있습니다. 어쨌든 내가 가진 선업과 내가 욕심내고 원했던 것이 맞아떨어지면 그렇게 태어나게 됩니다. 그래서 욕심을 조심해야 합니다. 예를 들어 지금 강아지를 키우고 있다고 합시다. '아, 강아지가 예쁘구나.'라고 하다가 갑자기 죽었다면 바로 개로 태어날 수 있습니다. 욕심을 가지는 대로 태어납니다. 나비가 예쁘다고 하면서 죽으면 나비로 태어날 수 있습니다. 욕심이 그렇게 무서운 것입니다. 내가 애착 집착하는 것이 모두 다 원인이 되어 강아지로, 나비로 다시 태어납니다. 그렇게 원하는 대로 태어나게 하는 것이 니다나입니다.

집성제는 아주아주 무서운 것입니다. 부인에게 집착하던 남편이 죽어서 부인 집에서 닭으로, 뱀으로, 개로 태어났다는 이야기가 있습니다. 그러다가 마지막에 어머니와 아들로 만났습니다. 이때는 아들이 전생을 기억하고 있었지요. 그래서 어머니가 만지기만 하면 엄청나게 소리 지르면서 울었답니다. 왜냐하면 전생에 지금 어머니가 자기 부인이었는데 여러 번 자기를 죽였다는 것을 알게 된 것입니다. 처음엔 부인이 바람을 피우면서 들통이 날까 봐 무서워 남편을 죽였는데, 남편은 그것도 모르고 부인에게 집착하며 죽어서 그 집에서 뱀으로 태어났습니다. 그런데 부인은 그 뱀이 자기 남편인 줄 모르고 또 죽였습니다. 뱀은 죽어서 다시 그 집의 개로 태어나서 부인이 어디를 가나 따라다녔습니다. 부인이 이번에도 개를 물에 빠트려 죽였습니다. 그렇게 몇 번 윤회하다가 이번 생에 어머니와 아들로 만난 것입니다. 아들은 전생을 기억하며 어머니가 만지기만 하면 엄청나게 소리를 지르면서 울었습니다. 말을 할 수 있을 만큼 자라자 어머니가 몇 생에서 자기를 죽였다는 사실을 말했습니다. 그래서 아들은 일찍 출가해서 깨달았다고 합니다.

니다나가 그런 것입니다. 욕심을 가지고 죽으면 그대로 태어나게 되어 있습니다. 얼마나 무서운지! 애착 집착되는 곳에 그대로 태어납니다. 부처님이 집성제를 말할 때 니다나라는 의미로 말씀하신 것을 잘 이해하시기 바랍니다. 우리가 가진 욕심이 우리를 또 태어나게 한다는 것을 깊이 이해하시기 바랍니다.

(다) 삼요가(Saṁyoga, 묶어 놓음)

삼요가는 합치다, 연결시켜 준다는 뜻입니다. 삼요가는 소를 끈으로 기둥에 묶어 두어 멀리 못 가게 하듯이, 중생이 소이고 기둥이 윤회의 세상이고 끈이 집성제라면, 중생을 이생과 내생으로 태어나게 하면서 윤회의 고통 속에서 벗어나지 못하게 계속 묶어 둔다는 말입니다. 이것이 집성제 삼요가입니다. 집성제가 있으면 끊임없이 태어나고 끊임없이 죽어야 합니다. 끊임없이 고통을 당해야 한다는 것이지요. 이번 생에 흘렸던 눈물을 모아 놓으면 얼마 안 되는 것처럼 보이지만 윤회 속에서 흘렸던 눈물을 모두 모으면 바닷물보다 더 많다고 합니다. 이런 윤회에서 왜 벗어나지 못하는 것일까요? 삼요가라는 집성제 때문입니다. 이 집성제가 우리를 윤회에서 벗어나지 못하게 계속 묶어 두고 있습니다.

우리는 윤회는 고사하고 집에서도 잠깐 나오는 것도 힘들어 합니다. 일주일도 집 비우기가 어렵지요? 딱 자르고 수행하러 가기 어렵습니다. 지금 내가 자유롭지 못하다면 무엇이 원인인지를 생각해 보세요. 남편이, 부인이, 아들이, 집이, 일이 우리를 묶어 놓고 있습니다. 그러나 그것은 외적인 요소들일 뿐입니다. 사실은 우리 안에 보이지 않는 끈이 있는데 그것이 욕심입니다. 욕심이 우리를 나가지 못하게 합니다. 소를 6미터 끈으로 기둥에 묶어 두면 소는 6미터 내에서만 돌아다닐 수 있습니다. 여러분을 묶어 놓는 끈의 길이는 얼마인가요? 끈으로 묶여 있는 동안에는 자유롭지 못합니다. 우리에게 자유가 없는 이유가 집성제 때문입니다. 이것이 집성제 삼요가입니다.

(라) 빠리보다(Palibodha, 방해함)

빠리보다는 방해, 장애, 막고 있다는 뜻입니다. 부처님의 법을 만나 가르침을 받고 너무 좋아서 수행하고 싶다고, 윤회에서 벗어나고 싶다고, 신심이 난다고 하면서 열심히 노력해도, 그런 마음이 언젠가 다 사라져 버릴 수가 있습니다. 갑자기 수행을 못하게 되는 일이 생기기도 합니다. 그것을 누가 합니까? 집성제가 합니다.

집성제가 있기 때문에 그렇게 좋은 마음, 착한 마음, 출가하고 싶은 마음에 방해가 옵니다. 그것을 마장이라고 하지요? 교도소에서 탈출하려는 죄수를 간수가 잡아서 때리고 독방에 가두어 더 꼼짝 못하게 하듯이, 윤회가 교도소이고 우리는 죄인과 같습니다. 우리는 윤회에서 꼼짝달싹 할 수가 없습니다. 이생에서 오욕락으로 재미있게 살고 있으면 방해가 없습니다. 집성제로 방해할 필요가 없지요. 교도소에서 죄수가 말썽을 일으키지 않고 가만히 있으면 때리지 않는 것과 같습니다. 조용한 죄수는 두들겨 맞지도 않고 주는 대로 밥먹고 자면 되듯이 윤회도 그렇습니다. 중생들이 윤회에서 가만히 있으면 갈애가 할 일이 없는데, 윤회에서 나가려고 하면 엄청난 벌을 줍니다. 그래서 열심히 수행하면 방해꾼들이 많아집니다. 수행을 못하게끔 하는 일들이 많이 생기는 거지요. 번거로워지고 이런저런 복잡한 일들이 터집니다. 처음에는 나쁜 일들이 많습니다. 그러면 멍해지면서 수행을 잊어버릴 수 있습니다. 그래도 정신 차리면서 더 열심히 수행하면 그 다음엔 좋은 일들이 엄청나게 쏟아집니다.

　우리에게는 고통을 견디는 힘이 즐거움의 유혹을 뿌리치는 힘보다 더 셉니다. 고통은 죽지 않으면서 잘 견딥니다. 하지만 즐거움의 유혹에 빠지면 헤어나지를 못합니다. 행복하거나 잘살게 되면 수행을 다 잊어버립니다. 행복함에 모두 다 당하고 맙니다. 그래서 유명해지고 부자가 되면 수행을 다 잊어버립니다. 스님들도 열심히 수행하다가 유명해지면 수행을 잊어버리는 경우가 있습니다. 재산이 많아지고 제자가 많아지면 수행을 잊어버립니다. 그것도 갈애 때문이지요. 그렇게 갈애가 수행을 잊어버리게 하고 못하게 막고 있는데 그것이 빠리보다입니다.

이렇게 부처님께서는 집성제를 아유하나, 니다나, 삼요가, 빠리보다, 이 네 가지로 설하시는데 그것을 요약하면 아유하나는 윤회에서 계속 태어나게 열심히 원인을 모으는 것이고, 니다나는 죽으면 끝이 아니고 바로 또다시 태어나게 하는 원인이며, 삼요가는 중생들을 윤회에서 벗어나지 못하게 묶어 놓는 것이고, 빠리보다는 중생들이 윤회에서 벗어나려 하면 방해하고 벌주는 것입니다. 여러분들이 집성제를 잘 이해하여 수행할 때 무슨 일이 벌어지면 놓치지 말고, 내가 윤회에서 벗어날까봐, 탈출할까봐 집성제가 나를 방해한다고 알아야 합니다. 집성제에 당해 버리면 더 오랫동안 고통을 겪어야 합니다. 어려움을 견디면서 수행을 놓치지 말고 집성제의 마술을 계속 관찰해야 합니다.

나를 윤회에 꼭꼭 묶어 두는 집성제를 버리려면 고성제를 철저히 알아야 합니다. 젊음을, 팔등신을 아름답다고 부러워했지요? 부자가 원하는 집과 차와 명품을 쉽게 사는 것을 보고 부러워했지요? 왕이나 대통령이나 장군의 폼이 멋있었지요? 요즘은 아이돌이 대세지요? 그런데 그 모든 것이 유한하여 세월 앞에서는 한 조각 물거품입니다.

우리는 이렇게 고통을 고통인 줄 모르고 고통을 행복으로, 아름다움으로 착각하는 어리석음 때문에 계속 고통을 욕심내면서 집성제를 모았습니다. 그래서 윤회가 끝이 없고 생사를 계속 되풀이 하였습니다. 이제 그 착각에서 벗어나야 합니다. 착각에서 벗어나려면 고성제를 알고 도성제를 열심히 실천 수행해야 합니다. 팔정도만이 윤회에서 탈출할 수 있는 유일한 길입니다.

3) 멸성제

(1) 정의

니로다(소멸)는 완전히 끝장내고 없애버리는 것입니다. 소멸을 어떻게 이해할 수 있을까요? 사람이 죽으면 틀림없이 어딘가에서 태어납니다. 그런데 니로다는 사람이 죽은 것이 아니고 사람이 소멸됐다는 의미입니다. 아라한과 부처님이 소멸됐다는 것은 아라한과 부처님이 열반을 성취했다는 말입니다. 그때 소멸은 촛불을 끄는 것과 똑같습니다. 촛불을 끄면 불이 소멸되는 것이지, 어디로 가는 것이 아닙니다. 열반도 마찬가지입니다. '어디'도 없고, '어떤 다른 존재'가 되는 것도 아닙니다. 그냥 완전한 소멸입니다. 그것이 니로다의 의미입니다. 여기서 저기로 가는 것도 아니고, 여기에서 없어지면서 저기에서 나타나는 것도 아닙니다. 완전한 소멸이 열반(닙바나nibbāna)입니다. 그 열반이 바로 니로다삿짜(nirodhasacca, 멸성제)입니다.

부처님께서 『초전법륜경』에서 멸성제를 다음과 같이 설명하고 있습니다.

> "괴로움의 완전한 소멸이 멸성제인 열반이다. 열반은 갈애가 남김없이 소멸되고, 버려지고, 놓여지고, 벗어나고, 걸림이 없는 것이다."

닙바나는 니(없음)와 와나(갈애, 탐욕)의 합성어입니다. 니와나(nivāna)에서 와(vā)가 바(bā)로 소리가 변하여 닙바나(nibbāna)가 됩니다. '와나'는 까마딴하, 바와딴하, 위바와딴하로 집성제입니다. 와나(갈애)가 니(없음), 니와나에서 닙바나가 됩니다. 갈애에서 벗어나기(넉캄마nekkhamma) 때문에 닙바나가 됩니다.

니로다삿짜(멸성제)는 고통의 완전한 소멸입니다. 고통의 소멸은 고통의 원인이 소멸되어야 가능해집니다. 니로다삿짜는 고통의 소멸이고 또한 고통의 원인의 소멸입니다. 원인이 소멸되면 결과는 더 이상 생기지 않습니다. 나무는 가지만 자르면 죽지 않습니다. 뿌리를 잘라야 완전히 죽습니다. 고통만 없애려고 하면 끝이 없습니다. 그것은 나뭇잎을 하나하나 따고 있는 것과 같이 의미가 없습니다. 나뭇잎은 따지 않아도 겨울이 되면 자연히 다 떨어집니다. 기온이라는 조건만 갖추면 된다는 말이지요. 나무의 뿌리를 잘라 버리면 그 나무는 금방 죽습니다. 우리도 집성제만 잘라 버리면 고성제는 끝장납니다. 사무다야삿짜(집성제)인 갈애에서 벗어나면 그것이 바로 니로다삿짜(멸성제)입니다.

갈애가 남김없이 다 사라지는 것이, 털어내는 것이, 던져 버리는 것이 멸성제인데 이것은 도 지혜로써 번뇌의 뿌리를 잘라 버렸다는 것을 말합니다. 또 잡고 있던 것을 놓아 버린 것이 멸성제인데 이것은 도의 결과로 얻게 된 과 지혜를 말합니다. 해방되는 것, 걸림 없는 것이 멸성제인 열반입니다.

집성제가 완전히 사라지는 것이 멸성제입니다. 다시 말하면 까마딴하, 바와딴하, 위바와딴하라는 갈애가 완전히 없어지는 것이 멸성제입니다. 멸성제가 되어야 완벽한 자유, 완벽한 행복이 됩니다. '멸'은 고통을 일으키는 집성제의 소멸이고 집성제의 소멸이 곧 모든 고통의 소멸입니다.

우리는 고성제와 집성제에서 열심히 일해야 합니다. 즉 고성제를 알아야 하고 집성제를 버려야 합니다. 집성제를 버리면 바로 멸성제에 도착합니다. 멸성제는 도착지로서 특별히 따로 해야 할 일이 없습니다. 그냥 집성제가 사라지면 바로 멸성제입니다. 불을 켜면 바로 밝음이 오고, 불을 꺼 버리면 어둠이 바로 오는 것과 같습니다. 어둠이 있으면 밝음이 있을 수 없고, 밝음이 있으면 어둠이 있을 수 없듯이, 마찬가지로 집성제가 있으면 멸성제는 없고, 멸성제가 있으면 집성제는 사라집니다. 멸성제를 우리가 따로 찾을 필요가 없이 집성제만 소멸시키면 됩니다.

세 가지 니로다(소멸)가 있습니다.

첫째는 위빳사나 지혜가 있는 순간에만 번뇌가 소멸되는 따당가니로다(tadaṅganirodha, 순간 소멸)입니다. 따당가(그 순간)는 따(tam, 그)와 앙가(aṅga, 순간, 부분)의 합성어입니다. 니로다(소멸). '모두 다'가 아니고 '어떤 부분'만 깨끗해지는 겁니다. 방을 청소할 때 여기서 한 번 닦았다면 그 부분만 깨끗해지고 나머지는 그대로 남아 있다는 의미입니다. 위빳사나 수행을 하면 그때그때 그 부분에서 순간적으로 번뇌의 소멸이 있으면서 속이 시원하고, 머리도 시원해지고, 몸과 마음이 가벼워져서 편해집니다. 그 순간적인 번뇌의 소멸을 따당가니로다라고 합니다. 그런 따당가니로다가 많아지고 더 오래 유지되면 사뭇체다니로다가 됩니다. 즉 위빠사나 지혜가 100% 성숙되면 도 지혜가 되어 완전한 번뇌의 소멸을 이룹니다.

둘째는 선정으로 번뇌가 소멸되는 윅캄바나니로다입니다. 선정에 들어 있는 동안은 번뇌가 일어나지 않는다는 의미입니다. 윅캄바나(vikkhambhana, 밀어냄, 억제)는 이렇게 번뇌를 밀어내는 겁니다. 1시간 선정에 들면 1시간 내내는 깨끗합니다. 2시간 선정에 들면 2시간 내내는 깨끗합니다. 번뇌가 아예 없어지는 것이 아니지만 마음을 다른 데로 돌려놓았다는 것입니다. 그래서 선정 상태의 번뇌 소멸을 윅캄바나니로다라고 합니다. 윅캄바나는 번뇌를 피하고 다른 데로 돌려놓는다는 말인데 그것은 사실 마음의 대상을 바꾸는 겁니다. 번뇌가 생기지 못하는 대상으로 마음을 돌려놓는 거지요. 즉 사마타(samatha) 수행의 대상으로 마음을 돌려놓는 것입니다. 그러면 번뇌를 일으키는 대상을 안 보게 됩니다. 그런 것을 윅캄바나니로다(vikkhambhananirodha, 억압 소멸)라고 합니다.

셋째는 도 지혜인 사뭇체다니로다(samucchedanirodha, 영구 소멸)입니다. 사뭇체다는 삼(sam, 완벽한)과 웃체다(uccheda, 잘라 버렸다)의 합성어입니다. 번뇌를 뿌리까지 완벽하게 다 잘라버렸다는 의미입니다. 번뇌를 제거할 때 따당가로 순간적으로 제거하는 것도 아니고, 윅캄바나로 얼마 정도의 기간 동안만 제거하는 것도 아니고, 완전히 제거해 버리는 것을 사뭇체다니로다라고 말합니다.

여러분이 사뭇체다까지 되려면 도 지혜까지 가야 되는데, 도 지혜가 하루아침에 되는 것이 아닙니다. 순간적인 힘들이 많이 모아져서 되는 것입니다. 작은 힘들이 모여 100%가 될 때 사뭇체다의 힘이 생기는 겁니다. 태권도를 보면 사범들이 한 번씩 시범을 보일 때가 있지요? 벽돌 몇 장을 쌓아 놓고 한꺼번에 딱 쳐서 깨뜨립니다. 사범이 잘하기 위해서 몇 년을 훈련했겠습니까?

10년? 15년? 그렇게 오래해야 그런 힘이 나옵니다. 그것과 똑같습니다. 매일 노력하면서 위빳사나만 하고 있어야 합니다. 그렇게 위빳사나 수행을 계속하다 보면 어느 순간 도 지혜가 일어납니다. 위빳사나의 순간적인 지혜로는 번뇌를 다 제거하지 못합니다. 그러나 도 지혜의 순간에 번뇌가 100% 다 사라집니다. 도 지혜의 칼로 번뇌의 뿌리를 완전히 잘라버리는 겁니다.

(2) 멸성제의 네 가지 의미

니로다는 소멸입니다. 무엇의 소멸입니까? 모든 고통의 소멸이고, 모든 고봉의 원인의 소멸입니다. 고통이 조금이라도 남아 있으면 완전한 행복은 있을 수 없습니다. 행복에 고통이 조금이라도 섞이면 그것은 진정한 행복이 아닙니다. 그래서 고통의 완전한 소멸이 완벽한 행복이라고 이해하면 됩니다. 니로다삿짜(멸성제)가 열반이고 해방이고 해탈이고 완벽한 자유이고 완전한 행복입니다. 부처님께서는 그 멸성제를 우리에게 네 가지 의미로 이야기하십니다.

(가) 닛사라나(Nissaraṇa, 출리, 나감, 해탈)

닛사라나는 나감, 출세간이라는 뜻입니다. 닛사라나는 갈애(집성제)의 소멸입니다. 집성제의 소멸이 얼마나 대단한 것인지 생각해 보세요. 집성제가 모든 고통을 일으키고 있습니다. 이러한 모든 고통을 일으키는 집성제의 소멸은 모든 고통의 뿌리를 잘랐다는 의미입니다. 더 이상 고통을 일으키지 못한다는 것이지요. 그래서 닛사라나는 모든 고통에서 완전히 벗어나는 것이고 그것이 닙바나(열반)입니다.

지금 우리는 열반이 무엇인지 알고 있는 게 아무것도 없습니다. 지금 우리가 알고 있는 것은 세간의 세상입니다. 보고, 듣고, 냄새 맡고, 맛보고, 감촉하고, 생각하며 인식하는 것과 남자, 여자, 나, 너라고 하며 개념적으로 알고 있는 이 모든 것들이 세간의 세상입니다. 이런 세간을 초월하는 것이 출세간입니다. 세간은 물질과 정신의 과정이고, 끊임없이 조건을 만들어 줘야 하고, 모든 것이 조건 따라 일어나고 사라지는 세상입니다. 이런 조건과 과정을 초월하는 출세간을 열반이라 합니다.

열반은 없는 것이 아닙니다. 우리가 이해할 수 없을 뿐이지 분명하게 있습니다. 물질·정신처럼 궁극적 실재입니다. 물질·정신은 조건적 실재이고, 열반은 조건 지어지지 않은 실재입니다. 조건 지어진 것이 아닌 출세간이 닛사라나입니다.

(나) 위웨까(Viveka, 멀리 떠남, 혼자, 조용함)

위웨까는 완전한 조용함, 혼자(alone)라는 뜻입니다. 영문에 'I am alone but not lonely.'라는 말이 있습니다. 이 말은 나는 혼자지만 외롭지 않다는 뜻입니다. 우리는 항상 두 가지 이상의 조건을 가지고 살고 있습니다. 눈이 있고 형상이 있어서 보고 즐기고, 귀가 있어 소리를 듣고 즐깁니다. 눈으로 텔레비전을 보고, 여자를 보고, 남자를 보고, 좋아하는 대상을 보면서 즐깁니다. 이렇게 눈과 대상으로 두 가지를 전제로 하여 살아가는데, 위웨까는 하나로도 완벽합니다. 오히려 혼자(alone)라서 아주 조용하고 좋습니다. 둘이 있으면 시끄럽고 여럿이 있으면 더 시끄럽습니다. 왜 시끄러운가요? 물질·정신 자체가 원래 시끄럽습니다. 시끄러운 것들이 하나 둘 모이니까 더 시끄럽지요. 사람도 혼자 있을 때보다 둘이 있을 때 문제가 생기고, 셋이 있으면 더욱 복잡하게 꼬입니다. 많이 모이면 모일수록 아주 시끄럽습니다. 그 시끄러움 속에서 사는 사람은 시끄러운지 모릅니다. 시끄러운 공장에서 일하는 사람은 그곳이 얼마나 시끄러운지 모르고 또 자신의 목소리가 얼마나 큰지 모르고, 잔잔한 소리는 듣지도 못합니다. 우리도 마찬가집니다. 열반을 모르기 때문에 시끄러움 속에 살면서 그 해악을 모릅니다. 조용함의 가치를 모른다는 말입니다.

부처님은 열반을 위웨까로 설하십니다. 열반은 완전히 조용해짐입니다. 우리 마음속은 갈애로 항상 시끄럽습니다. 각자 자기 이익만 챙기려 하고, 손해는 절대로 보지 않으려고 합니다. 그래서 그 갈애들이 부딪칠 때 소리가 엄청 시끄럽습니다. 전쟁까지 일으키지요. 이 시끄러움은 밖에서 시작하는 게 아니고 다 안에서 시작합니다. 시끄러운 모든 세상이 조용해지는 것이 열반이라고 부처님께서 설하십니다. 이것이 위웨까입니다.

부처님께서는 위웨까를 세 가지로 말씀하십니다.

첫째는 까야위웨까입니다. 까야위웨까(몸의 조용함)는 여러 사람과 같이 있지 않고 혼자 있다는 의미입니다. 출가자는 혼자 살면서 수행합니다. 결혼도 하지 않고 사업도 하지 않고, 혼자 숲속에 가서 조용히 수행합니다. 이처럼 여러 사람과 함께 있지 않고 몸으로 혼자 조용히 지내는 것이 까야위웨까입니다.

석가모니 부처님을 한번 생각해 보세요. 처음에 싯닷타 태자가 출가하니 앞으로 오비구(五比丘) 될 사람들이 옆에서 시봉하였습니다. 오비구가 항상 옆에서 지켜보고 도와주며 그렇게 살았는데 태자는 깨닫지 못했습니다. 오히려 수행 방법이 잘못되어 고행까지 하였습니다. 그러다가 싯닷타 태자가 고행을 포기하니 오비구는 '6년 내내 출가하여 고행으로 수행해도 부처가 되지 못한 사람이 잘 먹고 잘 살면서 어찌 부처가 되겠는가?'라고 비난하면서 싯닷타 태자를 버리고 다 떠나버렸습니다. 태자는 혼자 남았습니다. 오비구가 떠난 지 15일 만에 태자는 부처님이 되었습니다. 까야위웨까가 이처럼 중요합니다. 여럿이 함께 있게 되면 여러 가지로 분주해집니다. 그러나 여럿이 같이 있어도 각자가 자기 수행에 집중하고 있다면 그것은 혼자라고 볼 수 있습니다.

둘째는 찟따위웨까입니다. 이것은 마음까지 완전히 혼자가 되어 조용해지는 것입니다. 어떤 사람들은 몸은 떨어져 혼자 있으나 마음은 항상 같이 있습니다. 과거 생각, 미래 생각, 현재 하고 싶은 것을 생각하고, 누구누구 생각, 누구와 했던 이야기 등등을 떠올리며 살고 있으면, 몸은 떨어져 있지만 마음은 100% 함께 있는 것입니다. 그러면 찟따위웨까가 없습니다. 사실 찟따위웨까의 최고 단계는 선정(본삼매)을 말합니다. 선정에 들어 있을 때는 오로지 선정 대상만 알지, 보지도, 듣지도, 냄새도, 맛도, 감촉도 모릅니다. 오로지 의문 하나만 작동하고 있는데 그 의문 대상이 빠띠바가니밋따(닮은 표상)입니다.

그 대상에 마음이 100% 집중되어 있는 선정을 찟따위웨까라고 합니다. 본삼매 선정이 아니더라도 선정 바로 직전인 우빠짜라사마디(근접삼매)도 찟따위웨까라 할 수 있습니다. 물론 근접삼

매의 대상도 빠띠바가니밋따(닮은 표상)입니다. 그리고 우리처럼 위빳사나 수행자들이 아침에 깨어 밤에 잘 때까지 오로지 자기 수행에만 집중하고 팔정도 수행만 하고 있을 때 찰나 삼매로 번뇌를 순간순간 소멸시키고 있다면 그것도 찟따위웨까입니다. 볼 때, 소리 들을 때, 냄새 맡을 때, 맛볼 때, 닿을 때, 느낄 때, 생각할 때, 먹을 때, 행주좌와 어묵동정 등 그때그때에, 또 대소변 볼 때까지 오직 사띠로 대상을 놓치지 않고 잊지 않으면서 수행하며 살고 있을 때도 찟따위웨까라 할 수 있습니다.

셋째는 우빠띠위웨까입니다. 이것은 최상의 상태로 열반을 말합니다. 우리가 봄으로 혼자 산다 해도 내 몸 자체가 시끄럽습니다. 정신·물질 자체가 얼마나 시끄러운지! 혼자 앉아서 가만히 있어 보면 마음속으로 얼마나 시끄러운지 알 수 있습니다. 마음을 기계로 연결시키면 귀가 아파 바로 병이 날 지경이지요. 우리 마음이 그렇게 시끄럽습니다. 우리 몸도 시끄럽습니다. 여러 가지 소리가 몸에 있습니다. 수행으로 집중되면 알 수 있습니다. 우리 몸은 폭죽같이 항상 터지고 있습니다. 몸도 그렇고 마음도 그렇습니다. 몸과 마음이 살아 존재하는 동안에는 시끄럽습니다. 수행하다 보면 몸도 마음도 조용해지면서 찟따위웨까가 됩니다. 열반은 몸과 마음의 작용이 완전히 사라지는 것입니다. 정신과 물질의 세상을 초월하는 것인데 그러면 얼마나 조용한지! 이것이 우빠띠위웨까의 의미입니다.

집성제가 얼마나 별나게 우리를 정신없게 만드는지 모릅니다. 이런 집성제를 없애버리면 얼마나 조용할까를 생각해 보세요. 집성제로 인해 생기는 모든 고통이 소멸하기 때문에 열반은 완전히 조용해지는 것입니다. 열반이 무엇이냐고 물으면 촛불의 꺼짐으로 비유하기도 합니다. 촛불이 꺼질 때 꺼진 촛불은 어디로 갔습니까? 분명히 있던 불꽃과 열기는 보이지도 느껴지지도 않습니다. 열반은 그와 같은 소멸입니다. 오로지 조용할 따름입니다. 물질·정신이 계속 불타고 있다가 불타는 몸과 마음이 다 타서 사라질 때는 '언제, 어디'는 필요 없습니다. 시공을 초월하는 것입니다. 이런 열반이 우빠띠위웨까입니다. 부처님께서 열반을 말할 때 이런 의미로 위웨까를 설하십니다.

(다) 아마따(Amata, 죽음 없음, 열반)

아마따는 죽지 않음입니다. 아(없다), 마따(죽음). 아마따는 열반 또는 해탈로 번역합니다. '죽지 않음'의 원인은 '태어나지 않음'입니다. 태어나면 틀림없이 죽습니다. 왜 태어나지 않습니까? 태어나야 할 씨앗이 없어졌기 때문입니다. 태어날 수 있는 씨앗은 갈애·탐욕(집성제)입니다. 멸성제는 갈애·탐욕이 없어지는 것입니다. 우리는 갈애·탐욕으로 살아가고 있고, 또 갈애·탐욕이 이 세상을 만들어 가고 있습니다. 갈애·탐욕이 사라지면 세상도 사라집니다. 이렇게 태어나지 않기 때문에 죽지 않는다는 것이 아마따의 의미입니다.

우리가 태어나서 죽는다고 할 때 그것은 한 생을 보고 말하는 것입니다. 즉 70세, 80세, 100세까지 살다가 죽는다고 알고 있습니다. 사실은 우리는 매 순간 죽어 갑니다.

상카따는 매 순간 죽어 가는 우리의 몸과 마음을 업의 힘이 있는 만큼 유지시키기 위해 엄청 애를 씁니다. 계속 조건을 만들어 주고 고쳐 주면서 지금 이 순간을 만들어 내고 있는 것이지요. 그 조건 중 하나만 빠져도 문제가 생겨 몸도 마음도 고장이 나서 병이 여러 가지로 많이 생깁니다. 병원을 많이 세워도 모자랄 지경입니다. 의사가 아무리 잘 해도, 의학이 아무리 발달해도, 완전히 병이 없는 세상, 죽음이 없는 세상을 만들 수는 없습니다.

부처님께서는 죽음이 없는 세상(아마따)을 발견하셨고 그 세상으로 갈 수 있는 방법을 찾았습니다. 그것이 사성제입니다. 우리도 사성제를 알아야 아마따로 갈 수 있습니다. 오직 팔정도라는 약을 먹어야 늙음과 죽음이라는 병이 나을 수 있고, 윤회의 저쪽 바다인 열반으로 넘어갈 수 있습니다.

죽지 않음이란 태어나지 않음과 같은 말입니다. 태어남으로 인해 오온이 생겼다면 반드시 죽어야 합니다. 생겨서 사라지지 않는 것은 정상이 아닙니다. 생긴다면 사라져야 하고, 태어나면 죽어야 되는 것이 법칙입니다. 죽기 싫고, 늙기 싫고, 아프기 싫으면 태어나지 말아야 됩니다. 그러나 태어나지 않는 것이 내 마음대로 아무나 할 수 있는 것이냐 하면 그렇지가 않습니다. 엄청난 노력을 해야 합니다. 태어나지 않기 위해 우리는 이 수행을 하는 것입니다.

우리가 죽음을 걱정하지 않을 수 있는 순간은 단 한 순간도 없습니다. 언제든지 죽을 수 있습니다. 눈을 깜빡 하는 순간에도 죽을 수 있고, 앉았다 일어나는 순간에도 죽을 수 있습니다. 섰다가 앉기도 전에 죽을 수 있습니다. 입안에 씹고 있던 음식을 삼키기도 전에 죽을 수 있습니다. TV 보다가 갑자기 죽고, 자동차 타고 가다가 중간에 죽는 사람도 있습니다. 죽는 사람을 보면 다 그렇습니다. 우리가 태어났다면 죽음은 언제든지 반드시 만나게 되어 있습니다. 죽는 사람이 어느 순간에 죽을 것이라고 알고 죽는 사람은 없습니다. 모두가 계속 살 거라고 생각하면서, 내일 무엇을 하고, 모레 무엇을 할 것이고, 내년에는 무엇을 할 것이라고 계획을 세우다가 불현듯 어느 순간 죽어 버립니다. 죽음은 기다려 주지 않습니다. 바쁘다 바쁘다고 하지만, 바쁘다고 안 죽나요? 묘지에 가서 물어 보세요. "아저씨는 심심해서 죽었나요? 바쁜 일을 다 끝내고 죽었나요?" 다 바쁘다고 하면서 죽었습니다. 심심하고 할 일 없어서 죽은 사람은 아무도 없습니다.

우리에게는 죽음이라는 위험이 항상 있습니다. 왜냐하면 태어났기 때문이지요. 부처님의 니로다삿짜(멸성제)에는 죽음이 없습니다. 그래서 아마따입니다. 태어나는 씨앗(집성제)이 사라졌기 때문에 죽음이 없는 것입니다. 우리는 어리석어서 집성제를 계속 키우고 있는데 그 집성제를 키우면 무엇이 오는가요? 고성제가 옵니다. 우리는 그것을 모릅니다. 고성제를 무섭다, 무섭다 하면서 집성제를 열심히 계속 키우고 있는 것이 우리의 현실입니다.

(라) 아상카따(Asaṅkhata, 조건 지어지지 않음)

아상카따는 조건 지어지지 않음, 조건 없음이라는 말입니다. 고성제와는 반대입니다. 멸성제는 아상카따(조건 지어지지 않음)이고, 고성제는 상카따(조건 지어짐)입니다. 고성제는 계속 많은 조건을 맞추어 주고 만들어 줘야 합니다. 사실 그래야 살아갈 수 있습니다.

우리가 지금 앉아 있는 것도 몸과 마음이 엄청난 조건을 만들어 이 자세를 유지하는 것입니다. 지금 여러분은 모르겠지만 계속 수행하다 보면 앉아 있는 자체가 얼마나 고통스러운지 차차 알게 될 것입니다. 앉아 있는 자체가 몸과 마음이 엄청나게 일한 결과입니다. 몸과 마음이 일하는 것을 잠시 멈추면 자세가 흐트러집니다. 이 자세를 유지하기 위해서 마음이 얼마나 바쁜지 아십니까? 요즘 최고 빠르다고 하는 컴퓨터보다 백 배, 천 배는 더 빠를 겁니다. 마음이 엄청 빠르게 일하고 있습니다. 마음이 수많은 명령을 내려야 몸의 풍대가 이 자세를 유지시킵니다. 우리는 편안하게 앉아 있는 줄 아는데 아닙니다. 엄청난 조건들이 맞춰지면서 지금 우리의 몸이 이 상태로 유지되는 것입니다.

모르는 것이 어리석음입니다. '모르는 게 약이다'란 말이 있지만 모르는 게 약이라고 하면 계속 죽을 것입니다. 모르는 게 약이 아니고 알아야 삶의 궁극적 문제를 해결할 수 있습니다.

모르는 게 약은 약이지만 독약입니다. 무지·무명·어리석음이라는 독약을 먹고 계속 죽는다는 의미입니다. 진리를 알아야 합니다. 모르는 게 약이 아니고 알아야 아마따로, 죽음이 없는 곳으로, 열반으로 갈 수 있습니다.

고성제는 상카따입니다. 끊임없이 조건을 만들어 주고, 원인을 만들어 주고, 계속 일해 주는 것입니다. 엄청나게 뼈 빠지게 일해 줘야 하루에 한 끼 정도 먹을 수 있는 사람이 있습니다. 그런 사람을 불쌍하다고 생각하지만 진짜 불쌍한 사람은 자기 자신입니다. 살기 위해서 이 몸과 마음이 부서지도록 일하고 있는데 우리는 그것을 모르고 있습니다. 그렇게 우리의 몸과 마음이 상카따라면 열반은 완전히 반대입니다.

아상카따(열반)는 조건 지어지지 않음, 즉 몸과 마음이 없다는 말입니다. 열반은 완전한 행복입니다. 고통이 하나도 없습니다. '열반이 어떤 것인가?'라고 머리로 상상하면 다 틀립니다. 우리의 상상력은 한계가 있습니다. 그 범위를 벗어나서는 상상할 수 없습니다. 시공 속에서 자기가 보고 듣고 냄새 맡고 감촉하고 느꼈던 것, 체험했던 것, 그 범위 내에서만 상상할 수 있습니다. 그런 상상의 한계를 다 초월하는 것이 아상카따입니다. 또 우리는 감정적으로 정서적으로 느껴야만 행복인 줄 압니다.

열반은 그런 게 아닙니다. 열반은 우리의 느낌이나 이해를 초월하고 있기 때문에 우리의 상상 밖에 있습니다. 이런 열반을 이해할 수 있는 방법은 위빳사나 수행뿐입니다. 위빳사나 지혜가 매우 힘이 차서 생사가 끊어질 때가 진짜 행복이라는 것을 알게 됩니다. 생사의 끊어짐이 보이지 않더라도, 생사를 조금 알기만 해도 생사의 끊어짐에 대한 감을 잡을 수 있습니다. 즉 매우 힘센 위빳사나 지혜가 일어날 때 열반이 무엇인지 감을 잡을 수 있게 됩니다.

때로는 위빳사나 지혜가 힘이 찰 때 번뇌가 전혀 일어나지 않을 때가 있습니다. 하루 종일, 일주일 내내, 한 달 내내 번뇌가 한 번도 안 일어나기도 합니다. 그때 열반을 이해할 수 있습니다. 또한 아라한의 마음도 이해할 수 있지요. 번뇌가 없는 아라한의 마음이 어떤 것인지 알고, 바로 이런 마음으로만 열반이 무엇인지 이해할 수 있습니다. 매일 오욕락을 즐기는 마음으로는 열반을 이해할 수가 없습니다. 동물의 마음으로는 인간의 지혜로만 알 수 있는 즐거움을 이해하지 못합니다.

그와 같이 열반을 알 수 있는 마음의 수준은 오욕락에 빠진 마음이 아닙니다. 열심히 위빳사나로 팔정도 수행을 해야 지혜가 생기고, 심리가 변하고, 인간이 성장하면서 성인(聖人)들만이 직접 보고 알 수 있는 열반에 대한 감을 잡을 수 있습니다. 이와 같이 부처님께서는 멸성제(열반)를 닛사라나, 위웨까, 아마따, 아상카따, 이 네 가지 의미로 말씀하셨습니다.

4) 도성제

(1) 정의

둑카니로다가미니빠띠빠당(고통의 소멸로 가는 실천 수행)이 막가삿짜(maggasacca, 도성제)입니다. 둑카(고통), 니로다(소멸), 가미니(가는), 빠띠빠당(실천 수행), 막가(magga, 도로, 길), 삿짜(진리). 부산에서 서울로 가는 고속도로가 있다면 그 길을 따라가야 서울로 갈 수 있습니다. 막가(도)가 그런 의미입니다. 막가라는 도로가 어디로 가고 있는가 하면 완전한 행복인 닙바나(열반)를 향해서 가고 있습니다. 막가삿짜(도성제)라는 도로(道路)의 끝이 닙바나(멸성제)입니다. 그래서 막가삿짜가 우리 수행자들이 타야 하는 고속도로입니다. 그 도로를 타면 틀림없이 열반으로 갑니다. 부처님께서 닙바나로 가는 유일한 길은 도성제뿐이라고 말씀하셨습니다.

『초전법륜경』에서 도성제를 다음과 같이 말씀하고 계십니다.

"괴로움의 소멸로 갈 수 있는 유일한 실천 수행법은 도성제이다.

도성제가 바로 팔정도이고 팔정도는 바른 견해, 바른 생각, 바른 말, 바른 행위, 바른 생계, 바른 정진, 바른 사띠, 바른 집중이다."

집성제를 버리기 위해서 도성제가 필요합니다. 여러분들이 해야 하는 일은 단 하나 도성제(팔정도)입니다.
여기서 잠시 팔정도의 내용을 정리하고 가겠습니다.
첫째, 바른 견해(정견, sammādiṭṭhi삼마딧티)는 여섯 가지 내용이 있습니다. ① 업에 대한 정견(깜마사까따삼마딧티kammasakatāsammādiṭṭhi)은 원인과 결과의 법칙으로 연기법을 바르게 아는 지혜입니다. ② 선정에 대한 정견(jhānasammādiṭṭhi자나삼마딧티), ③ 위빳사나에 대한 정견(vipassanāsammādiṭṭhi위빳사나삼마딧티), ④ 도에 대한 정견(maggasammādiṭṭhi막가삼마딧티), ⑤ 과에 대한 정견(phalasammādiṭṭhi팔라삼마딧티), ⑥ 뒤돌아보는 정견(paccavekkhanasammādiṭṭhi빳짜웩카나삼마딧티)은 반조의 지혜입니다.
둘째, 바른 생각(정사유, sammāsaṇkappa삼마상깝빠)은 올바른 사고방식 또는 올바른 마음가짐인데 세 가지가 있습니다. ① 오욕락에서 벗어나려는 생각(출리, nekkhammasaṇkappa닉캄마상깝빠), ② 화내지 않고 미워하지 않음(자애, avyāpādasaṇkappa아뱌빠다상깝빠), ③ 남을 해치거나 괴롭히지 않는 생각(연민, avihṃsāsaṇkappa아위힝사상깝빠)입니다.
셋째, 바른 말(정어, sammāvācā삼마와짜)은 올바른 언어적 행위인데 네 가지 하지 말아야 하는 말이 있습니다. ① 거짓말(망언, musāvādā무사와다), ② 욕설(악구, pharusavācā파루사와짜), ③ 중상모

략·이간질(양설, pisuṇavācā삐수나와짜), ④ 잡담(기어, samphappalāpa 삼팝빨라빠).

넷째, 바른 행위(정업, sammā kammanta삼마깜만따)는 올바른 신체적 행위인데 몸으로 행하지 말아야 하는 것이 세 가지가 있습니다. ① 살생(pāṇātipāta빠나띠빠따), ② 도둑질(adinnādāna아딘나다나), ③ 삿된 음행(kāmesu micchācāra까메수 밋차짜라).

다섯째, 바른 생계(정명, sammāājīva삼마아지와)는 생계를 위해 거짓말·이간질·욕설·잡담(입으로 짓는 4가지)과 살생·도둑질·삿된 음행(몸으로 짓는 3가지)을 하지 않는 것을 말합니다.

여섯째, 바른 정진(정정진, sammāvāyāma삼마와야마)은 바른 노력을 말하는데 네 가지가 있습니다. ① 이미 일어난 불선업은 다시 일어나지 않도록 노력한다. ② 일어나지 않은 불선업은 일어나지 않도록 노력한다. ③ 일어나지 않은 선업을 일어나도록 노력한다. ④ 이미 일어난 선업은 더 증장되게 노력한다.

일곱째, 바른 사띠(정념, sammāsati삼마사띠)는 신·수·심·법(몸·느낌·마음·법)을 대상으로 한 사띠(잊지 않음, 기억하고 있음, 놓치지 않음, 주의 깊음, 조심스러움, 깨어 있음)입니다.

여덟째, 바른 집중(정정, sammāsamādhi삼마사마디)은 하나의 대상에 마음을 집중하는 것인데 색계 4선정과 무색계 4선정을 합해서 8선정으로 말합니다.

팔정도를 다르게 말하면 삼학(계·정·혜)입니다. 즉 바른 견해와 바른 생각이 '혜'이고, 바른 말과 바른 행위와 바른 생계가 '계'이고, 바른 정진과 바른 사띠와 바른 집중이 '정'입니다. 계·정·

혜라고 할 때는 먼저 '계'를 잘 지켜 몸과 입을 깨끗하게 해야 합니다. 몸과 입이 깨끗해지면 확신과 자신감으로 마음이 고요해집니다. 그것이 '정'입니다. 마음이 고요해지면 그때 '지혜'가 생깁니다. 그 지혜를 바탕으로 계를 더 잘 지키게 되고 더 깨끗한 계율로 마음은 더 깊은 집중이 되고 지혜는 더 예리해집니다.

이렇게 보면 수행의 기본은 지계입니다. 그렇다고 해서 계율을 완벽하게 다 지키고 나서 수행하리라고 하면 안 됩니다. 같이 가야 합니다. 계·정·혜가 계속 서로 연결이 되면서 나선형으로 올라가 마침내 닙바나(열반)를 성취하게 됩니다.

여기서는 팔정도를 순서대로 말하다 보니까 바른 견해가 제일 먼저 나옵니다. 부처님께서 바른 견해를 먼저 말씀하시는 이유가 있습니다. 부처님께서는 여러 경전에서 당신의 가르침을 '바른 견해'라고 하셨습니다. 그만큼 '바른 견해'가 중요하다는 의미입니다. 견해를 바로 세워야 생각이 바르게 되고 바른 생각에서 바른 말, 바른 행위, 바른 생계가 나옵니다. 바른 견해로 삼보를 바르게 알게 되니까 바른 노력을 하게 됩니다. 바른 노력을 하게 되면 바른 사띠는 따라오지요? 사띠가 좋으면 대상을 놓치지 않고 더 많이 알아차리면서 바른 집중이 됩니다. 바른 집중이 되면 지혜는 더욱 증장됩니다.

이렇게 견해가 바르게 되어야 그 결과로 나머지 행위들이 바르게 나오는 것입니다. 똑같은 이야기를 이렇게 팔정도나 계·정·혜로 구별해서 말씀하시는 것은 제자들의 성향에 따라 말씀하시기 때문입니다. 이렇게 방편 따라 나온 부처님의 가르침이 삼장(경장, 율장, 논장)이고 5부 니까야이고 팔만사천 대장경입니다. 삼장도 계·정·혜입니다. 경장이 정이고 율장이 계이고 논장이 혜입니다.

사성제에서 우리가 해야 할 일은 고성제는 알아야 하고 집성제는 버려야 하고, 멸성제는 도착해야 하고 도성제는 실천 수행해야 하는 것입니다. 팔정도를 실천수행하면 고성제를 알고 집성제를 버리면서 멸성제에 도착합니다. 끝으로 여러분들이 직접 해야 하는 일은 도성제입니다. 나머지 세 가지는 도성제를 하지 않으면 얻을 수가 없습니다. 도성제를 실천하지 않는 사람은 고성제를 모르고 집성제를 버리지 못하고 멸성제에 도착하지 못합니다. 팔정도를 실천해야 고를 알고, 고(苦)라고 알기 때문에 욕심을 버리고 열반에 도착하게 됩니다. 열반인 멸성제는 완벽한 행복, 완벽한 자유, 다시 고통으로 돌아가지 않는 행복이지요? 부처님의 가르침은 아주 논리적 합리적이어서 빈틈이 없습니다. 그렇게 완벽한 가르침입니다.

'도성제를 실천 수행해서 고성제를 알고 집성제를 버리면 멸성제에 도착한다.' 이 말을 잘 기억해 두시기 바랍니다.

깨달을 때는 고집멸도가 동시에 이루어집니다. 어떻게? 여러분들이 아주 예쁘게 잘 포장된 선물을 받고 좋아라 집으로 가지고 와서 어떤 보석이 들었을까 궁금해 하며 조심스레 포장을 뜯어 보았습니다. 그런데 보석이 아닌 똥 덩어리가 나왔을 때 어떻게 합니까? 조금의 미련도 없이 확 버리지요? 그때 처음에 가졌던 욕심은 어디로 가버렸어요? 이것이 사성제가 동시에 이루어지는 예입니다.

포장은 뜯어 보지 않으면 안에 뭐가 있는지 모릅니다. 우리의 몸은 지금 피부로 포장된 상태입니다. 포장된 상태로 보니까 보기 좋지요? 피부라는 포장지를 벗겨내면 좋은 게 하나도 없습니다. 그와 같이 사견과 어리석음이 고통을 잘 포장해 우리로 하여금 행복하다거나 아름답다고 착각하게 만듭니다. 그런데 포장을 뜯어 보니 그게 아니었습니다. 포장을 뜯는 것이 도성제입니다. 우리가 수행할 때 무엇을 합니까? 팔정도로 몸과 마음을 계속 뜯어 보고 있습니다. 뜯어 보니까 안에 무엇이 있어요? 좋은 것은 하나도 없고 무상·고·무아뿐입니다. 그것이 고성제를 아는 것입니다.

포장되어 안에 든 것이 무엇인지 모르고 좋아하며 애착 집착하는 것이 집성제입니다. 포장을 뜯어 보니까 안에서 똥이 나왔지요? 똥이라고 아는 순간 욕심이 확 떨어져 나갑니다. 처음에 포장되어 있을 때는 똥인 줄 모르기 때문에 내가 선물을 받았다고 좋아하고 욕심내지만 지금은 똥이라고 아는 순간, 아직 쓰레기통에 버리지 않았어도 마음속의 욕심은 벌써 사라졌습니다. 이렇게 고(苦)를 아는 순간 집(集)이 떨어지는 겁니다.

여러분들에게서 집(集)이 안 떨어지면 고(苦)를 모르고 있다는 말입니다. 고(苦)를 아는 순간 반드시 집(集)이 떨어집니다. 몸과 마음을 계속 관찰하는 사람은 몸과 마음에 대한 욕심이 계속 떨어지고 있는 겁니다. 그래서 몸과 마음을 열심히 관찰하는 것이 중요합니다.

수행의 결과가 언제 나타날까 하면서 욕심내지 마세요. 수행자들은 매일 욕심 부리고 앉아 있지요? 열심히 고(苦)를 뜯어 봐야 하는데, 고(苦)를 안 보고 '어떤 좋은 것이 나올까?'라고 하면서 결과부터 먼저 기다리고 있습니다. 욕심을 놓아 버려야 되는데 계속 욕심부리고 있는 것입니다. 수행하는 이유가 고(苦)를 알려고 하는 겁니다. 고(苦)를 아는 순간 집(集)이 떨어집니다. 처음에는 욕심이 조금씩 떨어지다가 다음에는 많이 떨어져 마음이 아주 맑고 평온해집니다. 욕심이 없어야 지혜가 일어납니다. 집(集)이 떨어지면 그 자체가 멸(滅)입니다. 집성제의 소멸이 멸성제입니다. 포장지를 뜯어보는 것은 도성제를 실천 수행하는 것이고, 똥이라고 아는 것은 고성제를 아는 것이고, 똥을 버리는 것이 집성제를 버리는 것이고, 집성제가 없는 것 자체가 멸성제입니다. 이렇게 깨달을 때는 고집멸도가 동시에 이루어집니다.

사성제를 위빳사나로 말하자면 위빳사나 지혜가 바로 도성제의 이야기입니다. 우리가 매 순간 사띠를 가지고 몸과 마음을 열심히 알아차리기 때문에 몸과 마음의 사실을 알게 됩니다. 알게 되는 사실이 무엇입니까? 무상·고·무아입니다.

처음에는 물질·정신을 나로 알고 내 몸, 내 마음이라고 합니다. 그러나 수행하다 보면 내 몸이나 내 마음이라는 생각이 없어지고 단지 물질과 정신, 두 가지로 보입니다. 즉 몸과 마음이 서로 별개로 보입니다.

그 다음에는 물질을 여러 가지로 압니다. 지·수·화·풍으로 시작해서 여러 가지 눈의 물질, 귀의 물질, 코의 물질, 혀의 물질, 몸의 물질, 남성물질, 여성물질, 심장토대 물질 등등으로 압니다.

그 다음에 정신적으로도 여러 가지를 알게 됩니다. 신심, 의심, 노력, 지혜, 몸의 고요함. 마음의 고요함, 가벼움, 부드러움 등등 여러 가지 마음부수들을 압니다.

계속 관찰하다 보면 어느 순간부터는 정신과 물질 그 두 가지 외에 아무것도 없다는 것을 알게 됩니다. 물질이 있고 정신이 있는데 물질도 내가 아니고 정신도 내가 아니라고 알게 됩니다. 그때부터 아상이 깨지면서 위빳사나 지혜가 시작되는 겁니다. 처음에는 모든 것이 다 '나'였습니다. 몸도 '나'이고, 아파도 내가 아프고, 좋아도 내가 좋아한다고 했습니다. 노력하는 것도 내가 노력하고, 관찰하는 것도 내가 관찰한다고 하였습니다. 그런데 차차 그 '나'가 없어지고 물질·정신 두 가지만 남아 물질도 '나'가 아니고 정신도 '나'가 아니라고 알게 됩니다.

그 다음 원인과 결과를 알게 됩니다. '이래서 이렇구나, 저래서 저렇구나. 소리가 있기 때문에 이식이 생기는구나. 냄새가 나기 때문에 비식이 생기는구나. 냄새가 안 좋기 때문에 싫어하는 마음이 생기는구나.' 이런 여러 가지 원인과 결과들을 앞뒤로 연결시키면서 알게 됩니다. 원인 결과를 아는 단계가 업을 아는 단계이고 십이연기를 아는 단계입니다. 그 정도만 알아도 사람이 많이 달라집니다. 세상을 보는 눈이 완전히 달라집니다. 모든 존재에서 인과를 이해하고 그래서 다양하다는 것을 알게 됩니다. 억울한 것도 없고 원망하는 것도 없습니다. 또 자기의 죄가 있으면 '잘못했습니다.'라는 말이 아주 부드럽게 자연스럽게 나옵니다. 다른 사람을 잘 용서해 주고 마음이 아주 착해집니다.

여기서 한 단계 더 올라가면 물질·정신 두 가지의 움직임이 계속 변함을 알게 됩니다. 계속 일어났다가 사라지는 것을 보면서 무상하다는 것을 알게 됩니다. 무상하다는 것을 아는 순간, 그것에 대한 욕심을 부리지 않습니다. 보고, 보는 것이 무상함을 아는 순간, 보는 형상에 대한 갈애와 집착이 없어집니다. 듣고, 듣는 순간 소리가 사라지는 것을 알면, 사라지는 소리에 대한 갈애와 집착이 없어집니다. 위빳사나 지혜로 본 모든 대상에 대해서는 갈애·집착이 사라집니다. 그것이 바로 집성제의 사라짐입니다. 갈애가 사라지면 수행자 마음이 편안해집니다. 위빳사나 지혜가 되면 진짜 속이 시원합니다. 괴로움도 없어집니다. 왜냐하면 '나' '내 것'이리고 생각하지 않기 때문에 갈애의 고통이 사라지기 때문입니다.

수행자는 순간순간 일어나 사라지는 물질·정신의 과정을 그대로 알기만 하면 됩니다. 우리 수행자들은 이 수행의 결과가 다음에 어떻게 나타날까를 궁금해 하면서 한편으로는 대단한 것을 기대하고 있지요?

수행은 나중에 어떻게 되는 것이 아니고 지금 바로 성과를 나타냅니다. 지금 이 순간 물질과 정신을 물질·정신뿐이라고 알면 바로 갈애·집착이 사라집니다. 갈애·집착이 없는 마음이 깨끗한 마음입니다. 깨끗한 마음에서 맑은 물질들이 생기고 그로 인해 몸도 편하고 마음도 편해지고, 몸도 가볍고 마음도 가벼워지고, 몸도 고요하고 마음도 고요해지는 것입니다. 수행자들이 뭔가 좋은 것을 바라고 욕심내고 있으면, 그 욕심내는 마음 자체가 더러운 마음이라서 나쁜 물질들을 생기게 하여 수행하는 중에 괴롭습니다.

수행은 행복해지는 길인데 반대로 본인의 수행이 괴로운 이유가 무엇일까요? 욕심 없는 깨끗한 마음을 일으켜야 되는데 바라는 욕심을 일으키기 때문입니다. 뭔가를 바라지 말고 바로 이 순간, 있는 그대로를 알기만 하면 됩니다. 있는 그대로를 그대로 마주치면서 아는 순간이 제일 현실적입니다. 여기서 현실적이란 것은 그 속에 있는 사실을 아주 생생하게 본다는 말입니다. 조금만 늦어도 우리는 사실을 생생하게 보지 못합니다. 우리는 사실을 미리 볼 수도 없습니다. 우리의 지혜는 좀 늦지요? 물론 사람마다 많이 늦거나 조금 늦는 차이가 있겠지만 수행을 안 한 사람은 많이 늦고, 수행하는 사람은 갈수록 수행력의 탄력이 생기면서 다음에는 진짜 순간적으로 알게 됩니다. 이렇게 수행에 대한 우리의 태도가 매우 중요합니다. 올바른 태도로 바로 이 순간을 있는 그대로만 관찰하고 있으면 충분합니다.

그러면 있는 그대로가 무엇인가? 물질·정신밖에 없다고 아는 것입니다. 물질·정신을 '나'로 알고 있을 때와 물질·정신을 있는 그대로 알 때와는 큰 차이가 있습니다. 내 몸과 마음을 '나이다.' '내 것이다.' '내가 수행 잘하고 있다.' 등등으로 항상 '나'로 알면 번뇌로 잘못 아는 것입니다. 열심히 수행하다 보면 어느 때 드디어 있는 그대로, 딱딱하면 딱딱한 대로 알지 '내 다리가 딱딱하다'라고 하지 않게 됩니다. 더울 때 더우면 더운 대로 알지, '내가 덥다'라고 하지 않습니다. 이런 때가 지혜가 있을 때입니다. 이것이 물질·정신을 물질·정신 그대로만 아는 겁니다. 마음이 급하면 '급하다.'라고 알지 '내가 급하다'고 하지 않습니다. 급한 마음이 있을 뿐이라고 아는 겁니다. 그런 순간들이 바로 고성제를 아는 때입니다.

　있는 그대로의 물질·정신을 있는 그대로 알면 아상이 떨어집니다. 보고 있는 물질·정신이 계속 변하는 것을 알면 무상을 아는 겁니다. 무상을 아는 지혜가 고를 아는 지혜이고 무아를 아는 지혜입니다. 그래서 무상을 아는 것이 중요합니다. 무상하기 때문에 고통스럽고 무상하기 때문에 무아입니다. 무상을 알기 위해서 일단 물질·정신을 알아야 됩니다. 무상을 안다는 것이 다른 것이 아니고, 이 물질·정신이 계속 생멸하고 있음을 아는 것입니다. 무상을 아는 순간이 고를 아는 순간입니다. 도성제를 실천 수행하여 무상한 고성제를 아는 순간이 바로 집성제를 버리는 순간입니다. 집성제를 버림이 곧 멸성제입니다. 이렇게 사성제는 동시에 이루어지고 그것이 깨달음입니다.

　형상을 보고 그 순간의 대상을 꿰뚫어 보게 되면 위빳사나 지혜가 일어납니다. 그러면 봤던 형상에 대한 집성제가 사라지는데 그것이 형상에 대한 멸성제입니다. 그러면 그 형상에 대한 욕심이 소멸되어 앞으로는 더 이상 욕심을 내지 않게 됩니다. 듣는 순간 위빳사나 지혜가 일어나면 소리에 대한 멸성제가 됩니다. 그 소리를 다시 듣고 싶어 하는 욕심이 없어집니다. 우리는 꿈속에서도 욕심을 냅니다. 낮에 봤던 것이 먹고 싶어서 꿈속에서 먹고 있습니다. 왜냐하면 위빳사나 지혜가 없었기 때문에 낮에 보았던 형상과 맛에 갈애 취착이 되어 그것이 꿈으로 다시 나타나는 것입니다. 만약에 보는 순간에 위빳사나 지혜가 일어났다면 꿈에서뿐만 아니라 그 후 다시 떠올리지 않습니다. 보았던 형상, 들었던 소리, 맛과 냄새, 그런 것에 대해서 다시 떠올리고자 하는 마음이 안 생깁니다. 위빳사나 지혜가 일어난다는 것이 그런 것입니다. 이것을 『청정도론』에서 아람마나누사야(ārammaṇānusaya, 대상에 대한 잠재 번뇌)까지 제거하는 것이라고 하였습니다. 이렇게 위빳사나, 사성제, 십이연기, 업, 계·정·혜(삼학)가 다 일맥상통합니다.

우리가 수행을 하지 않아서 위빳사나 지혜가 생기지 않으면 십이연기의 굴레가 잘 돌아갑니다. 위빳사나 지혜가 일어나면 십이연기의 굴레가 바로 끊어집니다. 수행을 하지 않으면 느낌으로 인해서 갈애가 생기고, 수행하면 느낌이 소멸하고 갈애도 소멸합니다. 그리고 취착도 소멸합니다. 그래서 위빳사나 지혜가 있느냐 없느냐에 따라서 십이연기가 순방향으로 도느냐, 소멸로 가는 역방향으로 도느냐가 결정됩니다. 위빳사나 지혜가 있으면 소멸로 가는 역방향으로 돌아 윤회의 굴레를 빠져나가고, 위빳사나 지혜가 없으면 순방향으로 돌아서 계속 윤회하게 됩니다.

우리는 어리석게 보고 어리석게 듣고 어리석게 냄새 맡고 어리석게 생각하면서 바로 갈애로 넘어가 업을 짓습니다. 그러면 그 과보로 태어남의 고통을 겪게 됩니다. 위빳사나 수행으로 위빳사나 지혜가 일어나면 번뇌의 굴레가 끊어지고, 번뇌의 굴레가 끊어지면 업의 굴레가 끊어지고, 업의 굴레가 끊어지면 과보의 굴레가 끊어지면서 더 이상 태어남의 고통은 없어집니다.

위빳사나 지혜가 일어나면 업이 생기지 않습니다. 위빳사나 수행이 매우 깊어져 상카루뻭카 상태로 가면 마음이 진짜로 반응하지 않으면서 행(상카라)이 없어지는 느낌이 있습니다. 처음에는 마음이 열심히 뭔가를 하면서 움직이는데 수행이 깊어질수록 마음의 반응이 사라집니다. 그것이 업이 죽어가는 겁니다. 똑같이 보고 듣고 냄새 맡으면서도 마음의 반응이 없습니다. 마음의 반응이 없어지면서 행업이 갈수록 줄어듭니다. 지금은 마음의 반응이 엄청나게 강하지요? 우리가 보면 보는 대로 강력하게 반응합니다. 그것이 다 업이 됩니다. 마음의 반응이 강한 만큼 업의 힘이 세고, 업이 센 만큼 과보를 크게 받게 됩니다.

마음이 반응하지 않는다고 할 때 무덤덤한 느낌과는 어떤 차이가 있을까요? 무덤덤한 느낌을 우뻭카웨다나라고 하는데 이것도 어리석을 때와 지혜가 있을 때가 다릅니다. 어리석음이라는 불선한 마음에 무덤덤한 느낌이 있습니다. 그것은 우리가 잠들기 전에 마음이 많이 약해지는네 이깃고 비슷한 몽롱한 치심(痴心)입니다. 그러나 지혜와 함께하는 무덤덤한 느낌의 선한 마음은 반응하지 않지만 아는 것은 확실하게 압니다. 이 마음은 모든 것에 대해서 확실하게 알면서도 마음이 하나도 흔들리지 않고 어느 편도 들지 않는다는 평정입니다. 지금 우리가 덤덤하다면 그것은 조금 멍한 느낌이 있는데, 평정은 그런 멍함이 하나도 없습니다. 진짜 깨끗하고 맑고 조용합니다.

이렇게 마음의 움직임들이 수행이 깊어질수록 점점 조용해집니다. 깊은 밤에 불을 끄고 가만히 있으면 매우 조용하다고 느껴지는데 반응하지 않는 마음은 그것보다도 더 조용합니다. 마치 마음에 생각이 없는 듯 움직이지 않지만 아는 것은 뚜렷이 알면서 거기에 '나'라는 사견이 들어가지 않습니다. 수행을 처음 시작하는 사람에게는 '나'가 매우 분명합니다. 열심히 관찰하고 놓치지 않으려는 '나'가 항상 앞서갑니다. 그런 '나'가 완전히 죽어 버려야 지금 말하고 있는 반응하지 않는 마음을 이해할 수 있습니다. 이런 마음을 상카루뻭카냐나(saṅkhārupekkhāñāṇa, 형성 평온 지혜)가 있는 마음이라고 합니다.

마음이 고요할수록 과보는 작아집니다. 우리가 책상을 세게 때리면 그만큼의 센 힘이 내 손에 전해집니다. 이와 같이 내 마음이 애를 많이 쓰는 만큼 힘이 세게 들어가 업도 커집니다. 그래서 보고 듣고 냄새 맡을 때 알게 모르게 마음이 반응하며 많이 애쓰게 되는데 그때 얼마만큼 내가 성냄을 가지고 반응하는지, 욕심을 가지고 반응하는지, 어리석게 반응하는지에 따라서 그대로 나에게 되돌아옵니다. 그것이 과보의 의미입니다.

상카루뻭카 상태에서는 물질·정신이 일어나 사라지는 것을 아주 지혜롭게 알고는 있지만 반응이 없습니다. 물질·정신이 일어나 사라지는 것을 다 알면서, 처음에는 무섭기도 하고 지루하기도 하고 벗어나고 싶은데 이런 것은 다 반응하고 있는 겁니다. 그러나 거기서 멈추지 않고 계속 보면 '지루하구나, 이것밖에 없구나, 이렇게 끝이 없구나.'라고 알면서 다음에는 그런 지루한 마음조차 없어집니다. 그것을 상카루뻭카(saṅkārupekkhā)라고 합니다. '상카라'는 조건 따라 움직이고 있는 상황을 말합니다. 그 상카라(saṅkāra, 행)에 대한 우뻭카(upekkhā, 평정, 평온)입니다.

미얀마에서는 우뻭카를 무관심이라는 의미로 사용하고 있지만 여기서는 그 의미가 아니고 상카라에 대해 내가 편드는 마음이 없어지는 것을 말합니다. 나랑 아무 관계없는 다른 사람이 걸어가는 것을 보듯이 완전히 별개로 봅니다. 옆에서 그냥 흘깃 보는 느낌, '나'가 전혀 붙지 않고 완전히 떨어져서 나를 보는 느낌입니다. 모르는 것이 아니고 확실하게 알지만 그것을 '나'와는 하나도 연관시키지 않는 것이 상카루뻬카입니다. 대상이 좋을 수도 있고 나쁠 수도 있겠지만 그것들이 나에게 전혀 영향을 끼치지 못할 때, 그것은 그만큼 내 마음에 힘이 있는 것이고, 그때 마음이 진짜 가만히 있는, 반응하지 않는 마음입니다. 그런 것을 우리가 느끼고 이해하는 만큼 십이연기나 윤회의 굴레나 사성제를 바르게 알게 됩니다. 고성제를 아니까 집성제가 사라지고 그러면서 멸성제가 어떤 것인지 알게 된다는 말입니다. 그래서 상카루뻬카를 아는 사람은 열반이 어떤 것인지를 이해하게 됩니다. 즉 정신·물질이 완전히 소멸되는 것이 열반이라고 알고 열반의 맛을 이해하게 됩니다. 상카루뻬카가 그런 의미입니다.

　우리는 도성제를 열심히 수행하여 어리석음을 닦고 또 닦아 가려진 눈을 열고, 생겨난 위빳사나 지혜로 진리를 보고 알아야 합니다. 봐야 알고, 알아야 벗어날 수 있습니다. 사성제를 바르게 알면 경전이 삼장법, 오부니까야, 팔만대장경 등으로 아무리 많다 해도 그것들이 모두 사성제를 이야기하고 있다는 것을 알 수 있습니다. 우리가 부처님의 가르침을 공부하여 사성제를 이해할수록, 부처님의 가르침에 대한 앎이 선명해지고, 내가 해야 하고 가야 하는 길이 더욱 뚜렷해지고, 갈수록 의심이 사라지고 믿음이 커질 수밖에 없습니다. 부처님께서 우리에게 이 사성제를 말씀하실 때 어떤 의미로 말씀하고 계신지 정확히 알아야 우리가 사성제를 수행할 때 부처님의 뜻대로 할 수 있습니다.

(2) 도성제의 네 가지 의미

도성제는 멸성제로 갈 수 있는 중도(中道)입니다. 도성제는 최고의 의미로 출세간인 네 가지 도와 과에 있는 팔정도를 말합니다. 그러나 우리가 지금 실천 수행하는 팔정도도 도성제로 볼 수 있습니다. 이것은 곧 삼학(계·정·혜)입니다. 정견·정사유가 '혜'이고, 정어·정업·정명이 '계'이고, 정정진·정념·정정이 '정'입니다. 이 도성제를 부처님께서 다음과 같이 네 가지 의미로 설명하십니다.

(가) 니야나(Niyyāna, 나감, 떠남)

니야나는 '벗어남, 나감'입니다. 사람을 고통에서 벗어나게 해 준다는 뜻이지요. 팔정도라는 수레를 타면 윤회의 고통에서 벗어날 수 있습니다. 고통에서 벗어나고 고통의 원인에서 벗어납니다. 벗어난 다음 어디까지 갈 수 있습니까? 목적지인 닙바나(열반)까지 갈 수 있습니다.

도성제로 출발했다면 꾸준히 해서 끝까지 가야 합니다. 중간에 옆길로 새면 닙바나에 도착하지 못합니다. 출발에서 끝까지 가게 하는 것이 니야나입니다. 그렇게 번뇌에서 벗어나 목적지까지 도착할 수 있게 해 주는 것이 도성제의 첫째 의미인 니야나입니다.

니야나는 수레에 태워 데리고 가다, 모셔가다라는 뜻도 있습니다. 그냥 가는 게 아니고 수레에 태워 데리고 갑니다. 우리를 윤회에서 픽업해서 팔정도 수레에 태워 열반으로 데리고 간다는 뜻입니다.

'니야나'는 '닛사라나'와 비슷하지만 조금 다릅니다. '닛사라나'

는 열반, 완전한 벗어남, 나감, 도착함, 즉 일을 끝냄이지만, '니야나'는 벗어나게 해 주는 길이고 방법입니다. 그 일을 끝낼 수 있도록 해 주는 것이 '니야나'입니다. '닛사라나'는 정확히 표현하면 결과입니다. 열반은 할 일이 없습니다. 그러나 '니야나'는 일을 하는 것입니다. 니야나라는 팔정도가 일해야 열반에 도착할 수 있습니다. 열반에 도착하면 위험이 없어집니다. 이제 자유로워졌습니다. 그런 완전한 자유, 열반을 성취하는 방법은 오로지 니야나, 팔정도 수행입니다. 오직 이 길뿐입니다.

여러분들이 아침에 일어나서 밤에 잘 때까지 하고 있는 일이 도성제(팔정도)입니다. 팔정도를 수행하면서 계속 닦고 있는 것이 멸성제로 가는 길이지요. 멸성제가 다른 것이 아니라 고통의 소멸입니다. 고통의 소멸이 바로 완벽한 행복입니다. 고통이 조금이라도 섞여 있으면 완벽한 행복이 아닙니다. 완벽한 행복에 도달할 수 있는 유일한 길이 바로 팔정도이고 이것을 여러분이 매 순간 수행하고 있는 것입니다. 매 순간 바르게 노력하고 있는데 그것이 삼마와야마(정정진, 바른 노력)입니다. 정정진은 행한 불선업은 다시 생기지 않게 하고, 하지 않은 불선업은 아예 생기지 않게 하고, 아직 생기지 않은 선업은 생기도록 하고, 이미 행한 선업은 더 많아지도록 노력하는 것입니다. 매 순간 바른 노력을 하고 있으면 불선업이 생기지 않고 선업이 생깁니다.

매 순간 이 몸과 마음의 사실을 기억하고 있는 것, 잊지 않는 것, 깨어 있는 것, 주의 깊게 조심스럽게 놓치지 않고 알아차리고 있는 것, 이것이 삼마사띠(정념, 바른 알아차림)입니다. 사띠는 선업을 잊지 않는 것입니다. 항상 선업이 되도록 하고 있고, 불선업을 하더라도 그것을 대상으로 두고 관찰하면서 선업으로 바꿉니다. 사띠로 관찰하는 것이 선업이지요. 쓰레기 속에서 금을 찾아내듯이 불선업 속에서 선업을 찾아낼 수 있는 것이 사띠(잊지 않음)입니다.

그렇게 끊임없이 노력하고 끊임없이 깨어 있기 때문에 마음이 집중됩니다. 그것이 삼마사마디(정정, 바른 집중)입니다. 집중은 마음이 깨끗해지는 것입니다. 갈수록 마음이 깨끗해지는 것이 찟따위숫디(마음의 청정)입니다. 불선업의 생각들이 많이 없어져 깨끗해진 마음은 흔들흔들하지 않고 수행 대상에 차분하게 고요히 머물러 안정이 됩니다. 그러면 마음이 힘이 차고 집중이 생깁니다.

바른 집중이 되면 눈으로 볼 수 없던 것을 돋보기나 현미경으로 보듯이 볼 수 있습니다. 원래 내가 몰랐고 볼 수 없었던 사실들을 알게 되고 보게 됩니다. 그것이 삼마딧티(정견, 바른 견해)입니다. 일반 눈이 아니고 지혜의 눈이 생기는 것입니다. 바른 견해가 생기니 생각을 올바르게 하는 삼마상깝빠(정사유, 바른 생각)가 생깁니다. 자애, 연민, 출리 등의 바른 생각들이 생깁니다. 정사유가 생겼는지 안 생겼는지는 본인의 마음을 보면 스스로 알 수 있습니다. 자비로운가? 자비로우면 틀림없이 정사유가 생긴 것입니다. 연민이 많아지는가? 그러면 정사유가 생겼기 때문입니다. 정사유가 생기면 오욕락에서 벗어나려는 마음, 놓아 버리려는 마음들이 많아지고, 세속적인 욕심이 줄어들고, 애착·집착이 많이 떨어져 나갑니다. 이런 생각들이 모두 정사유입니다.

정사유는 정견이 생겨야 가능합니다. 지혜가 생기면 자비는 따라옵니다. 자비는 정사유이고 지혜는 정견입니다. 정견이 되고 정사유가 되면 정어·정업·정명이 됩니다. 바른 말, 바른 행동, 바른 생계가 되는 거지요. 생각이 올바르게 되면 나쁜 말과 나쁜 행동을 하기가 힘들어지고, 나쁜 생계를 못하게 됩니다. 그래서 바른 말, 바른 행동, 바른 생계로 살게 되는 것이 팔정도입니다.

이렇게 여러분들이 밤낮으로 하고 있는 일이 무엇인지 뚜렷하게 이해해야 합니다. 나는 부처님 가르침대로 도성제 길을 가고 있다고 확실히 알아야 합니다. 이렇게 팔정도 수행을 하면 도성제가 원인이 되어 그 결과인 멸성제로 갈 수 있게 됩니다. 이것이 행복으로 가는 올바른 길입니다.

지금 현재 자신이 가지고 있는 바른 말, 바른 행동, 바른 생계의 수준에서 시작해서 정정진, 정념, 정정을 하면서, 거기서 정견, 정사유를 한 단계씩 업그레이드시켜 가야 합니다. 업그레이드 된 팔정도에서 더 힘차게 더 높이, 팔정도를 나선형으로 한 바퀴 한 바퀴 계속 업그레이드시켜 나가야 합니다. 그 꼭대기가 아라한의 도입니다. 최고의 정견은 도 지혜로 닙바나를 깨닫는 것입니다.

이렇게 매일 도성제로 살고 있는 것이 '니야나'입니다. 고통에서 나가려 하고 있고 열반에 도착하려 하고 있는 것이 '니야나'입니다. 그러기 위해서는 팔정도가 유일한 길이고 다른 길은 없습니다. 이런 의미로 부처님께서 '니야나'를 설하십니다.

(나) 헤뚜(Hetu, 뿌리, 원인, 근원)

헤뚜는 원래 자리, 기초, 기둥, 나무뿌리라는 의미입니다. 집을 지을 때 건물의 기초가 튼튼해야 건물이 튼튼하게 높이 올라갈 수 있습니다. 나무도 뿌리가 튼튼해야 힘차게 잘 자랍니다. 마찬가지로 우리의 팔정도가 탄탄해야 닙바나(열반)까지 갈 수 있습니다. 팔정도라는 뿌리를 튼튼하게 가지고 계·정·혜를 계속 계발시키면서 열반까지 가는 것입니다.

팔정도가 근본적인 자리이고, 여기서 시작하고, 여기서 힘을 가지고, 여기서 뿌리 내리면서, 뿌리가 힘찬 만큼 제일 멀리 제일 높이, 최상의 꼭대기인 아라한의 도까지 올라가는 것입니다. 팔정도가 완전한 행복인 닙바나로 갈 수 있는 유일한 길입니다. 나무의 뿌리가 튼튼한 만큼 나무가 건강하듯이 우리의 팔정도가 튼튼한 만큼 우리가 닙바나로 가는 길이 아주 순조로울 것입니다.

(다) 닷사나(Dassana, 봄見, 통찰, 견해)

닷사나는 직접 보는 것입니다. 법을 볼 수 있는 지혜의 눈이 생겼다는 뜻입니다. 오로지 도성제로만 열반을 볼 수 있습니다. 처음에는 신통지가 없어서 안 보였는데 수행하다가 신통지인 천안이 생기니 처음에 안 보이던 것이 다 보입니다. 마찬가지로 처음에 도가 없어 안 보이다가 도가 있으니 열반이 보입니다. 천안이 있으면 지금 죽어서 어디 태어나는지 바로 봅니다. 죽음과 태어남을 보는 것이 천안입니다. 팔정도가 천안같이 열반을 볼 수 있는 눈을 만들어 줍니다. 그래서 부처님께서 『초전법륜경』에 팔정도가 짝쿠까라니(눈을 만들어 준다)라고 말씀하십니다. 이런 의미로 도성제를 '닷사나'로 설하고 계십니다.

(라) 아디빠떼이야(Adhipateyya, 으뜸, 최고, 탁월성)
아디빠떼이야는 하나뿐인 사람이라는 뜻입니다. 최고 높은 자리의 유일한 사람이라는 뜻이지요. 아디(최고), 빠띠(주인). 아디빠띠(최고의 주인)가 되는 상태를 아디빠떼이야라고 합니다. 이것은 팔정도가 으뜸, 최고라는 뜻입니다.

수다원, 사다함, 아나함, 아라한의 도와 과에 있는 팔정도가 최고입니다. 최고의 선정 상태를 가져도 이것은 아디빠떼이야가 아닙니다. 왜냐하면 선정을 가진 자도 아직까지는 집성제에서 완전히 벗어나지 못했기 때문입니다. 팔선정까지 성취했던 사람도 윤회를 벗어나지 못합니다. 선정을 가지고 죽어 범천으로 태어나지만 범천도 역시 죽어야 합니다.

이 세상에서 제아무리 대단하다 하여도 집성제를 깨는 사람이 없습니다. 오직 팔정도만이 집성제를 깰 수 있기 때문에 팔정도보다 더 큰 것이 없습니다. 팔정도가 최고입니다. 팔정도가 세상을 초월하게 하므로 아디빠떼이야라고 합니다.

우리가 지금하고 있는 수행, 앞으로 해야 할 수행, 죽을 때까지 해야 할 수행, 다음 생까지도 해야 할 수행, 윤회의 끝까지 해야 할 수행은 오로지 이 팔정도뿐입니다. 이 사실을 잊지 말고 마음에 꼭 새겨 두세요. '죽어도 잊지 않겠다!'고 해야 다음 생에서 일찍 팔정도를 만납니다. 이번 생에 팔정도를 늦게 만났다면 왜 그럴까요? 잊어버렸기 때문입니다. 전생에서 팔정도를 만났지만 중요하게 보듬지 않았습니다. 다른 것을 더 중요하게 기억하고 죽었기 때문에 팔정도를 다 잊어버렸습니다. 이번 생에는 꼭 팔정도를 기억하며 죽어야 합니다. 남편, 부인, 자식, 돈, 집은 다 잊어버려도 됩니다. 이런 것들은 다음 생까지 가져가지 못합니다. 다음 생까지 잊지 않고 가져갈 것은 팔정도뿐입니다. 팔정도만이 살 길이라고 알아야 합니다.

　이생과 내생, 윤회의 끝까지 하나만 가지고 간다면 그것은 바로 팔정도가 되어야 합니다. 팔정도를 가지고 가는 것은 손해가 하나도 없습니다. 다른 것은 가져가면 크든 작든 손해뿐입니다. 그러나 팔정도를 가지면 오직 이익만 있습니다.

　팔정도의 이익을 얼마나 커지게 하느냐는 본인의 수행력에 달렸습니다. 부처님도 대신해 줄 수 없고, 스님도 대신해 줄 수 없습니다. 예수님은 대신해 준다고 말하는데 과연 그럴까요? 오로지 본인이 직접 해야 합니다.

　지금은 제가 여러분들에게 법문을 하고 있지만 팔정도를 커지게 하는 것은 누구인가요? 바로 본인입니다. 저는 약만 팔 수 있습니다. 부처님께서는 팔정도 약을 도매로 팔고 가셨고, 저는 소매로 팔정도 약을 팔고 광고한다고 할 수 있겠지요. 그러나 믿고 사서 먹고 하는 것은 스스로 해야 합니다. 제대로 먹으면 병이 나을 거고 제대로 먹지 않으면 병(번뇌)의 뿌리가 남을 겁니다. 뿌리가 남더라도 다음 생에 팔정도로 또 치료하면 됩니다. 열심히 팔정도를 닦고 닦는 길밖에 없습니다.

　부처님께서는 도성제의 의미를 니야나, 헤뚜, 닷사나, 아디빠떼이야로 설하셨습니다.

　이렇게 사성제의 열여섯 가지 의미를 깊이 마음에 새기면서 수행하다 보면 부처님의 가르침이 얼마나 논리적·합리적으로 정확한 이론인지 알 수 있습니다. 교학과 실천이 100% 맞아떨어집니다. 팔정도 수행을 열심히 하여 사성제를 꿰뚫어 닙바나를 꼭 성취하시기 바랍니다. 부처님께서 아난존자에게 설하신 팔정도 게송을 독송하면서 마치겠습니다.

Etadattani sambhūtaṃ, brahmayānaṃ anuttaraṃ
에따닷따니 삼부땅, 브라흐 마야낭 아눗따랑
위없는 최고의 범천의 수레를(팔정도) 본인의 것이 되도록 하라.

niyyanti dhīrā lokamhā aññadatthu jayaṃjayaṃ
니이얀띠 디라 로깜하 안냐닷투 쟈양쟈양
세상을 벗어나는 지혜로운 자는 나머지 모든 것들도 이길 것이다.

—쟈누소니 숫따

사두sādhu, 사두sādhu, 사두sādhu!